GUTE FAHRT!

ALLEMAND 1RE ANNÉE

Livre du professeur

Collection dirigée par :

Jean-Pierre Bernardy
Inspecteur Pédagogique Régional – Académie de Créteil

Nils Haldenwang
Professeur certifié
Collège Jean de Beaumont, Villemomble (93)
Formateur associé à l'IUFM – Académie de Créteil

Florence Lozachmeur
Professeur agrégé
Collège de l'Europe, Chelles (77)

Catherine Pavan
Professeur certifié
Collège Travail-Langevin, Bagnolet (93)
Formatrice associée à l'IUFM – Académie de Créteil

Patricia Suissa – Le Scanff
Professeur agrégé
Collège Gabriel Péri, Aubervilliers (93)
Formatrice associée à l'IUFM – Académie de Créteil

ISBN 978-2-09-175206-8

Sommaire

Présentation de la méthode

1. Les principes généraux

Gute Fahrt! 1re année est conçu comme un outil destiné à aider les professeurs d'allemand à mettre en œuvre dans leurs classes les orientations des programmes du palier 1 du collège.

Ces nouveaux programmes intègrent les apports du **Cadre européen commun de référence pour les langues** (CECRL) et s'inscrivent dans l'approche actionnelle, qui vise à développer chez l'élève des compétences de communication dans les cinq activités langagières – *écouter, lire, prendre part à une conversation, s'exprimer oralement en continu, écrire* – à travers la réalisation de tâches. Ils s'appuient également sur le CECRL pour fixer l'objectif à atteindre en fin de palier 1, au terme des deux premières années d'apprentissage au collège, en l'occurrence le niveau A2, qui correspond par ailleurs au niveau attendu pour la maîtrise du *Socle commun des connaissances et des compétences*.

Outre l'approche actionnelle, qui constitue le fondement de la démarche, les nouveaux programmes affirment un certain nombre de priorités didactiques (voir encadré ci-dessous) :

- un enseignement de langue vivante conçu comme un entraînement aux activités de communication,
- la place stratégique de l'oral,
- l'ancrage de l'apprentissage linguistique dans la dimension culturelle,
- une évaluation positive des compétences des élèves par activité langagière.

Ces orientations ont guidé les choix opérés dans la conception et l'organisation du manuel *Gute Fahrt!* L'objectif de ce premier manuel de la collection, destiné à la première année d'apprentissage de l'allemand au collège, est de mener l'élève au niveau A1 du CECRL et de l'engager sur la voie du niveau A2, qu'il conviendra de consolider au cours de la seconde année d'apprentissage.

Gute Fahrt! 1re année veut être un outil pour le professeur, pour la classe et pour l'élève :

- Au professeur, *Gute Fahrt!* propose un ensemble de supports et de situations qui renvoient aux réalités culturelles des pays de langue allemande et favorisent le développement des compétences de communication, comme y invitent les tableaux qui, dans les programmes, explicitent chaque activité de communication langagière. Il facilite sa tâche en intégrant ces éléments dans un parcours d'apprentissage didactisé et cohérent, à l'intérieur de chaque chapitre et sur l'ensemble du manuel, et lui fournit des outils d'évaluation.
- Le manuel et le cahier d'activités guident et accompagnent les activités mises en œuvre en classe, en séance plénière ou dans les travaux de groupes.
- Des rubriques récurrentes aident l'élève à percevoir les objectifs poursuivis (*Je vais apprendre à…* ; *Unser Projekt*) et à faire le point sur ses acquis (*Ich kann's* ; *Jetzt kannst du's!*). Pour le travail individuel, il peut se reporter aux post-it et aux bilans des pages *Sprache aktiv*, au mémento grammatical en fin de manuel et aux lexiques allemand-français et français-allemand. Le manuel et le cahier d'activités lui proposent une gamme variée et graduée d'exercices d'entraînement.

2. Cadre institutionnel et textes officiels

Les nouveaux programmes

Publiés au BO hors-série n° 6 du 25 août 2005, ils sont disponibles sur le site http://education.gouv.fr/bo/2005/hs6/MENE0501647A.htm.

Les documents d'accompagnement, publiés par le CNDP en 2006, explicitent certains éléments de ces programmes et fournissent des indications et pistes pour leur mise en œuvre dans les classes.

Ces programmes, comme ceux de l'école primaire et ceux du lycée, prennent explicitement appui sur le **Cadre européen commun de référence pour les langues** (CECRL), qui propose une terminologie et une approche communes à toutes les langues et à tous les pays européens.

Le CECRL (Cadre européen commun de référence pour les langues)

C'est l'outil de référence du Conseil de l'Europe pour l'apprentissage des langues. Il définit des niveaux de compétences qui permettent de mesurer les progrès de l'apprenant à chaque étape de l'apprentissage. Pour chaque niveau, il décrit les savoirs et savoir-faire à acquérir pour communiquer dans une langue. Il permet ainsi à l'apprenant de se situer, dans chaque activité langagière, sur une échelle de niveaux de compétences, reconnue dans tous les pays d'Europe et donc immédiatement compréhensible pour n'importe quel interlocuteur.

Cet ouvrage est accessible sur le site http://eduscol.education.fr/D0067/cecrl.htm

Le CECRL distingue six niveaux permettant de segmenter le processus d'apprentissage pour fixer des objectifs et construire des évaluations :

Niveaux du CECRL		Cursus scolaire français
Utilisateur élémentaire	A1 (découverte)	CE1 – CM2
	A2 (intermédiaire)	PALIER 1 du collège Socle commun
Utilisateur indépendant	B1 (niveau seuil)	PALIER 2 du collège
	B2 (avancé ou indépendant)	BACCALAURÉAT (LV1 : B2 ; LV2 : B1/B2)
Utilisateur expérimenté	C1 (autonome)	Peut être atteint, dans une ou plusieurs activités langagières, dans certains enseignements spécifiques : option de spécialité, sections européennes, Abibac
	C2 (maîtrise)	

Il faut être conscient que le temps nécessaire pour passer d'un niveau à l'autre est fonction des individus et va croissant en raison de l'élargissement de la gamme des activités, des aptitudes et des connaissances culturelles et lexicales notamment.

À la fin de la première année d'apprentissage au collège, le niveau visé est A1, mais il peut être A2-1 ou même A2-2 pour certains élèves, du moins dans certaines activités langagières :

	ÉCOUTER	LIRE	PRENDRE PART À UNE CONVERSATION	S'EXPRIMER ORALEMENT EN CONTINU	ÉCRIRE
A1	Comprendre des mots familiers et des expressions très courantes.	Comprendre des mots familiers, ainsi que des phrases très simples, par exemple des annonces, des affiches ou des catalogues.	Communiquer de façon simple, à condition que l'interlocuteur soit disposé à répéter ou à reformuler ses phrases plus lentement et à aider à formuler ce que l'on essaie de dire. Poser des questions simples sur des sujets familiers ou sur ce dont on a immédiatement besoin. Répondre à de telles questions.	Utiliser des expressions et des phrases simples pour décrire son lieu d'habitation et les gens que l'on connaît.	Écrire une courte carte postale simple, par exemple de vacances. Remplir un questionnaire, par exemple, inscrire son nom, sa nationalité et son adresse sur une fiche d'hôtel.
A2-1	Reconnaître des énoncés simples déjà rencontrés et entendus dans des situations familières. Comprendre les nombres et les chiffres isolés ainsi que des mots simples désignant des personnages dans un récit très bref.	Comprendre à l'écrit des énoncés déjà rencontrés auparavant. Repérer les thèmes essentiels abordés dans un courrier personnel ou dans un texte traitant d'un domaine familier.	Prendre part à des conversations brèves dans des situations simples et habituelles (rencontre, achats, demande de renseignements) sans que l'interlocuteur manifeste de grandes difficultés pour comprendre.	Se présenter ainsi que sa famille et ses amis (identité, travail, loisirs, domicile...) en quelques phrases simples.	Transcrire en 2 ou 3 phrases une information simple communiquée oralement.

Les mots clés des nouveaux programmes

(Cf. Allemand, palier 1, Documents d'accompagnement des programmes © CNDP, septembre 2006)

Activités langagières

La compétence à communiquer recouvre les cinq domaines de la réception (orale ou écrite), de la production (orale ou écrite) et de l'interaction (où alternent, dans le cadre d'un échange oral, les moments de réception et de production).

Approche actionnelle / Tâches

Le CECRL considère tout apprenant comme un utilisateur de la langue « ayant à accomplir des tâches dans des circonstances et un environnement donnés, à l'intérieur d'un domaine d'action particulier. » (CECRL, p. 15) La langue est alors appréhendée comme un instrument qui intervient dans la réalisation d'une tâche : mener à bien un projet, atteindre un objectif, résoudre un problème, etc. Cet objectif à atteindre, ce problème à résoudre supposent la mobilisation de compétences (générales, linguistiques et culturelles), qui ne sont plus des fins en elles-mêmes, de simples objets d'apprentissage. Cette démarche donne du sens à l'apprentissage : impliqué personnellement dans une situation de communication, l'élève prend conscience de l'objectif à atteindre et peut observer le résultat auquel il aboutit. Ces tâches peuvent s'inscrire dans une situation de communication réelle (situation d'échange linguistique ou de rencontre par exemple ; situation liée à la vie de la classe ou de l'établissement...) ou simulée (imaginer l'école idéale ; exposer un projet de voyage...).

Compétences

Le CECRL distingue les compétences générales et la compétence communicative.

• **Compétences générales**

Ensemble des connaissances, y compris la culture générale et les savoirs socioculturels, des savoir-faire et savoir-être qui permettent d'agir dans une situation.

• **Compétence communicative langagière (ou compétence à communiquer)**

Elle présente plusieurs composantes, chacune faisant appel à des connaissances et des savoir-faire :

– la **compétence linguistique**, qui comprend les compétences grammaticale, lexicale, phonologique et orthographique ;

– la **compétence sociolinguistique** : elle renvoie aux codes sociolinguistiques et culturels du ou des pays dont on apprend la langue (la langue dans sa dimension sociale : règles de politesse, registre de langue, etc.) ;

– la **compétence pragmatique** : elle recouvre l'utilisation fonctionnelle de la langue, c'est-à-dire l'adaptation du discours à la situation de communication (la langue en situation : techniques de la conversation, enchaînement et cohérence du discours...).

Stratégies

Ce sont les moyens utilisés par l'apprenant pour atteindre un objectif. On distingue les stratégies de communication (pour faciliter la compréhension ou l'expression) et les stratégies d'apprentissage, qui sont d'ordre méthodologique (comment favoriser la mémorisation du lexique par exemple).

Évaluation

Alors que les entraînements s'effectuent dans la durée, l'évaluation correspond à des moments clairement identifiés. Elle sert à mesurer les effets des entraînements effectués et les acquis des élèves, mais peut poursuivre des finalités différentes :

– **l'évaluation diagnostique**, généralement en début d'année, permet d'établir un « état des lieux » des acquis. C'est à partir de ce constat, qui cherche à décomposer la compétence et à identifier les obstacles et déficits, que le professeur élabore une progression adaptée.

– **l'évaluation formative**, en cours de séquence, porte le plus souvent sur des savoirs et savoir-faire partiels. Elle montre à l'élève ce qu'il a déjà acquis et le chemin qui lui reste à parcourir, et elle est pour le professeur un instrument de régulation qui lui permet d'adapter la progression prévue et de mettre en place les remédiations nécessaires. Elle s'inscrit dans le parcours d'apprentissage. Elle peut, dans certains cas, prendre la forme d'une auto-évaluation par l'élève.

– **l'évaluation sommative** vise à établir un bilan des compétences au terme d'une séquence ou à différents moments du cursus scolaire. Elle apprécie la performance de l'élève dans les différentes activités langagières. Dans les domaines de la production orale ou écrite, elle ne se limite pas au seul critère de correction formelle de la langue, mais apprécie également l'adéquation de la production à la tâche à réaliser, la fluidité de l'expression, sa cohérence, sa richesse, la prise en compte des réalités culturelles, etc. Pendant l'année, dans la classe, l'évaluation sommative conserve néanmoins un caractère formatif, puisqu'elle donne généralement lieu à une correction et à une remédiation.

Dans un cas comme dans l'autre, l'évaluation doit être :
– **positive** : elle ne vise pas à faire l'inventaire de ce que l'élève ne sait pas faire, mais elle comptabilise ce qu'il sait faire au regard des descripteurs du CECRL, en fonction du niveau visé ;
– **en cohérence avec les entraînements** effectués en amont ;
– **transparente** et **critériée**.

Le livret de connaissances et de compétences du Socle commun

Indépendamment des objectifs fixés par les programmes (niveau A2 pour le palier 1 et B1 pour le palier 2), la maîtrise du niveau A2 dans au moins une langue vivante correspond au *Socle commun des connaissances et des compétences* et constitue ainsi pour tout élève le minimum exigible en fin de scolarité obligatoire. Le Livret de connaissances et de compétences permettra de délivrer, le cas échéant, une « attestation de compétences » de niveau A2 selon une procédure qui concerne les cinq activités langagières retenues.
Les grilles de référence pour la pratique d'une langue vivante étrangère sont disponibles sur http://eduscol.education.fr/D0231/experimentation_livret.htm.
Les langues vivantes peuvent également être associées à la validation du Brevet informatique et Internet (B2i), qui permet de mesurer la maîtrise des techniques usuelles de l'information et de la communication.

3. Le manuel

Il comprend huit chapitres, dont la pré-unité *Willkommen*, destinée à faciliter l'entrée dans l'apprentissage.
Les sept chapitres thématiques qui suivent constituent un parcours d'apprentissage organisé selon une progression spiralaire, conjuguant objectifs linguistiques, sociolinguistiques, pragmatiques et culturels.

Chapitres	Thèmes
Willkommen	Les salutations, les présentations, les activités, les nombres de 1 à 19
1. *Was machst du gern?*	L'identité, les activités et les loisirs, les jours de la semaine, les nombres de 20 à 50
2. *Meine Familie und die anderen*	La famille, les aliments, les achats, les invitations, l'acceptation, le refus, les remerciements, les nombres jusqu'à 99
3. *Meine Freunde und ich*	La description, le caractère, les goûts, les qualités, les défauts, les projets, la météo, les cadeaux
4. *Mein Schultag*	L'école, l'heure, les moments de la journée, les mois, la date, les ordinaux
5. *Wo ich wohne*	La maison, le mobilier, la ville, l'itinéraire, l'autorisation et l'interdiction, les magasins et les achats, les vêtements, les couleurs
6. *Erzähl mal!*	La description, le récit, l'opinion
7. *Und am Ende ...*	Les repas, les aliments, les voyages scolaires, les vacances, la préférence

Chacun de ces chapitres permet de travailler les cinq activités langagières (écouter, lire, s'exprimer oralement en continu, prendre part à une conversation, écrire), l'accent étant mis sur l'oral autant que sur l'écrit. L'élève est entraîné à comprendre et à s'exprimer, et est mis en situation d'utiliser ses acquis en réalisant des tâches variées.
Chaque chapitre est indépendant du point de vue narratif : nous avons choisi de proposer des personnages différents que l'élève accompagne le temps d'une unité, afin de lui permettre de découvrir différentes facettes des réalités culturelles et de la vie des pays germanophones.

4. Un chapitre type

Grâce à une structure en double page, les étapes, les rubriques et les objectifs sont facilement repérables. Chaque chapitre est structuré selon les principes suivants :

– Une page d'ouverture	Entrée dans le thème
– Trois doubles pages *Station* (les leçons)	Activités de compréhension de l'oral et de l'écrit, d'expression orale et écrite
– Une double page *Sprache aktiv*	Reprise des points de langue de chaque *Station* et exercices d'application Bilan lexical du chapitre (*Vokabeln kurz und gut*)
– Une double page *Endstation*	Documents culturels, questions de compréhension (*Alles klar?*) et tâche finale (*Unser Projekt*)
– Une double page *Jetzt kannst du's!*	Évaluation par activité langagière
– Une page *Skript*	Script des enregistrements du CD élève

Page d'ouverture

Sur la page d'ouverture, l'élève découvre le thème du chapitre. Le titre annonce le champ lexical et culturel abordé.
Un visuel, pouvant servir de support à une activité d'anticipation, permet d'entrer dans la thématique. Deux encadrés indiquent les objectifs pédagogiques de l'unité :
– ***Je vais apprendre à...***, à l'usage de l'élève, répertorie de manière synthétique les descripteurs du CECRL mis en œuvre dans le chapitre, classés par activité langagière (Écouter, Lire, S'exprimer oralement en continu, Prendre part à une conversation, Écrire).
– ***Unser Projekt*** annonce la tâche finale de l'unité.

Le visuel pourra servir de déclencheur et amener à formuler des hypothèses quant au contenu du chapitre. Les élèves sont donc d'emblée informés de ce qu'ils vont apprendre et savent quel projet final ils devront réaliser en rebrassant les savoirs et savoir-faire acquis au cours du chapitre. Cette perspective facilite l'apprentissage et lui donne du sens.

Trois doubles pages de *Stationen*

• En page de gauche :
– Une ou deux activités d'entraînement à la compréhension de l'oral ou de l'écrit, selon les cas, à partir de supports enregistrés ou écrits, accompagnés de consignes et d'un ou plusieurs visuels. Certains de ces visuels sont destinés à préparer la découverte du document et à faciliter l'entraînement. Ces activités font l'objet d'un parcours guidé dans le cahier d'activités.
– Une boîte ***Sprechtraining***, qui renvoie à une particularité phonologique rencontrée dans la *Station* et qui trouve son prolongement dans les exercices d'écoute et de graphie du cahier d'activités.

• En page de droite :
– Une ou deux activités de transfert dans un autre contexte, avec rebrassage des structures découvertes et manipulées dans les activités de la page de gauche. Ces activités de transfert sont généralement accompagnées d'une photo ou d'une illustration.
– ***Zwischenstation*** : C'est l'activité qui clôt la *Station*. Il s'agit d'un transfert centré, cette fois, sur l'élève et son environnement quotidien, étape nécessaire à la préparation du projet final, qui donne à l'élève l'occasion de rebrasser ce qu'il vient d'apprendre dans la *Station* et qui est résumé dans le ***Ich kann's***.
– Un encadré ***Ich kann's***, bilan des savoir-faire qui ont fait l'objet d'un entraînement au cours de la *Station*.

• Les rubriques récurrentes :
– Une boîte ***Vokabeln*** : Elle contient les moyens nécessaires à l'élève pour répondre aux consignes d'exploitation des documents proposés dans la double page et se constituer un premier bagage lexical. Ce sont des aides à l'expression (vocabulaire du niveau A1 / A2) et non à la compréhension des documents.

– Une boîte ***Hier und dort***, mise en parallèle de mots allemands et anglais, pour sensibiliser les élèves aux convergences entre les deux langues et faciliter la compréhension et l'apprentissage du vocabulaire. Les mots proposés sont extraits des scripts enregistrés ou des textes écrits.

Une double page *Sprache aktiv*

• **Partie Grammaire** : développement des points de grammaire abordés dans les trois *Stationen* et exercices d'application.
Pour chaque *Station*, un post-it présente l'essentiel de ce que l'élève doit retenir pour comprendre le fonctionnement de la langue et réaliser les exercices d'application proposés. Chaque post-it comprend :
– un renvoi au mémento grammatical,
– un renvoi au cahier d'activités,
– deux exercices progressifs.

• **Partie Lexique – *Vokabeln kurz und gut*** (en bas de la page de droite) : dans ce bilan lexical, le lexique manipulé dans les trois *Stationen* du chapitre est regroupé par champs lexicaux.
Les activités liées au lexique se trouvent dans le cahier d'activités.

Une double page *Endstation*

Il s'agit d'une double page culturelle, proposant une tâche finale qui oblige l'élève à réemployer les savoir-faire dominants de l'unité. Ce projet a été préparé par les tâches intermédiaires de fin de *Station* (*Zwischenstation*) et en est l'aboutissement. La double page se compose :
– d'une brève introduction thématique qui présente l'essentiel de ce qui doit être connu sur le sujet,
– de documents qui constituent un « input culturel » : 4 ou 5 photos légendées, schémas, cartes, accompagnés de courts textes, dont certains sont enregistrés sur le CD classe,
– de la rubrique ***Alles klar?*** : 2 à 4 questions portant sur la compréhension des documents,
– du descriptif du projet à réaliser (***Unser Projekt***) : présentation des étapes, consignes de travail, renvoi à des sites Internet.

Une double page *Jetzt kannst du's!*

Cette double page d'évaluation par activité langagière se compose de quatre parties. Pour chaque activité langagière, l'élève est évalué sur la maîtrise des savoir-faire annoncés en début de chapitre et sur sa compétence à utiliser les outils grammaticaux et lexicaux manipulés dans l'unité.

En fonction des besoins de l'enseignant, l'ensemble pourra être utilisé comme une évaluation formative ou sommative. On trouvera en outre dans ce livre du professeur quatre propositions d'évaluation sommative.

Une page *Skript*

Une page simple où figurent les scripts des enregistrements principaux des pages de gauche des *Stationen*. Les autres scripts figurent dans le livre du professeur.

5. Les autres pages du manuel

Willkommen

C'est la pré-unité qui offre un premier contact avec la langue pour les uns, une possibilité de réactivation pour les autres. Elle comprend deux doubles pages construites sur le même modèle que les *Stationen* des chapitres et une page simple regroupant les rubriques *Sprache aktiv, Vokabeln kurz und gut* et les scripts.

***Wechselspiele* (*Gruppe B*, p. 115)**

Les parties « miroir » des différents *Wechselspiele* des chapitres 1, 4 et 7.

***Feiertage und Feste* (p. 116-121)**

Trois doubles pages ludiques et culturelles sur les fêtes en Allemagne, conçues sur le modèle des *Endstationen* et composées :
– d'un texte d'introduction,
– d'un texte accompagnant chaque photo,
– d'une tâche finale (*Unser Projekt*).

1/ *Frohe Weihnachten!*
2/ *Karneval, Fasching oder Fastnacht?*
3/ Jeu de l'oie sur les fêtes calendaires

Mémento grammatical (p. 122-131)
Le mémento grammatical reprend et développe, dans une logique descriptive et méthodique, les faits de langue traités dans les pages *Sprache aktiv*. Il est suivi d'un tableau de conjugaison des verbes forts et irréguliers rencontrés dans le manuel et d'un index grammatical qui facilite le repérage.

Lexiques
Les lexiques bilingues allemand-français (p. 132) et français-allemand (p. 138) permettent de retrouver le vocabulaire apparu dans les *Stationen* et répondent aux besoins suscités par les activités proposées dans l'exploitation des documents du manuel.

6. Le matériel de la méthode

Pour l'élève

- **Le manuel**

- **Le CD audio encarté dans le manuel**

Il contient tous les enregistrements des supports CO « de base » des chapitres.
En cas de perte ou autre, on pourra télécharger l'intégralité du CD audio en MP3 sur le site de la méthode www.nathan.fr/gutefahrt.

- **Le cahier d'activités**

Le cahier d'activités propose :
– toutes les activités accompagnant le travail en classe,
– des exercices simples et contextualisés pour travailler grammaire et vocabulaire en classe ou à la maison,
– les grilles des pages *Jetzt kannst du's!* du manuel, conçues dans l'esprit du Portfolio européen des langues.

Pour la classe

- **Le manuel numérique vidéoprojetable**

L'intégralité du manuel papier est projetable en classe pour animer et personnaliser vos cours. Ce manuel vidéoprojetable vous propose des outils faciles à utiliser comme le zoom pour agrandir un document, la fonction spot pour isoler un élément dans la page, le cache, la gomme, le stylo ou le surligneur pour annoter une page.
Il fonctionne avec un ordinateur, un vidéoprojecteur et un écran (ou une surface blanche) dans la salle de classe.
Il est également utilisable sur TBI (tableau blanc interactif).

Il est disponible en ligne, réservé aux adoptants de l'ouvrage (accès libre).

La démonstration d'un chapitre et les modalités d'inscription se trouvent sur le site www.nathan.fr/gutefahrt.

- **Les CD audio**

Le matériel audio collectif contient tous les enregistrements des documents oraux exploités dans les pages *Stationen* ou *Endstationen*, les enregistrements des activités de prononciation des rubriques *Sprechtraining* du manuel et du cahier d'activités, ainsi que tous les supports qui serviront à évaluer la compréhension de l'oral dans les pages *Jetzt kannst du's!* des chapitres du manuel et dans les tests proposés à la fin de ce livre du professeur.

⚠ Les compréhensions des pages *Stationen* (CO) sont sur le CD élève et sur le CD classe. Ces documents sont également disponibles au format MP3 sur le site de la méthode www.nathan.fr/gutefahrt.

⚠ Les *Sprechtraining*, les documents des pages *Endstation, Jetzt kannst du's!* et les tests se trouvent sur les CD classe uniquement.

Pour le professeur

- **Le livre du professeur**, avec des nombreuses pistes d'exploitation et des tests d'évaluation sommative à photocopier.

- **Le site de la méthode avec des ressources en ligne gratuites** www.nathan.fr/gutefahrt, comme par exemple les enregistrements du CD élève en podcast au format MP3.

Conclusion

Gute Fahrt!, vous le constatez, utilise des supports multiples et des approches variées, tout en conservant un cadre cohérent et des modalités d'utilisation facilement repérables, et donc rassurantes pour l'élève.

À travers les supports et les activités proposés, les auteurs s'efforcent de faciliter la mise en œuvre par les professeurs de la démarche actionnelle préconisée par les nouveaux programmes et d'aider ainsi les élèves à s'approprier les savoir-faire linguistiques, culturels et méthodologiques qui leur permettront de communiquer en langue allemande et d'aller à la rencontre des pays germanophones et de leurs habitants.

Deutsch in der Klasse

➲ Manuel pp. 10-11

Ces deux pages proposent un bilan lexical du matériel scolaire et des consignes de classe les plus utilisées, classées par activité de communication.

Nous conseillons à l'enseignant de ne pas les aborder en bloc dès la première heure de cours, mais d'inciter l'élève à s'y référer au cours de son apprentissage en fonction de ses besoins.

Cependant, on pourra tout à fait mettre en place, au moment opportun, des activités de mémorisation ou de bilan.

Pour introduire le lexique du matériel scolaire, on se servira bien sûr du matériel à disposition dans la classe. Puis on mettra en place des activités de manipulation adaptées à la progression des élèves.

Exemples :

1. Activité langagière : Écouter – Objectif : appropriation en compréhension du lexique du matériel scolaire
L'enseignant indique aux élèves l'objet qu'ils doivent montrer le plus rapidement possible (*Nehmt das Heft!*).

2. Activité langagière : Parler en continu – Objectif : mémorisation active du lexique du matériel scolaire
Le professeur projette la rubrique concernant le matériel scolaire (p. 10 du manuel). Il s'assure, dans un premier temps, de la bonne prononciation des termes contenus dans cet encadré. Puis, il laisse quelques secondes aux élèves afin que ceux-ci mémorisent un maximum de noms d'objets. À l'aide de la fonction « cache » de la version numérique du manuel, il soustrait, à la fin, aux yeux des élèves un objet et sa légende que ces derniers doivent alors retrouver (*Das Lineal ist weg*).

3. Activité langagière : Parler avec quelqu'un – Objectif : utilisation du génitif saxon
L'enseignant invite une personne à quitter durant quelques instants la salle et demande aux autres élèves de déposer sur le bureau un objet appartenant à l'un d'entre eux. Lorsque l'élève revient dans la classe, il doit retrouver le propriétaire de l'objet (*Das ist Léanas Klebestift – Ja, das stimmt*).

4. Activité langagière : Parler en continu – Objectif : emploi de groupes nominaux indéfinis au nominatif
À tour de rôle, un élève montre un objet, le suivant le nomme et ainsi de suite.

5. Activité langagière : Parler en continu – Objectif : le même que celui poursuivi dans l'activité n° 4.
Cette activité est destinée à un groupe d'élèves restreint. Le professeur apportera une nappe sous laquelle il disposera une série d'objets concernant le matériel scolaire. Il n'hésitera pas à ajouter un, voire deux distracteurs (une banane, une balle de ping-pong…). Avant le début de l'activité, il indiquera aux élèves assis autour de la nappe le but recherché : nommer à la fin dans l'ordre chronologique les objets qu'ils auront identifiés. Il précisera que les élèves n'auront le droit de reconnaître les objets qu'au toucher.

6. Activité langagière : Parler avec quelqu'un – Objectif : utilisation de la forme négative du groupe nominal indéfini.
L'enseignant montrera aux élèves un objet tout en le désignant. Ce qu'il dira ne correspondra pas toujours à la réalité. Les élèves devront à chaque fois confirmer ou infirmer ce que le professeur aura annoncé (*Das ist ein Mäppchen – Ja, das stimmt / Nein, das ist kein Mäppchen. Das ist ein Radiergummi*).

7. Activité langagière : Parler avec quelqu'un – Objectifs : injonction sous la forme d'un bloc lexical et réactivation de l'accusatif pour un groupe nominal en fonction objet
L'enseignant ramassera de façon ciblée du matériel appartenant aux élèves (*Gib mir bitte deinen Kuli*). Il invitera ensuite une personne de la classe à restituer ce matériel à condition que les propriétaires en fassent la demande (*Schüler A: Gib mir bitte meinen Kuli zurück – Schüler B: Hier bitte*).

8. Activité langagière : Parler avec quelqu'un – Objectifs : rebrassage de l'accusatif pour un groupe nominal en fonction objet, ainsi que pour un pronom personnel à la 3e personne.
Là encore, le professeur ramassera du matériel appartenant à certains élèves. Puis, il le redistribuera à d'autres de façon aléatoire. Chaque propriétaire devra alors retrouver à quel camarade son matériel a été confié (*Schüler A: Ich suche meinen Bleistift. Hast du ihn? – Schüler B: Ja / Nein…*).

Pour information, le logiciel *Hot potatoes* (http://hotpot.uvic.ca/) permet de concevoir très simplement une grille de mots-croisés qui pourrait servir de support pour un bilan lexical.

En évaluation de la compréhension de l'oral, on pourra reproduire les illustrations de l'encadré *Schulsachen* qui figurent dans le manuel et demander aux élèves de les numéroter en fonction des mots dictés par l'enseignant.
La compréhension des consignes écrites pourra être vérifiée en reproduisant les illustrations en noir et blanc et en demandant aux élèves de colorier de la même couleur la consigne et la situation correspondante.

On pourra également demander aux élèves de choisir dans une liste de consignes celle qui correspond à un exercice donné.
Exemple :
Exercice : un texte bref suivi d'affirmations à cocher ou non. → Consigne : *Lies den Text und kreuze an, was stimmt*.

Descripteurs du Cadre européen

Écouter
- **A1** Comprendre quelqu'un qui se présente.
- **A1** Comprendre quand quelqu'un épelle un mot.

Lire
- **A1** Repérer des informations simples sur l'identité (prénom, ville, âge).
- **A1** Comprendre un court texte de présentation.

Parler en continu
- **A1** Se présenter (nom, prénom, ville).
- **A1** Indiquer où l'on habite.
- **A1** Parler des activités que l'on pratique.
- **A1** Présenter les activités que quelqu'un pratique.

Parler avec quelqu'un
- **A1** Saluer quelqu'un.
- **A1** Épeler un mot.
- **A1** Répondre à des questions simples et en poser.

Écrire
- **A1** Remplir un questionnaire sur son identité.
- **A1** Écrire un court texte pour se présenter et présenter quelqu'un.

Cette pré-unité est centrée sur l'identité et les présentations. Elle fournit dès les premières heures de cours les moyens langagiers dont les élèves auront besoin pour se présenter et parler de leurs loisirs. Elle pourra servir de rebrassage pour les élèves ayant reçu un enseignement de l'allemand dans le 1er cycle et permettra en début d'apprentissage de délester la première unité où les acquis seront réactivés et approfondis.
Cette phase d'introduction devrait finalement aboutir à une harmonisation des savoirs et savoir-faire des élèves, quel que soit leur parcours antérieur.
Notons en outre que la structure souple de l'unité permettra à l'enseignant de faire des choix parmi les activités proposées, aucune n'étant obligatoire pour appréhender la suite.

Hallo! Ich bin's!

➔ Manuel pp. 12-13

1 Ich bin Lara (p. 12)

Activités langagières
– Écouter
– Parler en continu

Objectifs linguistiques
a. Faits de langue : *heißen, sein* et *wohnen* au présent de l'indicatif (1re personne du singulier)
b. Lexique : les nombres jusqu'à 19

Objectif culturel
Se familiariser avec les salutations en allemand

Script
(CD Élève piste 1, CD Classe 1 piste 1, manuel p. 16)
Die Klasse 8b stellt sich vor.
Lara: Hallo! Ich heiße Lara. Ich bin vierzehn. Ich wohne in Dortmund. Ich bin in der Klasse 8b der Albert-Einstein-Gesamtschule. Ey, Alexander, du bist dran!
Alexander: Ich?
Lara: Ja, du.
Alexander: Guten Tag! Also, ich bin der Alexander. Ich wohne auch in Dortmund. Ich bin auch vierzehn.
Mia: Hallo, ich heiße Mia. Ich bin dreizehn.
Thea Liebermann: Herzlich willkommen in der Albert-Einstein-Gesamtschule in Dortmund! Mein Name ist Thea Liebermann. Ich bin die Klassenlehrerin der Klasse 8b.

Mise en œuvre en classe
Cette activité fournit aux élèves des modèles répondant aux besoins de communication lors de la première séance.
À partir de la photo, on les invitera à anticiper en français le type d'informations qu'ils vont entendre sur les personnages. Puis on leur fera écouter la situation en leur demandant de repérer et compléter dans le cahier d'activités le prénom ou le nom des personnages, leur âge et, pour certains, leur lieu d'habitation. La rubrique *Vokabeln* permettra lors de l'écoute de comprendre

l'âge des personnages. La restitution des informations se fera à la première personne par la reproduction des modèles entendus. On n'hésitera pas à repasser l'enregistrement autant de fois que nécessaire pour créer un climat de confiance et faciliter l'appropriation des structures.
Si l'on dispose du manuel vidéoprojetable, on pourra au début mettre en exergue le modèle reproduit dans le manuel en utilisant le surligneur disponible dans la trousse. Puis progressivement, on pourrait envisager au contraire de le cacher pour favoriser l'appropriation des énoncés. La fonction texte de la trousse permettra à l'enseignant de noter en dessous de chaque photo les informations fournies par les élèves sur les personnages, informations qui serviront de trace écrite.
On veillera à mettre l'accent sur les différentes façons de saluer et de se présenter. Puis on demandera à l'élève de choisir une salutation et de se présenter sur le modèle de son choix.

Énoncés possibles
Hallo! / Guten Tag! Ich bin / Ich heiße / Mein Name ist *Matthieu Durand*. Ich wohne in *Créteil*.

Corrigés du cahier d'activités (p. 6)
Schülerin 1
Name: Lara
Wohnort: Dortmund
Alter: 14
Schüler 2
Name: Alexander
Wohnort: Dortmund
Alter: 14
Schülerin 3
Name: Mia
Alter: 13
Lehrerin
Name: Thea Liebermann

Sprechtraining

(manuel p. 12, cahier d'activités p. 8)

■ **L'alphabet**
■ **[v]**

Scripts du Sprechtraining
(CD Classe 1 pistes 2 et 3)
■ A – B – C – D – E – F – G – H – I – J – K – L – M – N – O – P – Q – R – S – T – U – V – W – X – Y – Z

■ Willkommen – Wer bist du? – Ich bin Wilfried. – Wo wohnst du? – Ich wohne in Wien. – Wie alt bist du? – Und du, wie heißt du?

Corrigés du Sprechtraining (cahier d'activités p. 8)
Lettres à entourer : C ; E ; G ; H ; J ; Q ; U ; V ; W ; Y ; Z.

2 Ich wohne in... (p. 13)

Activités langagières
– Écouter
– Parler en continu
Objectifs linguistiques
– L'alphabet
– Réactivation de *wohnen* à la 1re personne du singulier
Objectif culturel
Savoir situer quelques villes germanophones

Script
(CD Classe 1 piste 4)
1. Guten Tag. Ich bin Lukas. Ich wohne in Erfurt. E-R-F-U-R-T
2. Ich heiße Hanna. Ich wohne in Zürich. Z-Ü-R-I-C-H
3. Hallo! Ich heiße Wael. Ich wohne in Chemnitz. C-H-E-M-N-I-T-Z
4. Hallo! Ich bin Julian. Ich wohne in Wien. W-I-E-N
5. Tag! Ich bin Verena. Ich wohne in Hannover. H-A-N-N-O-V-E-R

Mise en œuvre en classe
Au préalable, on pourra faire entendre l'alphabet enregistré sur le CD Classe 1 (piste 2) et repérer les lettres qui se prononcent différemment. Toutefois, cette étape n'est pas indispensable pour mettre en œuvre cette activité conçue pour familiariser les élèves avec ces différences dans le cadre d'une situation authentique. On fera alors entendre les enregistrements autant de fois que nécessaire ; l'activité prévue dans le cahier d'activités où les lettres de chaque ville sont proposées dans le désordre permettra à l'élève de prendre en notes le nom des villes.
La restitution se fera à la première personne en jouant le rôle des personnages qui indiquent où ils habitent.

À l'issue de l'activité, l'élève devra reporter le nom des villes sur la carte lacunaire dans le cahier d'activités.

> Corrigés du cahier d'activités (p. 7)
> 1. Lukas: Erfurt
> Hanna: Zürich
> Wael: Chemnitz
> Julian: Wien
> Verena: Hannover
> 2. Villes du nord au sud : Hannover, Erfurt, Chemnitz, Wien, Zürich

Prolongements

En prolongement, d'autres activités pourront être menées dans la classe pour manipuler l'alphabet.

• **1** Nous proposons notamment dans le cahier d'activités (p. 7) de faire découvrir d'autres villes par une dictée de nombres associés à des lettres. Le nom de la ville sera épelé lors la correction.

• **2** Dans le cahier d'activités (p. 9), l'élève doit retrouver le nom de personnages célèbres et l'épeler.

• **3** Nous attirons également l'attention sur la chanson *MFG* du groupe *Die Fantastischen Vier* contenant essentiellement des abréviations.

On pourra proposer un texte lacunaire et indiquer de manière aléatoire les abréviations à compléter.

On peut trouver le texte sur : http://www.oleo.tv/lyrics/die-fantastischen-vier/mfg/ et visionner le vidéoclip sur le site officiel du groupe :http://www.diefantastischenvier.de/fileadmin/videos/mfg.mpg.

Si les conditions matérielles ne permettent pas de réaliser cette activité en classe, on pourra tout à fait suggérer aux élèves de la faire à la maison.

3 Chat-Profil (p. 13)

Activité langagière
Lire

Objectif linguistique
Rebrassage du lexique de l'identité

Mise en œuvre en classe

Les élèves lisent le « chat » et complètent le profil des deux garçons dans le cahier d'activités. On se contentera de réponses courtes pour la correction.

On pourra alors, grâce au manuel vidéoprojetable, surligner de deux couleurs différentes les informations relatives aux deux personnages.

> Corrigés du cahier d'activités (p. 8)
> Chatname: timax
> Vorname: Tim
> Wohnort: Berlin
> Alter: 15
>
> Chatname: matboss
> Vorname: Matthias
> Wohnort: Dortmund
> Alter: 15

Zwischenstation

(manuel p. 13, cahier d'activités p. 8)

Activité langagière
Parler avec quelqu'un

Objectifs
La tâche dans cette *Zwischenstation* consiste à réaliser une mini interview sur l'identité qui permettra non seulement de rebrasser les acquis de la double page : (indiquer son nom, son âge, dire où l'on habite, épeler un mot), mais aussi poser les questions correspondantes.

Mise en œuvre en classe

Les élèves se choisissent une identité fictive et vont tour à tour mener une interview et répondre aux questions d'un camarade. Pour se constituer une identité, les élèves choisiront un prénom dans la liste proposée et une ville sur la carte à la fin du manuel.

On pourra lancer l'activité en classe entière sous forme de *Kettenspiel* pour fournir un modèle et vérifier notamment la prononciation. Puis, afin que tous les élèves réalisent l'interview, ils travailleront en binôme avec leur voisin. L'enseignant circulera pour apporter le cas échéant quelques corrections.

Cette première activité d'expression orale en interaction sera l'occasion d'introduire du lexique de classe, notamment pour demander de répéter ou d'épeler un mot.

On pourra ultérieurement exploiter les informations obtenues et faire présenter les personnes interviewées à la 3e personne du singulier.

Si l'on utilise le manuel vidéoprojetable, il serait intéressant à ce stade de cacher les réponses aux questions fournies dans le modèle et de solliciter les élèves pour qu'ils les retrouvent eux-mêmes.

Énoncés possibles
Schüler A: Guten Tag, wie heißt du?
Schüler B: Hallo, ich bin Mia.
A: Und wie alt bist du?
B: Ich bin 17 Jahre alt.
A: Wo wohnst du?
B: In Mainz.
A: Wie bitte? Kannst du buchstabieren?
B: Ich wohne in Mainz. M-A-I-N-Z

Und er? Und sie?

➲ Manuel pp. 14-15

1 Tanja und ihre beste Freundin (p. 14)

Activité langagière
Lire
Objectifs linguistiques
a. Faits de langue : le présent des verbes réguliers et de *sein* aux trois personnes du singulier
b. Lexique : rebrassage du lexique de l'identité, des activités et introduction de quelques activités

Mise en œuvre en classe

Les élèves étant familiarisés avec les blogs, ils n'auront aucune difficulté à faire abstraction des informations superflues et à repérer celles concernant l'auteur et sa meilleure amie. Ces informations pourront être complétées dans le cahier d'activités. On les encouragera à ne pas chercher à tout traduire, mais à être attentifs aux mots transparents et à inférer le sens des mots inconnus grâce au contexte.

La présentation de la meilleure amie fournit un modèle de présentation à la 3e personne du singulier dont on se servira pour la restitution. À l'issue de l'activité, on pourra faire déduire aux élèves la conjugaison au singulier des verbes présents dans les textes.

Au cas où l'on n'aurait pas encore exploité les informations des mini interviews réalisées dans la *Zwischenstation* précédente, on pourra demander aux élèves, en prolongement de l'activité, de présenter oralement leurs camarades.

La version vidéoprojetable permettra de dévoiler le document en deux fois, pour faciliter le repérage des informations sur les deux jeunes filles. La fonction spot permettra de ne montrer dans un premier temps que la partie de gauche concernant Tanja, puis celle de droite contenant des informations sur sa meilleure amie.

Corrigés du cahier d'activités (p. 10)

Vorname	Alter	Wohnort	Aktivitäten
Tanja	15	Dortmund	Elektrogitarre, schwimmen
Leni	15	Dortmund	Handball

2 Und was machst du? (p. 14)

Activité langagière
Parler en continu
Objectifs linguistiques
a. Fait de langue : la place du verbe dans le groupe infinitif et dans la déclarative simple
b. Lexique : lexique des activités

Mise en œuvre en classe

• **1** Présenter et faire mémoriser aux élèves quelques activités courantes sous forme de groupes verbaux à l'infinitif à partir de la rubrique *Vokabeln* ou de cartes illustrées. Pour information, voici deux liens vers des banques d'illustrations libres de droits qui vous aideront à concevoir des *flashcards*.
http://www.picto.qc.ca/
http://crdp.ac-dijon.fr/-clic-images-.html

• **2** Demander à chaque élève de présenter une activité qu'il pratique à partir des modèles proposés. Il pourrait être utile, si l'on utilise le manuel vidéoprojetable, de faire repérer aux élèves dans chaque groupe verbal le verbe infinitif et de le surligner pour le mettre en exergue et faciliter l'expression par la suite. Pour mobiliser l'attention des autres et les habituer à s'écouter, on leur demandera de se souvenir des activités pratiquées par chacun. On pourra ensuite faire le bilan à la 3e personne, sans mettre l'accent à ce stade sur la conjugaison particulière du verbe *lesen*.

• **3** Fixation écrite : faire compléter dans le cahier d'activités les bulles pour indiquer l'activité pratiquée en fonction de l'illustration.

Énoncés possibles
Ich spiele Fußball / Tennis.
Ich schwimme.

Bilan à la 3e personne du singulier :
Alexandre spielt Fußball / Tennis.
Mathilde schwimmt.

Corrigés du cahier d'activités (p. 10)
Ich mache Judo.
Ich spiele Fußball.
Ich spiele Videospiele.
Ich lese.

3 Im Jugendzentrum (p. 15)

Activités langagières
– Écouter
– Parler en continu

Objectifs linguistiques
a. Faits de langue : la 3e personne du singulier des verbes réguliers
b. Lexique : rebrassage des activités

Objectif culturel
Présentation d'un *Jugendzentrum*

Script
(CD Classe 1 piste 5)
Szene A: *[nager]*
Szene B: *[jouer de la batterie]*
Szene C: *[jouer au billard]*
Szene D: *[faire du judo]*

Mise en œuvre en classe

On commence par présenter le centre de loisirs ; les élèves peuvent facilement repérer les activités et l'adresse du centre.
Puis on fait entendre quatre scènes contenant des bruits de fond qui serviront de déclencheurs de parole. Pour chaque scène, l'élève doit indiquer oralement à quelle photo elle correspond et justifier en indiquant l'activité pratiquée.
Les informations pourront être finalement reprises par écrit dans le cahier d'activités.

Énoncés attendus
et corrigés du cahier d'activités (p. 10)
Szene A passt zu Foto 2: Sonja schwimmt.
Szene B passt zu Foto 3: Thomas spielt Schlagzeug.
Szene C passt zu Foto 4: Daniel spielt Billard.
Szene D passt zu Foto 1: Leo macht Judo.

Zwischenstation

(manuel p. 15)

Activité langagière
Écrire

Objectif
La tâche consiste à rédiger un court texte sur son blog pour se présenter et présenter son/sa meilleur(e) ami(e).

Objectifs linguistiques
a. Faits de langue : rebrassage du présent de l'indicatif aux trois personnes du singulier
b. Lexique : rebrassage des lexiques de l'identité et des activités

Mise en œuvre en classe

Cette activité découle de celles mises en œuvre sur la double page et les élèves pourront à tout moment s'inspirer du modèle de blog proposé page 14.
Si la rédaction du blog peut être simulée sur feuille, on peut tout à fait envisager de faire mettre en ligne les articles illustrés par des photos sur un blog de classe. Pour information, *LeWebPédagogique* (http://lewebpedagogique.com/) donne la possibilité très simplement et sans publicité de créer son blog pédagogique (cf. tutoriel p.159).
À cette occasion, les compétences du B2i suivantes pourront être validées :
– 2.2 Je protège ma vie privée en ne donnant sur Internet des renseignements me concernant qu'avec l'accord de mon responsable légal.
– 3.2 Je sais regrouper dans un même document plusieurs éléments (texte, image...).
– 2.7 Je mets mes compétences informatiques au service d'une production collective.

Énoncés possibles
Hallo, ich bin Julie. Ich wohne in Villemomble und bin 15 Jahre alt. Ich mache Judo.
Und das ist meine Freundin Kathy. Sie ist auch 15 und spielt Schlagzeug. Sie ist sehr cool :-)

Prolongement

Si l'on a fait l'activité suggérée à la leçon précédente autour de la chanson *MFG*, on pourra proposer une petite recherche Internet sur le groupe *Die Fantas-tischen Vier*.
Exemple : Geh auf die offizielle Website der Gruppe: http://www.diefantastischenvier.de/
Such Informationen über die Band.
1. Wie heißt jedes Bandmitglied?
2. Wie alt ist jeder?
3. Wie heißt das letzte Album?

Corrigés
1. Michi Beck, Thomas D, Smudo und And. Ypsilon.
2. 42 / 41 / 41 / 42 (en 2009)
3. "Fornika".

Sprache aktiv

➔ Manuel p. 16

Corrigés du manuel (p. 16)

1. a. **die** Schule – b. **die** Stadt – c. **der** Name – d. **das** Interview – e. **das** Foto – f. **der** Freund – g. **die** Lehrerin – h. **das** Internetcafé – i. **das** Alter – j. **der** Wohnort.

2. Hallo! Ich **heiße** Mia. Ich **wohne** in Berlin und **bin** 15 Jahre alt. Meine beste Freundin **heißt** Leonie. Sie **ist** mit mir in der Klasse 9c der Geschwister-Scholl-Schule und **spielt** sehr gut Gitarre. Sie **macht** auch Judo. Und du? Wie **heißt** du? Wie alt bist du? **Spielst** du auch ein Instrument?

3. Ich heiße Uwe Wagner. Ich bin 14 Jahre alt. Ich wohne in Dortmund. Ich bin in der Klasse 8b. Ich mache Judo. Ich höre Techno. Ich spiele Gitarre. Ich schwimme.

Corrigés du cahier d'activités (p. 12)

Exercice 1

Dossier **ich**: wohne, bin, heiße.
Dossier **du**: bist, spielst, wohnst, heißt.
Dossier **er/sie**: ist, spielt, heißt, wohnt.

Exercice 2

a. Lisa ist 16 Jahre alt. Sie wohnt in Mainz und spielt Klavier.
b. Kai wohnt in München. Er ist 12 und macht Judo.
c. Hanna ist 14 und wohnt in Bremen. Sie spielt Handball.
d. Lukas wohnt in Leipzig. Er ist 17 und schwimmt.

Exercice 3

<poldill> Hallo! Ich **heiße** Marko. Wer **bist** du?
<max879> Max. Ich **wohne** in Köln. Und wo **wohnst** du?
<poldill> In Berlin. **Spielst** du ein Instrument?
<max879> Ja, ich **spiele** Elektrogitarre in einer Band. Und Lisa **spielt** Schlagzeug.
<poldill> Wer **ist** Lisa?
<max879> Meine Freundin.

Vokabeln aktiv (p. 16)

Corrigés du cahier d'activités (p. 9)

Exercice 1

Hallo! Ich heiße Tobias. Ich wohne in Leipzig und bin zwölf Jahre alt.

Exercice 2

a. Wie heißt du?
b. Wo wohnst du?
c. Wie alt bist du?

Exercice 3

a. siebzehn: **17** – vier: **4** – zwei: **2** – fünfzehn: **15** – elf: **11** – neun: **9**
b. **eins**, **zwei**, **drei**, **vier**, **fünf**, **sechs**, **sieben**, **acht**, **neun**, **zehn**, **elf**, **zwölf**.
c. 16: **sechzehn** – 12: **zwölf** – 18: **achtzehn** – 17: **siebzehn** – 13: **dreizehn** – 7: **sieben**

Exercice 4

Mozart, Beethoven, Gutenberg, Freud.

Corrigés du cahier d'activités (p. 11)

Exercice 1

a.

H	C	R	U	S	N	E	S	E	L
A	S	C	H	W	I	M	M	E	N
L	H	H	V	I	N	R	P	H	T
R	E	L	I	T	E	E	O	R	W
E	R	I	E	Z	N	I	X	E	A
M	I	T	R	R	E	V	A	I	Y
N	E	Z	N	A	T	A	K	T	J
A	Z	E	K	G	A	L	Ö	E	K
D	L	O	L	E	K	K	L	N	L
E	I	S	E	N	S	O	F	T	A

1. lesen – 2. schwimmen – 3. reiten – 4. skaten.
b. 1. Judo **machen**
2. Schlagzeug **spielen**
3. Musik **hören/machen**

Exercice 2

a. Er spielt Schlagzeug.
b. Sie hört Musik.
c. Sie schwimmt.
d. Er reitet.

KAPITEL 1 Was machst du gern?

Descripteurs du Cadre européen

Écouter
- **A1** Comprendre le sujet d'un dialogue simple.
- **A1** Comprendre des informations et des questions simples sur des sujets familiers (identité, goûts, activités) si l'intervention est lente et soigneusement articulée.

Lire
- **A1** Se faire une idée du contenu d'un texte informatif assez simple, surtout s'il est accompagné d'un document visuel.

Parler en continu
- **A1** Présenter quelqu'un.
- **A1** Utiliser des nombres pour dire son âge, indiquer un numéro de téléphone, etc.

Parler avec quelqu'un
- **A1** Poser des questions personnelles, par exemple sur le lieu d'habitation.
- **A1** Répondre à des questions simples et en poser à propos de l'identité (nom, âge, ville, loisirs).
- **A1** Réagir dans le cadre d'une tâche très simple et courante à des affirmations et en émettre sur des sujets très familiers comme par exemple la présentation de soi, de ses goûts, de ses activités.

Écrire
- **A1** Écrire un court texte pour se présenter ou présenter quelqu'un.

Comme le suggère le titre général (*Was machst du gern?*), le premier chapitre est ancré dans le champ sémantique des loisirs. Les intitulés des trois *Stationen* (*Wer bist du? / Was macht sie gern? / Was könnt ihr gut?*) reflètent quant à eux l'élargissement progressif de cette thématique et appellent un approfondissement lexical, grammatical et morpho-syntaxique.
Les élèves sont donc amenés à entrer résolument dans l'apprentissage comme la page d'ouverture du chapitre les y invite.
La photo attire d'emblée l'attention sur la thématique abordée dans le chapitre.
Les descripteurs des cinq activités langagières du CECRL sont rédigés dans un langage mis à la portée des élèves. Il en va de même de la tâche finale (*Unser Projekt*), qui, de prime abord, annonce ce qui sera réalisé au terme de l'unité.

Cette composition dynamique de la page d'ouverture permet donc à l'élève de se représenter concrètement les activités à venir, d'en saisir les enjeux et les finalités et de s'engager activement dans la réalisation des projets intermédiaires et de la tâche finale.
Le professeur ne manquera pas de noter que le titre de l'unité est une adresse directe à l'élève.
La photo étant le support principal et le plus immédiatement abordable, nous suggérons dans un premier temps de l'utiliser en demandant aux élèves d'imaginer la thématique générale et le contenu de cette unité. Cette approche devra forcément se faire en français compte tenu du peu d'acquis que possèdent les élèves à ce niveau de l'apprentissage. On peut s'attendre aux réactions suivantes :
– activités sportives,
– activités extrascolaires,
– ce que j'aime faire,
– avec qui j'aime pratiquer mes activités de loisirs,
– quand et où nous nous adonnons à ces activités.
Dans un second temps, il sera opportun d'attirer l'attention des élèves sur le projet final, dans le but de leur faire trouver les moyens linguistiques et culturels nécessaires à l'élaboration de cette tâche finale.
Dans un troisième temps, il paraîtra donc tout à fait naturel de faire vérifier ces hypothèses par une lecture individuelle ou en plénière des descripteurs du CECRL.

Station 1
Wer bist du?

➲ **Manuel pp. 18-19**

1 Wie heißt du? (p. 18)

Activité langagière
Écouter

Objectifs linguistiques
a. Faits de langue :
 – les questions partielles (*W-Fragen*)
 – les questions globales (*Ja- / Nein- Fragen*)
b. Lexique : le sens des mots interrogatifs

Script

(CD Élève piste 2, CD Classe 1 piste 6, manuel p. 30)

Lucie: On pose quoi comme question pour faire connaissance ?
Quentin: J'sais pas moi : comment tu t'appelles… Wie heißt du?
Martin: Wie heißt du?
Quentin: Bon, je me lance. – Guten Tag! Ich bin Quentin. Wie heißt du?
Alexander: Alexander.
Martin: Wo wohnst du, Alexander?
Alexander: In Dortmund.
Lucie: Eh, t'as vu ? C'est cool, il fait tout !
Quentin: Chut. Écoute.
Martin: Und du, wie heißt du?
Carlotta: Ich heiße Carlotta.
Martin: Wohnst du auch in Dortmund?
Carlotta: Nein, ich wohne in Kamen.
Quentin: Hallo! Wie ist dein Name?
Dashamira: Dashamira.
Quentin: Wie bitte?
Dashamira: Dashamira.
Quentin: Woher kommst du?
Dashamira: Ich bin aus Albanien.
Martin: Treibst du Sport?
Dashamira: Ja, ich bin in der Fußball-AG, hier in der Schule.
Quentin: Fußball quoi ?
Lucie: AG, Fußball-AG elle a dit.
Quentin: Wer ist das?
Martin: Das ist die Klassenlehrerin, Frau Liebermann.
Quentin: Was machst du jetzt, Alexander?
Alexander: Ich gehe schwimmen.

Mise en œuvre en classe

Comme l'indique la consigne, l'objectif majeur de cette activité est de mettre en corrélation questions et réponses pour favoriser chez l'élève une prise de conscience de la structure des interrogatives partielle et globale, ainsi que de l'intonation de la phrase interrogative.

Il ne nous semble pas scandaleux, à ce niveau de l'apprentissage, de traduire la consigne donnée en allemand dans le manuel, a fortiori quand on est en présence d'élèves de 6ᵉ ou de 5ᵉ. Cette remarque reste valable tout au long de l'unité et jusqu'à ce que les élèves acquièrent l'assurance nécessaire à la lecture de consignes en allemand. Signalons toutefois que le professeur, même s'il traduit les consignes dans un premier temps, doit habituer progressivement ses élèves à les comprendre en allemand. Nous suggérons de se référer à la double page *Deutsch in der Klasse* (manuel pages 10-11), de donner des exemples (ici : *Das passt zu…* au moyen d'un schéma simple au tableau où l'on reliera deux mots), puis seulement de demander une traduction, ou bien de faire repérer, en fin de leçon par exemple, les mots-clés d'une consigne (*schreib, hör, schau, Bild, Frage, Antwort…*) afin de favoriser leur mémorisation.

Le professeur devra également lire avec les élèves les questions situées dans les bulles colorées du manuel et reprises dans le tableau du cahier d'activités page 13. Celles-ci ne devraient pas poser de problème de compréhension puisque la majorité d'entre elles a déjà été introduite dans la pré-unité. Seuls les termes *woher, jetzt* et *treibst* n'ont pas été rencontrés. Néanmoins, ils ne devraient pas représenter un obstacle insurmontable, le contexte favorisant largement la compréhension de ces mots. Le professeur lira également avec ses élèves les réponses numérotées dans la bande dessinée (cf. bulles dans le cahier d'activités). La version vidéo-projetable du manuel pourrait permettre ici de zoomer sur la bande dessinée, surtout avec une classe de jeunes élèves (niveau 6ᵉ ou 5ᵉ), afin que non seulement le lien graphie-son soit favorisé, mais encore pour que le dessin remplisse une fonction de mise en situation, voire d'aide à la compréhension. Par exemple pour le dernier dessin (bulle 7), où il faut bien comprendre que le garçon ne parle pas de lui mais de son professeur situé en arrière-plan.

L'élève peut à présent écouter l'interview qui se déroule devant une école allemande comme le montre la photographie situationnelle de la page 18 du manuel. Au terme de l'activité, le professeur fera découvrir les deux types de structures interrogatives et le sens des mots interrogatifs utilisés (cf. *Sprache aktiv Station* 1, page 24). Des exercices de consolidation se trouvent dans le manuel page 24 et sont relayés par d'autres activités dans le cahier d'activités page 15.

Il est opportun de traiter ensuite des deux schémas intonatifs (montant et descendant) dont il est question dans la rubrique *Sprechtraining* (page 14 du cahier d'activités).

L'élève pourra prolonger ce travail chez lui en écoutant la piste 2 de son CD et en se référant au script figurant à la page 30 du manuel.

Corrigés du cahier d'activités (p. 13)

B.3: Wo wohnst du? In Dortmund.
C.5: Woher kommst du? Aus Albanien.
D.7: Wer ist das? Das ist die Klassenlehrerin.
E.4: Was machst du jetzt? Ich gehe schwimmen.
F.1: Wohnst du in Dortmund? Nein, in Kamen.
G.6: Treibst du Sport? Ja, ich bin in der Fußball-AG.

Sprechtraining

(manuel p. 18, cahier d'activités p. 14)

L'intonation de la phrase (interrogative, déclarative)

Script du Sprechtraining
(CD Classe 1 piste 7)
1. Wohnst du in Hamburg?
2. Ich bin 15 Jahre alt.
3. Paul spielt Fußball.
4. Spielst du Tennis?
5. Treibst du Sport?

Corrigés du Sprechtraining (cahier d'activités p. 14)

	A	B
	. ou ?	↘ ou ↗
Wohnst du in Hamburg?	?	↗
Ich bin 15 Jahre alt.	.	↘
Paul spielt Fußball.	.	↘
Spielst du Tennis?	?	↗
Treibst du Sport?	?	↗

2 Wer ist das? (p. 19)

Activité langagière
Parler avec quelqu'un
Objectif linguistique
Appropriation des mots interrogatifs et des énoncés interrogatifs
Objectif culturel
Quelques villes allemandes

Mise en œuvre en classe

Cette activité est de type lacunaire (*Wechselspiel*). Il nous semble préférable de la mettre en œuvre en formant deux grands groupes plutôt qu'en binômes, afin de mieux réguler les échanges verbaux. Le professeur veillera toutefois à ne pas interrompre les élèves à la moindre erreur pour favoriser la fluidité de l'interaction orale dans cette activité. Les élèves apprendront ainsi petit à petit à communiquer entre eux et à se passer de l'intervention systématique du professeur.
Pour que l'activité se déroule dans les meilleures conditions, il faut auparavant s'assurer de la bonne prononciation des mots. Le professeur pourra :
– soit faire répéter en plénière la totalité des prénoms et des noms de ville se trouvant dans la grille ;
– soit, en passant dans chacun des deux groupes, faire prononcer les mots présents dans chaque grille.
On devra en outre veiller à ce que les élèves connaissent bien les questions correspondant à chaque rubrique.

Énoncés attendus
Quelques exemples :

Gruppe 1	Gruppe 2
Wie heißt die Person B?	Die Person B heißt Stefan.
Wie alt ist Stefan?	Er ist 14 Jahre alt.
Was macht die Person A?	Die Person A hört Musik.
Wo wohnt die Person C?	Die Person C wohnt in Lindau.

Corrigés du cahier d'activités (pp. 13-14)
(*Gruppe 1: italique*)

Person	A	B	C	D
Name	*Rüya*	Stefan	*Christine*	Sven
Wohnort	*Köln*	*Jena*	Lindau	Flensburg
Alter	*13*	14	15	*12*
Aktivität	Musik hören	*Judo machen*	*schwimmen*	Handball spielen

3 Carolines Freundschaftsbuch (p. 19)

Activités langagières
– Lire
– Parler avec quelqu'un
Objectifs linguistiques
a. Fait de langue : approfondissement de l'interrogative (type de musique, nom de la série télévisée, etc.)
b. Lexique : formulation de la préférence
Objectif culturel
Le mode de vie des adolescents allemands

Mise en œuvre en classe

Il est nécessaire d'expliquer en français ce qu'est un *Freundschaftsbuch*, ces sortes de carnets que l'on fait circuler parmi ses amis. Il faut également expliciter les mots composés de *Lieblings-* et faire trouver la question correspondant aux rubriques concernées par ces mots (*Was ist der Lieblingssport von Christina?* par exemple).
Le professeur fera constituer deux équipes qui devront, chacune de leur côté, trouver un maximum de questions se référant aux textes de Christina et de Jan.

Pour rendre plus attractive et dynamique la dernière étape de la mise en œuvre de cette activité, on pourra la présenter sous forme de jeu : une équipe pose une question et obtient 1 point si la formulation est correcte, l'équipe adverse obtient aussi 1 point si elle répond de façon adéquate. Le professeur veillera à ce que la prise de parole soit bien partagée à l'intérieur des groupes, de façon à faire parler le maximum d'élèves. Cette activité s'effectuera évidemment livres ouverts. Signalons toutefois que l'utilisation de la version vidéoprojetable du manuel permettra ici de travailler livres fermés et de focaliser l'attention des élèves sur les textes que l'on aura grossis. Il sera ainsi plus aisé de faire porter l'attention des élèves sur certains mots en zoomant dessus ou en les surlignant, en particulier lors de la phase d'explicitation préalable à l'activité (cf. supra).

Énoncés attendus

Christina	Jan
Wo wohnt Christina?	Wie heißt Jan?
Wie alt ist Christina?	Woher kommt Jan?
Was ist die Lieblingsmusik von Christina?	Wie alt ist Jan?
Wie heißt die Lieblingsserie von Christina?	Was ist der Lieblingsfilm von Jan?
Was ist der Lieblingssport von Christina?	Was ist der Lieblingssport von Jan?
Treibt Christina Sport?	Wie ist die Handynummer von Jan?
Hört Christina Musik?	Spielt Jan Theater?

Zwischenstation

(manuel p. 19, cahier d'activités p. 14)

Activités langagières
– Parler avec quelqu'un
– Écrire

Objectifs
La première tâche (a.) permet, sous forme de dialogue simple, la réutilisation des questions-réponses travaillées dans cette *Station*. La seconde (b.), toujours centrée sur l'élève, lui donne l'occasion de récapituler à l'écrit toutes les formulations qu'il connaît pour se présenter.

Mise en œuvre en classe

• **1** Nous conseillons de laisser aux élèves une courte phase de préparation du dialogue, mais il n'est pas souhaitable qu'ils rédigent ce dialogue et l'apprennent par la suite, car il ne s'agirait pas là d'un oral interactif mais plutôt d'un écrit lu ou, au mieux, récité. Pour créer les conditions d'une improvisation, nous suggérons de constituer les binômes de façon aléatoire, par exemple en faisant piocher à l'élève une carte avec le prénom de la personne avec qui il devra présenter le dialogue.
Pour sensibiliser les élèves à l'importance de la prononciation et de l'intonation, on peut leur proposer de s'enregistrer et d'écouter par la suite leur production en leur donnant quelques critères d'écoute (intonation de la phrase interrogative globale et déclarative, prononciation du [v]).

Énoncés possibles

a.
– Hallo, ich bin Ines und wie heißt du?
– Ich heiße ...
– Wie alt bist du?
– ... Jahre alt.
– Woher kommst du?
– Aus ...
– Wo wohnst du?
– In ...
– Treibst du Sport?
– Ja.
– Und was ist dein Lieblingssport?
– ...

• **2** La deuxième activité (b.) peut être aisément effectuée à la maison, les élèves disposant d'une aide dans le cahier d'activités à la page 14 et d'un modèle à la page 19 du manuel.
Les écrits réalisés lors de ce travail seront corrigés puis pourront être rassemblés après avoir été mis en forme et illustrés. Le groupe pourra ainsi disposer de son propre *Freundschaftsbuch* qui pourra être soit disponible dans la salle de classe, soit expédié à la classe partenaire.

Station 2

Was macht sie gern?

➔ Manuel pp. 20-21

1 Eine Radiosendung (p. 20)

Activités langagières
– Écouter
– Parler en continu

Objectifs linguistiques

a. Faits de langue :
- le présent des verbes dont le radical se termine par *-d, -t, -n*
- les verbes forts au présent de l'indicatif
- *gern / nicht gern*
- la négation du groupe verbal

b. Lexique : les activités

Objectif culturel

Première approche des *AGs*.

Script

(CD Élève piste 3, CD Classe piste 8, manuel p. 30)

Vanessa: Hallo! Hier ist Radio MC2. Am Mikrofon: Vanessa. Willkommen im Studio! Das Thema heute: „Freizeit". Wir haben drei Gäste: Lukas, Klasse 9c, Laura, Klasse 8a und Sven, Klasse 10b. – Lukas, was machst du in deiner Freizeit?
Lukas: Ja, also, ich mache viel Sport. Ich spiele Tischtennis, ich skate und ich lerne reiten. Und ich lese auch.
Vanessa: Was liest du?
Lukas: Fantasy-Romane.
Laura: Ja, ich auch!
Vanessa: Wie bitte?
Laura: Ich lese auch gern Fantasy-Romane: *Harry Potter, Eragon...*
Vanessa: Und was machst du noch in deiner Freizeit? Am Computer spielen?
Laura: Nein, am Computer spiele ich nicht so gern. Aber Fußball. Das ist mein Lieblingssport. Ich bin in der Mädchen-Fußball-AG hier in der Schule.
Vanessa: Und du, Sven, was machst du gern?
Sven: Also, Freunde treffen...
Vanessa: Fußball? Fernsehen?
Sven: Hmm, Fußball ist nicht mein Ding. Aber ich sehe gern fern. Und ich chatte gern. Außerdem zeichne ich Mangas, und ich mache Videos.
Vanessa: Wow! Und wann schläfst du?
Sven: Tja!

Mise en œuvre en classe

• **1** L'objectif linguistique majeur de cette activité est de susciter l'emploi de quelques verbes forts en *a* et en *e* à la 3e personne du singulier (*schlafen, lesen, treffen, fernsehen*).
On peut tout d'abord se servir de l'image page 20 du manuel pour émettre des hypothèses sur le lieu et le contenu du dialogue, ce qui permettra de rebrasser *Aktivitäten, Lieblingssport*.
Il est conseillé de réactiver ensuite le vocabulaire des activités vues dans la pré-unité à l'aide des vignettes reproduites dans le cahier d'activités page 16.
On introduira enfin le lexique nouveau (*zeichnen, fernsehen, schlafen, Freunde treffen*).
Les images, fort parlantes, gagneront à coup sûr à être montrées au vidéoprojecteur, surtout si l'on s'y attarde avec des classes de 6e ou de 5e. La consigne d'écoute à la page 16 du cahier d'activités devra être lue par le professeur qui fera le rapprochement entre *Lieblingsaktivität* et *Was macht Lukas gern?* pour faire comprendre le sens de *gern*.
L'élève est alors prêt à écouter le dialogue et à renseigner la grille du cahier d'activités.

• **2** Lors de la correction, une attention particulière sera portée à la conjugaison des verbes forts à la 3e personne du singulier. Un bilan suivra, il pourra s'appuyer sur la rubrique *Sprache aktiv*, page 24 du manuel et être complété par l'exercice 3 page 24 du manuel et l'exercice 1 page 18 du cahier d'activités.

• **3** L'emploi de la négation correspond à un besoin langagier fréquent lorsque l'on est amené à parler de ses goûts. Pour cette raison, on affinera le degré de compréhension de l'interview en faisant cocher le *richtig/falsch* de la page 17 du cahier d'activités. On peut, à ce niveau de la compréhension, avoir recours à la lecture du script page 30 du manuel. La négation sera ainsi mise en évidence et fera l'objet d'une première consolidation (*Sprache aktiv*, exercice 4 page 24 du manuel et exercice 2 page 18 du cahier d'activités).

Corrigés du cahier d'activités (pp. 16-17)

b. 1.

c.

Aktivitäten	Lukas	Laura	Sven
Tischtennis spielen	♥		
skaten	♥		
reiten	♥		
am Computer spielen		~~♥~~	
Romane lesen	♥	♥	
Freunde treffen			♥
Fußball spielen		♥	~~♥~~
Mangas zeichnen			♥
chatten			♥
*fern*sehen			♥
Videos machen			♥

2. Richtig oder falsch?

Lukas reitet gern: richtig
Sven sieht nicht gern fern: falsch
Lukas liest nicht gern: falsch
Sven chattet nicht gern: falsch
Laura spielt gern Fußball: richtig
Laura spielt gern am Computer: falsch
Sven trifft gern Freunde: richtig
Sven macht nicht gern Videos: falsch
Sven zeichnet gern: richtig

Prolongements

Variantes faciles à mettre en place pour manipuler les conjugaisons aux trois personnes du singulier et qui suscitent souvent l'adhésion des élèves :

– **Jeu de dominos**

Dans la version classique, chaque domino se compose de deux parties sur lesquelles est indiqué un certain nombre de points. Le jeu consiste alors à poser les dominos les uns à la suite des autres en les combinant. Dans la version grammaticale, chaque domino est constitué d'un côté d'un pronom personnel, de l'autre de la forme conjuguée d'un verbe. Les joueurs sont invités à poser les dominos les uns à la suite des autres en les associant.

Exemples :

kommen	du

schläfst	ihr

seid	ich

Au début, les élèves répartis en groupes doivent chacun piocher quatre dominos, par exemple. Le premier joueur qui parvient à poser tous ses dominos a gagné. Si un joueur ne peut placer aucun de ses dominos, il piochera dans le talon jusqu'à en trouver un.

Cette activité peut également être proposée à la maison. Dans ce cas, on remettra à l'élève une série de dominos qu'il devra découper et coller après avoir trouvé un ordre pertinent. On limitera le nombre de dominos à classer.

– **Jeu de devinettes**

Chaque élève possède une carte sur laquelle est écrit un verbe à l'infinitif correspondant à une activité. Les autres élèves posent des questions du type *Liest du Fantasy-Romane? Spielst du Tennis?* pour deviner l'activité. Le jeu peut se jouer à plusieurs équipes qui comptabiliseront leurs points.

Sprechtraining

(manuel p. 20, cahier d'activités p. 17)

■ « h » en début de mot : [h]

Ce point phonologique constitue pour les élèves francophones une difficulté importante qu'il faut prendre à bras le corps le plus tôt possible dans l'apprentissage. Nous avons donc décidé d'aborder la prononciation du « h » en début de mot dès la première unité, sachant que le professeur devra, tout au long de l'année, revenir sur cette particularité phonologique.

Script du Sprechtraining

(CD Classe 1 piste 9)

1. Hallo!
2. also
3. und
4. haben
5. hier
6. Interview
7. auch
8. heute
9. Hör zu!
10. aber

Corrigés du Sprechtraining (cahier d'activités p. 17)

	1	2	3	4	5	6	7	8	9	10
h	×			×	×			×	×	
ø		×	×			×	×			×

2 Promis (p. 21)

Activité langagière
Parler en continu

Objectifs linguistiques

a. Fait de langue : consolidation de la conjugaison des verbes forts en *e* et en *a*

b. Lexique : les nombres jusqu'à 99

Objectif culturel
Présentation de quelques personnalités des pays germanophones

Mise en œuvre en classe

Les élèves doivent présenter une personnalité à partir de sa fiche d'identité. Pour ce faire, l'apprentissage des nombres est essentiel. La rubrique *Vokabeln* (manuel page 21) fournit l'aide nécessaire à l'expression de l'âge. Le professeur s'attachera à expliquer le fonctionnement de la numération afin que l'élève, si le besoin se présente, sache compter jusqu'à 99.
Lors de la présentation des personnalités, dont il semble évident ici qu'elle gagne à être faite avec le support du manuel vidéoprojeté, nous suggérons que les élèves introduisent au moins une information inexacte que les autres devront repérer. L'objectif est ici de les entraîner à la prise de parole en continu et à l'interaction. Le repérage de l'erreur crée un enjeu de communication modeste mais réel. Il s'agit bien là d'une tâche et non d'un exercice.

Énoncés attendus

– Er heißt Bushido. Er ist 31 Jahre alt. Er wohnt in Dortmund.
– Nein, das ist falsch. Er wohnt nicht in Dortmund, er wohnt in Berlin.
– Er macht Rap. Er liest nicht gern.
– Nein, das ist auch falsch. Er liest gern.
– Er macht gern Sport.

Zwischenstation

(manuel p. 21, cahier d'activités p. 17)

Activités langagières
– Parler en continu
– Parler avec quelqu'un

Objectifs
Cette tâche intermédiaire permet d'entraîner l'élève à la prise de parole en continu et à l'interaction orale, tout en suscitant le réemploi des divers acquis de la *Station* (lexique des activités, *gern / nicht gern*, utilisation de la 3e personne du singulier).

Mise en œuvre en classe

La phase de préparation (cahier d'activités page 17) peut tout à fait être effectuée à la maison. L'interview se déroulera en classe de façon semi improvisée.
Pour faire réutiliser et assimiler le mieux possible la conjugaison des verbes, ainsi que la négation, nous conseillons lors de l'interview de ne pas s'en tenir à la question *Was machst du gern?* mais de faire formuler des énoncés du type *Skatest du gern?*
Les élèves seront prévenus avant le début de l'activité qu'ils devront faire un bilan en expression orale en continu à partir des notes qu'ils auront prises durant l'interview de leur camarade (cf. consigne c. de la *Zwischenstation* page 21 du manuel).
La mise en commun des informations peut être organisée dans la perspective de réaliser un sondage sur les loisirs pratiqués dans la classe.

Énoncés attendus

Étape 1 :
Zeichnen, Klavier spielen, Freunde treffen, fernsehen

Étape 2 :
– Reitest du gern? / Nein, ich reite nicht gern.
– Triffst du gern Freunde? / Ja.

Étape 3 :
Arnaud trifft gern Freunde, er sieht gern fern, er spielt gern Klavier und zeichnet gern. Aber er reitet nicht gern...

Étape 4 :
Ein Schüler in der Klasse reitet gern...

Prolongement

Les castings des émissions de téléréalité (du type *Germany's next Topmodel, Deutschland sucht den Superstar*) permettront de réactiver le thème des présentations et entraîneront à la compréhension de documents authentiques. Les vidéos sont disponibles sur les sites des émissions : http://www.prosieben.de/lifestyle_magazine/next_topmodel/ et http://www.rtl.de/tv/superstar.php.

Station 3
Was könnt ihr gut?

➲ Manuel pp. 22-23

1 Wir suchen... (p. 22)

Activités langagières
– Lire
– Parler en continu

Objectifs linguistiques
a. Faits de langue :
 – le présent de l'indicatif au pluriel
 – le verbe de modalité *können*
b. Lexique : quelques adjectifs qui permettent de caractériser le tempérament d'une personne

Objectif culturel
Les *Arbeitsgemeinschaften*

Mise en œuvre en classe

L'entrée dans cette troisième et dernière *Station* de l'unité se fait par un document de compréhension de l'écrit qui propose plusieurs occurrences des pronoms personnels *wir* et *ihr* et des verbes conjugués au pluriel. Il met aussi l'accent sur l'expression de la capacité avec *können*.

Pour mettre l'élève en confiance et l'entraîner dès le début à une compréhension active et efficace d'un document écrit, on soulignera l'importance des illustrations, des photos, des titres et des légendes (cf. rubrique *Tipp* page 19 dans le cahier d'activités). Les élèves prendront ensuite connaissance du document par une lecture silencieuse et complèteront de façon individuelle les items 1 à 3 de l'exercice 1a. page 19 du cahier d'activités.

L'item 4. et l'item b. pourront, selon le degré d'autonomie des élèves, être effectués de façon individuelle ou en classe plénière. Quoi qu'il en soit, ils mettent en évidence le passage du singulier au pluriel des verbes *sein* et *können* et c'est à ce moment que l'on peut avoir recours au français pour aborder la conjugaison de *sein* au pluriel et expliciter le fonctionnement de la conjugaison des verbes du type *spielen*, *machen* au pluriel. L'explication du sens et de la conjugaison du verbe *können* aura également sa place ici. Les exercices 5 et 6 page 25 du manuel, 1, 2 et 3 page 21 du cahier d'activités contribueront à une première consolidation de ces faits de langue.

Corrigés du cahier d'activités (p. 19)

a.
1. bei der Fußball-AG
2. Mädchen
3. Am Montag
4. Ich bin dynamisch.
Ich bin solidarisch.
Ich kann Fußball spielen.
Ich kann gut rennen.

b. Wir sind dynamisch und solidarisch. Wir sind sportlich.
Wir können gut rennen! Wir können gut Fußball spielen!

Prolongement

La puissance 3 de la conjugaison

Consignes du jeu : constituez deux équipes, les rouges et les verts. Le joueur 1 de l'équipe rouge choisit un verbe de la grille et lance le dé qui lui indique la personne à laquelle il doit conjuguer (1 = *ich*, 2 = *du*, 3 = *er / sie / es*...). Si la réponse est exacte, le verbe est entouré en rouge et n'est plus disponible pour les verts. Le but du jeu est d'aligner soit verticalement, soit horizontalement, soit en diagonale 3 verbes entourés de la même couleur.

Exemple de grille :

machen	sagen	reiten	singen
treiben	sein	hören	manipulieren
kommen	können	tanzen	skaten
wohnen	schlafen	zeichnen	fragen
heißen	schwimmen	chatten	texten
spielen	fahren	sehen	produzieren
schreiben	treffen	lesen	sein

Sprechtraining

(manuel p. 22, cahier d'activités p. 20)

■ Voyelles longues ou brèves

Il est essentiel dans cette *Station* 3, reposant en grande partie sur des activités écrites, que les élèves entendent et répètent des mots dont il a été question dans cette phase de l'apprentissage.

Avant de faire l'exercice, il sera certainement utile de procéder à une première écoute en faisant repérer, pour les polysyllabiques, la syllabe accentuée sur laquelle portera l'activité de discrimination.

Script du Sprechtraining
(CD Classe 1 piste 10)
1. Fußball
2. gut
3. Dienstag
4. unser
5. Mittwoch
6. Halle
7. dynamisch
8. Ball
9. solidarisch
10. Mannschaft

Corrigés du Sprechtraining (cahier d'activités p. 20)

	1	2	3	4	5	6	7	8	9	10
bref				×	×	×		×		×
long	×	×	×				×		×	

2 Noch mehr AGs (p. 23)

Activités langagières
– Lire
– Écrire
Objectifs linguistiques
a. Fait de langue : approfondissement et consolidation de la conjugaison au pluriel
b. Lexique :
– élargissement du champ lexical des activités (notamment en ce qui concerne la musique)
– les jours de la semaine

Mise en œuvre en classe

La lecture de l'annonce page 23 du manuel peut être aisément faite à la maison par des élèves relativement autonomes, car le dispositif de compréhension situé à la page 19 du cahier d'activités fonctionne de la même façon que le précédent. Il semble souhaitable, en revanche, de faire cette lecture et cette compréhension en classe avec un groupe moins dynamique ou constitué d'élèves plus jeunes. La projection du texte *An alle Mädchen und Jungen!* au moyen du vidéoprojecteur constituera, là encore, une aide non négligeable pour attirer l'attention des élèves sur les mots-clés recherchés. La rédaction de l'annonce concernant la *Rap-AG* gagnera à être faite en classe dans tous les cas de figure pour que l'élève bénéficie de la remédiation du professeur ou de l'aide de ses camarades (possibilité de travailler en groupe). L'élève pourra se servir des deux annonces aux pages 22 et 23 du manuel pour y puiser un assez large choix de formulations, ainsi que de la rubrique *Vokabeln* reprise dans le cahier d'activités page 20. Les annonces ainsi rédigées pourront être affichées sur un *schwarzes Brett* improvisé dans la classe.

Corrigés du cahier d'activités (pp. 19-20)
a. 1. Schülerinnen und Schüler
2. Die Radio-AG sucht 2 Toningenieure.
3. Für die Radio-AG seid ihr kreativ.
4. Die AG ist am Donnerstag.
b. **Proposition de corrigé**
An alle Mädchen und Jungen!
Die Rap-AG sucht Rap-Fans.
Seid ihr cool und kreativ? Interessiert ihr euch für Musik? Könnt ihr singen, texten und tanzen?
Kontakt: Martina Schiewer, 8a.
Treffpunkt: am Mittwoch um 16 Uhr im Studio!

Zwischenstation

(manuel p. 23, cahier d'activités p. 20)

Activités langagières
– Parler en continu
– Parler avec quelqu'un
Objectifs
Transfert et passage en production orale des notions grammaticales et lexicales abordées jusqu'à présent à l'écrit dans la *Station* 3

Mise en œuvre en classe

Le travail demandé dans les parties a. et b. (correspondant à la préparation de l'intervention en c.) est facilité par la présence d'un document page 20 du cahier d'activités qui, une fois coché, servira de support à l'expression orale. On peut imaginer que les élèves se déplacent dans la classe, présentent aux autres leurs capacités et leurs goûts pour constituer les trois groupes (*Fußball-AG*, *Radio-AG* et *Rap-AG*). Ceci donnera une véritable finalité à la tâche et renforcera son aspect communicatif et interactif. On précisera au préalable aux élèves les objectifs poursuivis dans cette activité afin d'obtenir leur pleine adhésion. La mise en œuvre de cette étape aura à coup sûr pour effet d'augmenter le volume sonore de la classe et il faudra sans doute sensibiliser les élèves à la nécessité de respecter quelques règles de fonctionnement.
Une fois les groupes constitués (attendons-nous à ce qu'il y ait plusieurs *Rap-AGs*...), un ou plusieurs élèves sont chargés de présenter leur profil aux autres.

Énoncés possibles
a. Ich bin ein Junge. Ich bin dynamisch. Ich bin kreativ. Ich bin ein Technik-Freak. Ich kann Sounds mixen.
b. – Hallo Nathan! Was kannst du?
– Ich bin dynamisch und kreativ. Ich bin ein Technik-Freak. Ich kann Sounds mixen.
– Was ist deine Lieblingsmusik?
– Meine Lieblingsmusik ist Rapmusik. Ich mache also bei der Rap-AG mit.
Und du, Flora?
– ...
c. Hallo, wir sind vier Jungen und drei Mädchen. Wir sind kreativ, dynamisch und sehr aktiv! Wir machen bei der Rap-AG mit. Die Mädchen können super gut singen, Nathan und Alexis sind Technik-Freaks und können Sounds mixen. Toni und Ahmed können gut tanzen.

Sprache aktiv

➔ Manuel pp. 24-25

Sprache aktiv Station 1

Corrigés du manuel (p. 24)

1
a. **Wie** heißt du? – Tanja.
b. **Wer** ist das? – Das ist Petra.
c. **Woher** kommst du Petra? Aus Pirna.
d. Pirna? **Wo** liegt das? – Im Osten, bei Dresden.
e. Und du Tanja, **wo** wohnst du und **wie** alt bist du?
– Ich wohne in Göttingen und ich bin 16 Jahre alt.
f. Und **was** machst du, Tanja, mit Petra hier in Salzburg?

2
a. Was ist dein Lieblingsfilm?
b. Wie heißt der Klassenlehrer?
c. Machst du Judo in Dortmund?
d. Wohnt dein Freund in Berlin?

Corrigés du cahier d'activités (p. 15)

Exercice 1
Wie heißt du? Sandra
Woher kommst du? Aus Deutschland.
Wo wohnst du? In Nürnberg.
Wie alt bist du? 14.
Spielst du Schlagzeug? Nein, ich spiele Klavier.

Exercice 2
Hallo Jan, woher kommst du?
Und was machst du jetzt?

Exercice 3
a. **Wo** wohnt Anna?
b. **Woher** kommt Thomas?
c. **Ø** machst du Judo? / **Wo** machst du Judo?
d. **Wie** alt ist Stefan?
e. **Ø** treibt Mia Sport? / **Wo** treibt Mia Sport?
f. **Wie** heißt sie?

Exercice 4
a. Wie heißt Nadia?
Wie alt ist sie?
Woher kommt sie?
Wo wohnt sie?
b. Sie heißt Nadia Schmidt. Sie ist 41 Jahre alt. Nadia kommt aus Deutschland und sie wohnt in Stuttgart.

Sprache aktiv Station 2

Corrigés du manuel (p. 24)

3
a. **Bist** du okay?
b. Der Journalist **trifft** die Gruppe aus Weimar.
c. Du **schreibst** einen Artikel über die Theater-AG.
d. **Schläft** er lange am Sonntag?
e. Ich **lese** gern Mangas.
f. **Reitest** du auch gern?
g. **Zeichnet** sie auch gern Mangas?

4
a. Nils: Ja, ich wohne in Dortmund.
Max: Nein, ich wohne nicht in Dortmund!
b. Nils: Ja klar, ich bin in der Fußball-AG.
Max: Aber nein! Ich bin nicht in der Fußball-AG.
c. Nils: Ja, ich reite gern.
Max: Nein, ich reite nicht gern.
d. Nils: Ja, ich gehe schwimmen.
Max: Nein, ich gehe nicht schwimmen.
e. Nils: Ja klar, ich sehe gern fern.
Max: Aber nein, ich sehe nicht gern fern!

Corrigés du cahier d'activités (p. 18)

Exercice 1
Lukas aus der Klasse 9c **liest** gern. Er spielt gern Tischtennis, er **skatet** und **reitet** gern.
Laura (8a) ist auch sportlich: Fußball ist ihr Lieblingssport.
Sven aus der 10b **trifft** gern Freunde. Er chattet gern, er **macht** auch gern Videos und **zeichnet** Mangas. Er **sieht** natürlich auch gern fern.

Exercice 2
a. Susanne spielt gern am Computer. Susanne und Hannes zeichnen gern und hören gern Musik. Hannes sieht gern fern.
b. Hannes spielt nicht gern am Computer. Susanne und Hannes lesen nicht gern. Susanne sieht nicht gern fern.

Sprache aktiv Station 3

Corrigés du manuel (p. 25)
5
a. Hannah und Tanja **machen** die Musik.
b. **Könnt** ihr gut zeichnen?
c. Wir **lesen** gern Fantasy-Romane.
d. **Seid** ihr in der Klasse 8a?
e. **Fahrt** ihr in den Park?
6
a. Laura, **kannst** du reiten? – Nein, aber ich **kann** Fußball spielen.
b. Verena, Laura, **könnt** ihr gut tanzen? – Ja, und wir **können** auch singen.
c. Sonja und Vanessa **können** sehr gut Französisch sprechen.
d. Max ist Toningenieur. Er **kann** Sounds mixen.

Corrigés du cahier d'activités (p. 21)
Exercice 1
a. Macht **ihr** bei der Theater-AG mit? – Toll, **wir** machen auch mit!
b. Hallo! **Wir** heißen Bastian und Maren, **wir** sind absolute Manga-Fans.
c. Spielt **ihr** auch gern Volleyball? Dann treffen **wir** uns in der Sporthalle um 14 Uhr.
d. **Wir** können singen und Instrumente spielen. Und **ihr**, seid **ihr** auch musikalisch?

Exercice 2
a. Matthias und Alexander können gut Gitarre spielen, aber sie können nicht tanzen.
b. Stefanie und Tina können reiten. Sie können nicht Judo machen.
c. Jens und Sandra können gut Englisch sprechen, lesen und schreiben, aber sie können nicht gut singen.

Exercice 3
Tim und Tom: „Hallo, was macht ihr hier?"
Jonas und Janis: „Wir gehen schwimmen, und ihr?"
Tim und Tom: „Wir fahren zur Schule, wir machen bei der Rap-AG mit. Kommt ihr mit?"
Jonas und Janis: „Nein, wir können nicht tanzen und wir sind nicht musikalisch."

Vokabeln aktiv

La rubrique *Vokabeln kurz und gut* du manuel ne se veut pas exhaustive. Elle reprend le vocabulaire de base que l'élève devrait connaître au terme de l'unité. Nous recommandons toutefois de faire faire ce bilan à vos élèves. Si l'on dispose d'un vidéoprojecteur, on pourra ne dévoiler que le titre de chaque champ lexical, et finalement enlever le cache pour procéder à une vérification. À la maison, on pourra demander aux élèves de réaliser sur une feuille A4 leur propre fiche lexicale illustrée par des dessins ou des photos.

Corrigés du cahier d'activités (p. 22)
Exercice 1
Anton spielt Fußball, hört Musik und macht Videos.
Kim liest und spielt Gitarre.
Julia spielt am Computer und treibt Sport: Sie spielt Tischtennis.

Prolongements
• **1** À l'issue de cet exercice, le professeur pourra demander aux élèves de caractériser ces trois personnages.
Exemples :
Anton ist sportlich. Er ist dynamisch. Er ist auch ein Technik-Freak.
Kim ist musikalisch. Sie ist vielleicht kreativ.
Julia ist sportlich.
• **2** En guise de prolongement aux exercices de cette rubrique, nous proposons, par exemple, la rédaction d'un poème sur le modèle de *Wir gehen nach Hamburg*.

WIR GEHEN NACH HAMBURG
Ich gehe sc**h**wimmen,
du gehst t**a**nzen,
er geht ins **M**useum,
sie geht zur Fuß**b**all-AG,
wir gehen Comp**u**ter spielen,
ihr geht **r**eiten,
sie gehen Schla**g**zeug spielen.

Les activités contenues dans ce poème forment le mot **Hamburg**. Sur ce modèle, l'élève devra créer à son tour un poème en remplaçant *gehen* par *können* et en trouvant des activités dont les lettres formeront le mot **Deutsch**. Notons que ce poème ne pourra être composé qu'à ce stade précis de l'apprentissage puisqu'il implique non seulement de connaître un nombre suffisant d'activités mais aussi de savoir conjuguer le verbe *können*.

Proposition de corrigé

DEUTSCH
Ich kann Han**d**ball spielen,
du kannst tanz**e**n,
er kann J**u**do machen,
sie kann rei**t**en,
wir können **s**ingen,
ihr könnt zei**c**hnen,
sie können Sc**h**lagzeug spielen.

Exercice 2
Propositions de corrigé

1. einundzwanzig
2. sechsunddreißig
3. siebenundzwanzig
4. neunzehn
5. neununddreißig
6. siebzehn
7. zweiunddreißig
8. neunundzwanzig
9. sechzehn
10. zwölf

Endstation
Deutschland – ein Land für jede Aktivität!

➲ Manuel pp. 26-27

Comme toutes les *Endstationen* du manuel, celle-ci est composée de façon à offrir un modèle que les élèves pourront utiliser lors de l'élaboration de la tâche finale. Ce transfert pourra s'effectuer tant du point de vue méthodologique que linguistique.

Cette double page fournit des supports (textuels, iconographiques et audio) qui servent également d'entraînement à la compréhension. Ils peuvent éventuellement être exploités dans le cadre d'une évaluation formative. En tout état de cause, la compréhension détaillée des supports ne devra pas être négligée pour assurer la réussite de la tâche finale située dans les *Endstationen*. La rubrique *Alles klar?* y pourvoit en grande partie en focalisant l'attention des élèves sur des informations relevant tour à tour du culturel, du lexique, et des structures abordées dans le chapitre.

Cette première *Endstation* est à dominante géographique puisqu'elle présente au moyen de la carte physique et des quatre photos une certaine diversité des paysages allemands. Le vocabulaire géographique est d'ailleurs très présent dans le chapeau introductif et pourra être expliqué grâce aux photos et à la carte. Il en va de même pour le lexique contenu dans les textes (*Ostdeutschland, Norddeutschland...*). Ces vignettes écrites sont pour leur part la transcription d'expériences sportives vécues par de jeunes Allemands. Elles viennent, du point de vue individuel, illustrer la variété générale d'activités praticables en Allemagne. Pour cette raison, il conviendra de mettre en lumière l'identité de chaque personne (cf. rubrique *Alles klar?*).

Mise en œuvre en classe

• **1** On demandera préalablement aux élèves (par exemple en travail à la maison) de reproduire les contours de la carte page 26 dans leur cahier. En classe, le professeur fera replacer les termes clés du chapeau introductif (*im Norden, im Süden, im Osten, das Meer, die Berge, eine Stadt*) sur la carte éventuellement vidéoprojetée et les élèves complèteront la carte de leur cahier. Puis, ils seront invités à constituer quatre groupes et se verront attribuer une photo et le texte correspondant.

Après lecture du texte, chaque groupe devra renseigner une grille (éventuellement répondre à une série de questions) inscrite au tableau portant sur les points suivants :

– Vorname,
– Alter,
– Aktivität,
– Wohnort,
– geographische Lage.

Un rapporteur est désigné pour rendre compte soit à un autre groupe soit au reste de la classe du résultat de son travail de compréhension des textes.

• **2** Comme travail à effectuer à la maison, nous préconisons d'utiliser les questions de la rubrique *Alles klar?*. L'élève aura ainsi un court bilan à rédiger à partir des notes prises ou grâce à la relecture attentive des textes.

L'élève devrait être à présent à même d'effectuer la démarche décrite dans la rubrique *Unser Projekt* page 27 en réutilisant la grille concernant les textes sur quatre adolescents (cf. supra) pour repérer les informations demandées.

Script
(CD Classe piste 11, manuel pp. 26-27)
Xenia: Hallo ! Mein Name ist Xenia. Ich bin 15. Ich wohne in Rathen, in Ostdeutschland. Ich bin sportlich und dynamisch. Ich klettere gern. In der Sächsischen Schweiz ist es toll. Ich singe und tanze auch gern.
Tillmann: Das ist Tillmann. Er ist 14 Jahre alt. Er wohnt in Füssen. Das ist in Süddeutschland, in den Alpen. Er kann sehr gut Ski fahren. Er fährt auch gern Snowboard und er liest gern.
Jana: Hi! Ich bin die Jana und wohne in Berlin. In der Freizeit bin ich sehr aktiv. Ich treffe mich mit meinen Freunden. Sie sind alle Inline-Skater. Wir können sehr gut skaten.
Maik: Ich heiße Maik, bin 16 Jahre alt und komme aus Norddeutschland, aus St. Peter-Ording. Mein Lieblingssport ist Kitesurfen.

Corrigés du manuel (p. 27)
Alles klar?
1. Maik kommt aus Norddeutschland, aus St. Peter-Ording. Jana kommt aus Berlin.
2. Xenia klettert gern in der Sächsischen Schweiz. Sie singt und tanzt auch gern.
Tillmann fährt gern Ski und Snowboard. Er liest auch gern.
Jana ist in der Freizeit sehr aktiv. Sie trifft gern Freunde, und sie skaten zusammen.
Maik lernt Kitesurfen.
3. Xenia ist 15 Jahre alt und wohnt in Rathen, in Ostdeutschland.

Unser Projekt Prominente Deutsche – eine Karte (p. 27)

Objectifs de la tâche finale
La tâche finale est, comme son nom l'indique, une mission concrète que l'élève se voit confier en fin d'unité. Elle est conçue pour le stimuler, le rendre acteur et non consommateur de savoirs. Elle désigne donc un processus global qui implique de la part de l'élève une réactivation des acquis accumulés tout au long du chapitre (lexicaux, morpho-syntaxiques et phonologiques), un apprentissage de l'autonomie et du travail en équipe, ainsi qu'un investissement dans l'élaboration d'un produit bien défini. Elle suppose une variété des approches (oral et écrit, réception comme expression) et permet une différenciation des parcours effectués.

Objectifs culturels
L'appropriation de contenus linguistiques et méthodologiques va de pair avec la mise en place d'une compétence culturelle. Dans cette première unité, nous nous sommes attachés à sensibiliser les élèves à la géographie de l'Allemagne, à travers la découverte de quelques personnalités du monde sportif et artistique.

Mise en œuvre en classe
• **1** La réalisation du projet final reposera sur un travail de groupe, les élèves devant apprendre à développer leur capacité à réfléchir et à agir ensemble. Chaque groupe choisira d'abord une personnalité parmi les quatre citées. Leur nombre a été sciemment limité. Les élèves auront toutefois un aperçu représentatif des personnalités allemandes du moment, tant dans le monde du sport que dans celui du spectacle.

• **2** Pour se documenter sur la personnalité retenue, chaque groupe pourra se référer au lien Internet correspondant indiqué en bas de la page 27 (cf. infra, remarque n° 2). Il nous a semblé ici nécessaire de fournir aux élèves ce type d'aide pour ne pas complexifier davantage leur accès aux documents authentiques ni les inciter à se rendre sur des sites en langue française. On encouragera les élèves à réutiliser la grille concernant les textes sur les quatre adolescents (cf. supra) pour repérer les informations demandées.

• **3** Au moment de la rédaction, on leur donnera la possibilité de travailler seul ou en binôme et d'écrire leur texte soit à la première personne soit à la troisième personne du singulier (cf. les vignettes concernant les quatre adolescents).

Remarques
• **1** Le travail sur cette double page pourra faire l'objet d'une évaluation (chiffrée ou non) qui prendra en compte non seulement le résultat final (*ergebnisorientierte Bewertung*) mais aussi la démarche et l'implication de chacun (*prozessorientierte Bewertung*).

• **2** Précisions au sujet des liens Internet concernant les quatre personnalités retenues :
– Le gymnaste Fabian Hambüchen (http://www.fabian-hambuechen.de) : cliquer sur *Fabian*, puis sur *Steckbrief* pour obtenir les informations recherchées.
– La footballeuse Birgit Prinz (http://www.dfb.de) : cliquer sur *Nationalmannschaften / Frauen-Nationalmannschaft / Team* et sur *Birgit Prinz (Angriff)* pour obtenir les informations recherchées.

– L'acteur Daniel Brühl (http://www.danielbruhl.com/index.php) : dans *Artikelmenü* cliquer sur *Biografie* pour obtenir des informations générales et sur *Wissenswertes / mehr...* pour avoir des renseignements complémentaires. N.B. : le site dont l'adresse figure ci-dessus est, d'un point de vue linguistique, plus facile d'accès que celui indiqué dans le manuel.
– La chanteuse Bintia (http://www.bintia.org/steckbrief.html).

• **3** Liens Internet concernant d'autres célébrités germanophones :
– La chanteuse Lafee (http://www.lafee.de/users/19lafee95/tagebuch/8-steckbrief-von-lafee).
– Le bassiste du groupe *Juli, Andreas „Dedi" Herde* (http://juli.pop24.de/) : cliquer sur *Bio* puis sur *Andreas „Dedi" Herde*. La fiche d'Eva Briegel, la chanteuse du groupe, pourrait également être exploitée.
– Les acteurs Jimie Blue Ochsenknecht et Wilson Gonzalez Ochsenknecht (http://agenturschwarz.de) : cliquer sur *Schauspieler / Männlich* et sur *Jimie Blue Ochsenknecht* ou sur *Wilson Gonzalez Ochsenknecht*.
– L'actrice Paula Schramm (http://paula.assindia-media.de/steckbrief.html).
– L'actrice Veronica Ferres (www.veronicaferres.com) : cliquer sur *deutsch* puis sur *Vita*.
– La cavalière de saut d'obstacles Meredith Michaels-Beerbaum (http://www.michaels-beerbaum.de/20-Biographie.htm).
– Le footballeur Bastian Schweinsteiger (http://www.bastian-schweinsteiger.de/) puis cliquer sur *you & me*.

Suggestion d'intégration des TICE :

Le travail d'écriture pourra être réalisé sur ordinateur. Les textes de présentation pourront être rédigés sur un document *Word* (ou *Open Office*, cf. tutoriel à la fin du livre du professeur) dans lequel les élèves insèreront les deux photos. Cette activité pourra faire l'objet d'une séance en salle multimédia, notamment si les élèves ne sont pas habitués à ce type de présentation. Ultérieurement, pour des travaux similaires, ils pourront travailler en autonomie et faire parvenir leur production sur clé USB ou par mail le cas échéant.
Il sera utile d'indiquer aux élèves comment taper un *ß* (soit en cliquant sur « insertion » / « caractères spéciaux », ou par le raccourci clavier suivant : touche *alt* + 225)
À cette occasion, les compétences du B2i suivantes pourront être validées :
– Compétences principales :
2. Adopter une attitude responsable
2.3) Lorsque j'utilise ou transmets des documents, je vérifie que j'en ai le droit.
(À condition d'indiquer aux élèves de ne choisir que des photos libres de droits ou de demander l'autorisation.)
3. Créer, produire, traiter, exploiter des données
3.3) Je sais regrouper dans un document plusieurs éléments (texte, image, tableau...).
– Compétences annexes (en fonction de la forme de travail choisie) :
1. S'approprier un environnement informatique de travail
1.1) Je sais m'identifier sur un réseau ou un site et mettre fin à cette identification.
(Si vous travaillez avec vos élèves en salle multimédia et qu'ils sont amenés à s'identifier pour accéder au réseau.)
4. S'informer, se documenter
4.3) Je sais utiliser les fonctions principales d'un outil de recherche sur le web.
(Seulement si les élèves ont été amenés à chercher d'autres sites que ceux proposés.)
5. Communiquer, échanger
5.3) Je sais envoyer ou publier un message avec un fichier joint.
(Au cas où vos élèves vous enverraient leur production par mail en fichier joint.)

Jetzt kannst du's!

➲ **Manuel pp. 28-29**

L'objectif de cette double page est de permettre à l'élève de prendre conscience de ce qu'il a appris au cours de l'unité, de ce qu'il est capable de comprendre (à l'écrit comme à l'oral), de dire et d'écrire. Dans chacune des quatre activités du *Jetzt kannst du's!*, les consignes indiquent en effet précisément les acquis sur lesquels l'élève est évalué. Il peut ainsi mesurer à chaque fois sa performance par rapport aux exigences du niveau ciblé (niveau A1 du CECRL), cerner à partir des résultats obtenus ce qu'il sait déjà faire et ce qu'il doit encore éventuellement consolider. La démarche a donc été envisagée dans la persective d'une évaluation formative se voulant résolument positive. L'enseignant pourra néanmoins, selon ses besoins, exploiter les documents mis à sa disposition dans le cadre d'une évaluation plutôt sommative.

1 Wer sind sie? (p. 28)

Activité langagière
Écouter
Objectif
Comprendre quelqu'un qui se présente

Script
(CD Classe 2 piste 12)
Journalist: Guten Tag, wie heißt du?
Schüler: Andreas Müller.
Journalist: Wie alt bist du denn, Andreas?
Schüler: Ich bin 12.
Journalist: Und du, kannst du dich mal kurz vorstellen?
Schülerin: Ich heiße Tania Kumara, ich bin 14 Jahre alt.
Journalist: Hm, Moment ... Tania Kumara, 14. Woher kommt der Name?
Schülerin: Aus Sri Lanka.
Journalist: Und was machst du in deiner Freizeit?
Schülerin: Ich mache viel Sport, zum Beispiel schwimmen und reiten. Und ich höre gern Musik.
Journalist: Und du, Andreas?
Schüler: Also... ich spiele Schlagzeug in einer Band und ich lese gern.
Journalist: Gut, vielen Dank für das Interview.

Corrigés du cahier d'activités (p. 23)

	Adolescent 1	Adolescent 2
1. le nom	Andreas Müller	Tania Kumara
2. l'âge	12 Jahre alt	14 Jahre alt
3. les loisirs	Er spielt Schlagzeug in einer Band und er liest gern.	Sie treibt viel Sport: Sie schwimmt und reitet. Und sie hört gern Musik.
4. le pays d'origine		Sri Lanka

2 Das bin ich! (p. 28)

Activité langagière
Parler en continu
Objectifs
Saluer et se présenter (indiquer son nom, son âge, ses loisirs, l'endroit où l'on habite)

Énoncés possibles
1. Hallo! / Guten Tag!
2. Ich heiße Noria. / Mein Name ist Noria.
3. Ich bin 12 Jahre alt.
4. Ich wohne in Lyon / Ich komme aus Lyon.
5. Ich bin nicht sehr sportlich. Ich bin kreativ. Ich kann sehr gut texten und singen und ich höre gern Musik.

3 Brieffreund gesucht (p. 29)

Activité langagière
Parler avec quelqu'un
Objectifs
Poser des questions et comprendre des informations sur l'identité de quelqu'un

Énoncés possibles

Élève B	Élève A
Wie heißt du? / Wie ist dein Name?	Ich heiße Jörg. / Jörg. / Mein Name ist Jörg.
Wie alt bist du?	Ich bin 14 (Jahre alt). / 14.
Woher kommst du?	Aus Berlin. / Ich komme aus Berlin.
Was machst du gern? / Was machst du in deiner Freizeit?	Ich mache Judo. Ich lese auch gern.

4 Hallo, ich bin Hanna! (p. 29)

Activités langagières
– Lire
– Écrire
Objectifs
Comprendre quelqu'un qui se présente et remplir une fiche d'identité

Corrigés du cahier d'activités (p. 24)
1. Name und Vorname: Herrmann Hanna
2. Wohnort: Leipzig (in Ostdeutschland)
3. Alter: 16
4. Freizeitaktivitäten: Fantasy-Romane lesen, schwimmen, Gitarre in einer Band spielen und reiten.
5. Lieblingsmusik: Rockmusik

KAPITEL 2 Meine Familie und die anderen

Descripteurs du Cadre européen

Écouter
- **A1** Comprendre quelqu'un qui présente sa famille.
- **A1** Comprendre les formules et expressions courantes relatives à des achats.
- **A1** Comprendre quand quelqu'un utilise des chiffres et des nombres pour dire un prix.

Lire
- **A1** Comprendre des mots familiers ainsi que des phrases très simples, par exemple dans des annonces ou des affiches.
- **A1** Comprendre un message court et simple qui m'est adressé, par exemple une invitation.

Parler en continu
- **A1** Présenter sa famille avec quelques phrases simples.
- **A1** Exprimer un souhait, une volonté.

Parler avec quelqu'un
- **A1** Poser des questions à quelqu'un sur sa famille et répondre au même type de questions.
- **A1** Commander quelque chose à boire et à manger.
- **A1** Faire des achats simples.
- **A1** Inviter quelqu'un et réagir à une invitation.

Écrire
- **A1** Répondre simplement à une invitation.

Le chapitre 2 est centré sur la famille, qui reste l'une des plus importantes institutions sociales, même si sa structure a beaucoup évolué au fur et à mesure des transformations de la société.

Les élèves seront amenés ainsi à présenter les membres de leur famille, découvriront lors d'une sortie familiale quelques spécificités allemandes (habitudes alimentaires par exemple...) et apprendront à faire des achats simples.

Puis le thème des sorties sera étendu aux amis. Les élèves apprendront à faire des propositions, à accepter ou décliner une invitation.

Finalement, cette unité donnera l'occasion en tâche finale de découvrir une famille germanophone célèbre et de planifier une sortie culturelle.

Pour impliquer les élèves, on pourra adopter une démarche similaire à celle proposée pour la page d'ouverture du chapitre 1, en zoomant tout d'abord sur la partie centrale de l'iconographie si l'on utilise le manuel vidéo-projetable. Il s'agit d'une plaque comme on en trouve sur certaines maisons avec un nom de famille et des personnages représentant les membres de cette famille. On fera retrouver alors les besoins langagiers nécessaires à la réalisation du projet final et l'on vérifiera les hypothèses en attirant l'attention des élèves sur les descripteurs du CECRL.

Station 1
Meine Familie

➲ **Manuel pp. 32-33**

1 Besuch aus Frankreich (p. 32)

Activités langagières
– Écouter
– Parler en continu
– Parler avec quelqu'un

Objectifs linguistiques
a. Fait de langue : le génitif saxon
b. Lexique : les liens de parenté

Script
(CD Élève piste 4, CD Classe 1 piste 13, manuel p. 44)
Julie: Wow, Jana, dein Zimmer ist genial!
Jana: Findest du?
Julie: Ja. Und die vielen Fotos! Die sind super. Ist das dein Bruder hier?
Jana: Ja, das ist Leo in Hawaii.
Julie: Wie alt ist er denn?
Jana: Achtzehn./
Julie: Du hast aber auch eine Schwester, stimmt das?
Jana: Ja. Ich habe eine große Schwester, Katharina. Sie ist 27 Jahre alt. Schau mal! Da ist sie mit meinen Eltern in Hamburg.
Julie: Und was macht sie?
Jana: Sie ist Ingenieurin bei Airbus.
Julie: Hm hm,/ und wer ist das hier?
Jana: Meine Tante Valentina und mein Onkel Bruno. Er ist Pilot. Sie haben zwei Kinder.

Hier siehst du meine kleine Kusine Marie. Ist sie nicht süß? /
Julie: Ach, und deine Großeltern sehen noch ganz fit aus.
Jana: Ja, Oma Irene ist 72 Jahre alt und mein Opa Richard 75, aber sie machen noch viel Sport! /
Mutter: Hallo! Ich bin Janas Mutter.
Julie: Guten Tag, Frau Bansemer.
Mutter: Ach was, ich heiße Karola, und mein Mann heißt Peter.

Mise en œuvre en classe

• **1** À partir de l'illustration, on peut commencer par expliquer brièvement la situation (ex. : *Janas Partnerin aus Frankreich bleibt ein paar Tage in Deutschland. Jana kommentiert die Fotos ihrer Familie*). Puis les élèves sont invités à formuler des hypothèses sur la relation de parenté entre les personnes représentées sur les photos et la jeune fille. Ils pourront s'aider de l'arbre généalogique de la rubrique *Vokabeln* qui aura été introduit auparavant (avant cette prise de parole en continu, on aura en effet entraîné les élèves à la bonne prononciation des termes contenus dans cet arbre généalogique). Grâce à l'outil « flèche » de la trousse du manuel vidéoprojetable, on pourra pointer un personnage et demander aux élèves *Wer ist das vielleicht?*

• **2** Faire écouter le dialogue aux élèves. Ces derniers doivent repérer pour chaque membre de la famille son prénom, éventuellement son âge et toute autre information le concernant (lieu d'habitation, profession...). Étant donné le nombre d'informations à relever, on procèdera à une deuxième écoute qui pourra être interrompue aux endroits signalés dans le script par une barre oblique pour laisser le temps aux élèves de prendre des notes dans leur cahier d'activités. L'utilisation du manuel vidéoprojetable permettra de noter à côté de chaque personne, lors de la restitution, les informations le concernant.

À la correction, on n'hésitera pas à faire réécouter les passages qui ont fait l'objet d'erreurs.

• **3** On pourra laisser une minute aux élèves pour mémoriser les informations obtenues et mettre en place un jeu de questionnement en deux équipes (livre et cahier d'activités fermés). Nous vous conseillons, pour dynamiser l'activité, de fixer au départ une durée de jeu et de faire le décompte des points une fois le temps écoulé.

Énoncés attendus
A: Wie alt ist Janas Bruder? / B: Er ist 18 Jahre alt.
B: Wie heißt Janas Großmutter? / A: (Sie heißt) Irene.
A: Wer ist Ingenieurin bei Airbus? / B: Janas Schwester.

• **4** À l'issue de cette activité orale, les élèves pourront faire l'activité de fixation écrite autour du génitif saxon prévue dans le cahier d'activités page 25.
On pourra également procéder à une lecture imitative du dialogue à partir du script page 44.

Corrigés du cahier d'activités (p. 25)

b.

	Vorname	Alter	Weitere informationen
Großvater	Richard	75	ist fit und macht viel Sport
Großmutter	Irene	72	ist fit und macht viel Sport
Vater	Peter		Name : Bansemer
Mutter	Karola		Name : Bansemer
Bruder	Leo	18	
Schwester	Katharina	27	ist Ingenieurin bei Airbus
Onkel	Bruno		ist Pilot, hat zwei Kinder
Tante	Valentina		hat zwei Kinder
Cousine	Marie		ist süß

a. Leo ist Katharinas Bruder.
b. Richard ist Maries Großvater.
c. Irene ist Janas Großmutter.
d. Karola ist bestimmt Brunos Schwester.
e. Marie ist Valentinas Tochter.
f. Leo ist Peters Sohn.
g. Bruno ist Maries Vater.
h. Karola ist Katharinas Mutter.

Sprechtraining

(manuel p. 32, cahier d'activités p. 26)

■ **[r] ou [ɐ]**

Script du Sprechtraining
(CD Classe 1 piste 14)
Mutter – reiten – hören – Kinder – Bruder – sprechen – Computer – fahren – Klavier

Corrigés du Sprechtraining (cahier d'activités p. 26)

	Mutter	reiten	hören	Kinder	Bruder	sprechen	Computer	fahren	Klavier
[r]		×	×			×		×	
[ɐ]	×			×	×		×		×

2 Glückwunsch! (p. 33)

Activités langagières
- Lire
- Parler en continu

Objectifs linguistiques
a. Fait de langue : les déterminants possessifs *sein* et *ihr*
b. Lexique : rebrassage des liens de parenté

Objectifs culturels
- Les célébrations
- La tradition de la *Schultüte*

Mise en œuvre en classe

Les élèves prennent connaissance des cinq annonces. Ils déterminent dans un premier temps à quelle famille chaque annonce se rapporte (les annonces A, B, C concernent la famille Meyer, les deux autres la famille Krupp). Puis ils complètent l'arbre généalogique de chaque famille reproduit dans le cahier d'activités page 26.
Pour restituer les informations et présenter la famille de Fabian et celle de Lea, les élèves devraient utiliser spontanément le génitif saxon ; on introduira alors les déterminants possessifs *sein* et *ihr* pour éviter la répétition (en demandant par exemple *Und seine/ihre Mutter?*).

Énoncés attendus
Fabians Vater heißt Lars und seine Mutter heißt Katja. Seine Schwester heißt Leni...
Leas Bruder heißt Sebastian. Ihre Mutter heißt Ute...

Corrigés du cahier d'activités (p. 26)
a.
Familie Meyer
der Großvater: Bernd
die Großmutter: Claudia
der Vater: Lars
die Mutter: Katja
der Sohn: Fabian
die Tochter: Leni

Familie Krupp
der Großvater: Jürgen
die Großmutter: Maria
der Vater: Jens
die Mutter: Ute
der Sohn: Sebastian
die Tochter: Lea

Zwischenstation

(manuel p. 33, cahier d'activités p. 26)

Activités langagières
- Écrire
- Parler avec quelqu'un

Mise en œuvre en classe

- **1** Les élèves complètent leur arbre généalogique. Ils préfèreront certainement s'inventer une famille en imaginant des liens de parenté avec des personnalités de leur choix.
- **2** En binôme, les élèves se renseignent sur la famille de leur voisin et présentent la leur.
- **3** En plénière, on demandera à quelques élèves de présenter la famille de leur camarade pour exploiter les informations obtenues.

Énoncés possibles
A: Wie heißt dein Bruder? / B: (Mein Bruder?) Er heißt Brad Pitt.
A: Und deine Mutter? / B: Meine Mutter heißt Amy Winehouse.
Reprise en plénière :
Fabiens Bruder heißt Brad Pitt, seine Mutter heißt Amy Winehouse ...

Prolongement

- **1** On pourra demander aux élèves de réaliser à la maison un collage avec quelques photos de leur famille qu'ils devront légender et s'entraîner à commenter à l'oral.

Si les conditions matérielles le permettent, vos élèves pourront tout à fait enregistrer leurs commentaires sur baladeur enregistreur, téléphone portable ou *audacity* (cf. tutoriel page 178) et réaliser un diaporama commenté, par exemple avec le logiciel *Movie Maker*, présent sur tous les ordinateurs *Windows* (cf. tutoriel page 180).

• **2** L'émission *Frauentausch* diffusée sur RTL met en scène deux familles qui échangent leur maman pendant dix jours. La présentation des deux familles en début d'émission dure environ une minute et se prête tout à fait à une compréhension de l'oral. Il s'agira simplement de repérer le nom de la famille, le lieu d'habitation, le prénom de chaque membre, leur âge, éventuellement la profession des parents et les loisirs des enfants. Nous vous recommandons néanmoins de prévoir une grille d'écoute simple de type QCM.
Site de l'émission : http://www.rtl2.de/27158.html

Station 2
Was möchtest du?

➲ Manuel pp. 34-35

1 Megaspaß im Freizeitpark (p. 34)

Activité langagière
Lire
Objectifs linguistiques
Repérer des horaires d'ouverture et comprendre des indications de prix
Objectifs culturels
– Les loisirs
– Les sorties (parc d'attractions Europa-Park)

Mise en œuvre en classe

Expliquer brièvement la situation aux élèves (ex. : *Jana und ihre Eltern gehen mit der französischen Partnerin in den Europa-Park*), puis demander de repérer les horaires d'ouverture et de calculer le prix de l'entrée pour tous. Les élèves seront bien sûr attentifs, pour cette activité, aux indications chiffrées. Ils ne connaissent pas le mot *Erwachsene* mais pourront aisément en déduire le sens en procédant par élimination.
Puis on pourra demander aux élèves d'effectuer une simulation pour eux-mêmes.

Corrigés du cahier d'activités (p. 28)

a. Der Park ist täglich von 9.00 Uhr bis 18.00 Uhr geöffnet.
b. Der Eintritt kostet 126 Euro für Janas Familie und die Partnerin.

2 Am Imbissstand (p. 34)

Activités langagières
– Écouter
– Parler en continu
Objectifs linguistiques
a. Fait de langue : le complément d'objet à l'accusatif
b. Lexique : quelques noms d'aliments et de boissons
c. Fonction : l'expression du souhait et de la volonté
Objectifs culturels
Les habitudes alimentaires

Script
(CD Élève piste 5, CD Classe 1 piste 15, manuel p. 44)
Vater: Kinder, es ist zwei Uhr. Wollen wir nicht etwas essen? Ich habe Hunger.
Jana: Wir auch, stimmt's, Julie?
Julie: Ja.
Vater: Und du, Karola?
Mutter: Nein, ich habe keinen Hunger, aber ich habe Durst. Ich trinke einen Eistee./
Vater: Also Julie, was möchtest du?
Julie: Ich möchte … eine Portion Pommes mit Mayonnaise.
Vater: Ist das alles? Möchtest du vielleicht ein Fischfilet dazu?
Julie: Okay, ich nehme ein Fischfilet.
Vater: Und was willst du trinken?
Julie: Einen Apfelsaft, bitte.
Jana: Für mich bitte auch. Und ein Schaschlik./
Verkäuferin: Guten Tag! Sie wünschen?
Vater: Ein Fischfilet und eine Portion Pommes …
Verkäuferin: Mit Ketchup oder mit Mayo?
Vater: Mit Mayo, bitte. Dann ein Schaschlik und eine Bratwurst mit Kartoffelsalat. Zweimal Apfelsaft und ein Mineralwasser.
Verkäuferin: Mit Kohlensäure?
Vater: Nein, ohne./

Verkäuferin: Das macht 23 Euro 40.
Mutter: Und mein Eistee, Peter?
Vater: Entschuldigung, Karola!
Verkäuferin: Plus 1 Euro 50. Das macht 24 Euro 90.
Vater: Hier bitte!

Mise en œuvre en classe

On s'appuiera sur l'illustration pour expliquer la situation (ex. : *Janas Familie und die Partnerin machen Mittagspause. Sie möchten etwas essen und trinken und gehen in einen Imbiss*). Puis on listera avec les élèves les aliments et boissons proposés. Les illustrations et les rapprochements avec l'anglais permettront d'élucider le lexique. On veillera naturellement à la bonne prononciation des termes introduits.
On fera alors écouter le dialogue une première fois dans son intégralité ce qui permettra notamment aux élèves de repérer que le prix indiqué est rectifié à la suite d'un oubli. Puis on pourra repasser l'enregistrement en ménageant des pauses aux endroits suggérés dans le script par une barre oblique pour que les élèves puissent faire l'activité proposée dans le cahier d'activités page 28. Il s'agira de relier chaque personnage à ce qu'il a commandé et de noter le prix total.
Lors de la restitution des informations, pour introduire la marque de l'accusatif masculin que les élèves ne connaissent pas encore, on pourra commencer en demandant par exemple : *Wer möchte einen Eistee?* Puis l'on notera la réponse obtenue au tableau. Au fur et à mesure des informations apportées par les élèves, on pourra compléter avec un exemple pour chaque genre, ce qui constituera la trace écrite à partir de laquelle on pourra faire déduire aux élèves les marques de l'accusatif.
Finalement, on pourra s'appuyer sur le script pour faire repérer quelques expressions utiles (ex. : *Ich habe Hunger/Durst*) et retrouver la conjugaison de *mögen* (souhait) et de *wollen*.

Énoncés attendus
Der Vater möchte eine Bratwurst mit Kartoffelsalat und ein Mineralwasser (ohne Kohlensäure).
Die Mutter möchte nur einen Eistee trinken.
Jana will ein Schaschlik essen und einen Apfelsaft trinken.
Julie möchte eine Portion Pommes mit Mayonnaise, ein Fischfilet und einen Apfelsaft.

Corrigés du cahier d'activités (p. 28)
a.
Vater → die Bratwurst / der Kartoffelsalat / das Mineralwasser
Mutter → der Eistee
Jana → das Schaschlik / der Apfelsaft
Julie → die Portion Pommes / das Fischfilet / der Apfelsaft
b. Es kostet 24,90 Euro.

Sprechtraining

(manuel p. 34, cahier d'activités p. 29)

■ Les diphtongues [aɪ] et [ɔʏ]

Avant l'écoute, le professeur indiquera aux élèves qu'ils devront se concentrer non seulement sur la distinction à faire entre les diphtongues [aɪ] et [ɔʏ] mais également sur la présence d'autres voyelles dans les mots prononcés. Il précisera bien qu'un terme peut contenir les deux types de voyelles.

Script du Sprechtraining
(CD Classe 1 piste 16)
nein – Eistee – Pommes – neunzig – Apfelsaft – Schlagzeug – zweimal – mein – Euro – reiten

Corrigés du Sprechtraining (cahier d'activités p. 29)

	1	2	3	4	5	6	7	8	9	10
[aɪ]	×	×					×	×		×
[ɔʏ]				×		×			×	
autre voyelle		×	×	×	×	×	×		×	

3 Im Souvenirgeschäft (p. 35)

Activité langagière
Parler en continu
Objectifs linguistiques
Faits de langue :
– rebrassage du complément d'objet à l'accusatif
– le groupe prépositionnel introduit par *für*
Objectif culturel
Découvrir quelques symboles de l'Allemagne

Mise en œuvre en classe

Cette activité est conçue pour manipuler le complément d'objet à l'accusatif qui vient d'être abordé dans le dialogue. Elle permet également de sensibiliser les élèves au fait que l'emploi de certaines prépositions en allemand implique l'utilisation de l'accusatif. Les élèves seront invités à faire oralement des hypothèses sur les cadeaux que la jeune Française pourrait rapporter à sa famille avec un budget de 50 euros.
Puis un prolongement de cette activité est prévu dans le cahier d'activités pour une fixation écrite du fait de langue.

Énoncés possibles
Sie kauft vielleicht einen Bierkrug für ihren Großvater.
Für ihre Schwester kauft sie vielleicht ein Plüschtier.
...
Das macht insgesamt ... Euro.

Corrigés du cahier d'activités (p. 29)
Jens kauft einen Kalender.
Sven kauft ein Plüschtier.
Julie kauft ein T-Shirt.
Lisa kauft einen Schlüsselanhänger.
Jessica kauft einen Bierkrug.
Timo kauft eine Schneekugel.

Zwischenstation

(manuel p. 35, cahier d'activités p. 29)

Activité langagière
Parler avec quelqu'un

À partir d'un menu de *Imbiss*, l'élève B joue le rôle du vendeur, l'élève A passe commande. Cette tâche permettra ainsi aux élèves de réactiver l'ensemble des acquis de la double page. On attirera l'attention sur les points de couleur indiquant le genre des aliments et boissons.
L'activité prévue dans le cahier d'activités pourra être proposée comme bilan, ou en amont, notamment pour des élèves moins autonomes qui disposeront ainsi d'un modèle.

Corrigés du cahier d'activités (p. 29)
– Guten Tag, Sie wünschen?
– Hallo! Ich möchte bitte eine Currywurst und eine Portion Pommes.
– Und zum Trinken?
– Ich nehme ein Glas Apfelschorle.
– Das macht 4,30 Euro.
– Hier bitte!
– Danke schön. Auf Wiedersehen!

Station 3

Hast du Lust?

➲ **Manuel pp. 36-37**

1 Wer will mich begleiten? (p. 36)

Activité langagière
Lire

Objectifs
a. Faits de langue :
– reconnaissance et utilisation du pronom personnel à l'accusatif
– négation du groupe nominal indéfini avec *kein*
b. Fonctions :
– proposer une activité
– accepter ou refuser cette proposition
c. Lexique : quelques sorties ou activités de loisirs

Mise en œuvre en classe

La dernière *Station* de ce chapitre s'ouvre sur une activité de lecture d'un « chat » reproduit également dans le cahier d'activités page 31. Nous proposons une mise en œuvre progressive.
• **1** Avant d'engager le travail des élèves dans une activité de compréhension écrite proprement dite, il sera utile et plus dynamique de partir de la grande photo pour planter le décor. Cette approche orale devrait permettre une première appropriation des mots contenus dans la rubrique *Vokabeln* et dans le « chat », sans toutefois que l'on ne s'y attarde trop longtemps (*Das ist ein Open-Air-Konzert. Die Band spielt vielleicht Rockmusik. Viele Leute besuchen das Konzert. Sie finden die Musik bestimmt gut.*). La lecture du « chat » peut également être facilitée par une sensibilisation rapide mais efficace

(et nécessaire quand on a une classe de 6ᵉ ou de 5ᵉ) aux profils et aux logos qui accompagnent les répliques sur la page. À cet égard, la version vidéoprojetable du manuel permettra de zoomer avantageusement sur ces profils – pour faire repérer à quels personnages ils correspondent (*Das ist Melanies Profil, und das?...*) – ainsi que sur les smileys (*Tinas Antwort ist positiv, und Katrin? Katrin antwortet negativ*).

• **2** La réponse à la question a. ne requiert que la lecture de la proposition faite par Melanie en début de « chat ». Le professeur peut choisir d'aborder cette question en classe plénière (en zoomant sur la réplique concernée s'il dispose du manuel vidéoprojetable) pour mettre ses élèves en confiance avant de les laisser lire le reste du document de façon plus autonome. Le cahier d'activités propose trois réponses à cette question.

• **3** La lecture de la suite du « chat » peut s'effectuer de manière individuelle au moyen du tableau b.1. du cahier d'activités page 31 ou bien du questionnement de la consigne b. du manuel. Signalons que les énoncés proposés dans le tableau b.1. du cahier d'activités sont une alternance de phrases positives et négatives, emploient les verbes *können* (cf. chapitre 1) et *wollen* (fraîchement découvert dans la *Station* 2 du chapitre 2) et s'appuient tous sur le verbe *begleiten*, complètement nouveau, mais dont le sens est élucidé par le verbe *mitkommen* (cf. rubrique *Vokabeln* page 36 du manuel).

• **4** La partie b.2. du cahier d'activités accompagne ensuite l'élève dans une lecture plus approfondie en l'amenant à rechercher les raisons des refus ou des acceptations. Elle guide l'élève pas à pas afin de lui permettre de répondre à la question un peu laconique du manuel (*Warum?*).

• **5** Le dernier point du cahier d'activités (3. *Mach jetzt deine Bilanz*) invite l'élève à se constituer une boîte de moyens d'expressions pour accepter (expressions soulignées en bleu) ou refuser (expressions soulignées en rouge) dont il se servira lors du dialogue de la *Zwischenstation* de cette même leçon, à la page 37 du manuel.

Corrigés du cahier d'activités (p. 31)

a. Melanie möchte ein Konzert besuchen.

b. 1.

Tobias	Eva	Martin	Tina	Katrin	
		×	×		will sie gern begleiten.
	×				will sie nicht gern begleiten.
×				×	kann sie nicht begleiten.

2. **Tobias** geht nicht ins Konzert: **Er** hat nämlich kein Geld.
Eva kommt nicht: **Sie** hört nicht gern Rap.
Katrin möchte gern kommen, aber ihre Eltern sagen nein.

3. Expressions positives à souligner en bleu : ok – Warum nicht? Ich finde es cool – Prima! – Einverstanden – Toll!
Expressions négatives à souligner en rouge : Das geht nicht – Ich habe kein Geld ... – ... finde ich doof – Keine Lust, ohne mich! – Tut mir leid, aber meine Eltern sind nicht einverstanden.

Sprechtraining

(manuel p. 36, cahier d'activités p. 32)

■ **[ɔ] ou [oː]**

Script du Sprechtraining
(CD Classe 1 piste 17)
kommen – toll – wollen – Sonntag – Rock – doof – ohne – Hof – so – Zoo

Corrigés du Sprechtraining (cahier d'activités p. 32)

	kommen	toll	wollen	Sonntag	Rock	doof	ohne	Hof	so	Zoo
[ɔ]	×	×	×	×	×					
[oː]						×	×	×	×	×

2 Lust auf Pizza? (p. 37)

Activité langagière
Parler en continu

Objectifs

a. Fait de langue : réutilisation en expression orale en continu de *kein*

b. Lexique : réutilisation d'expressions servant à refuser et/ou accepter une proposition

Mise en œuvre en classe

Les élèves ont été confrontés à *kein* dans le « chat » (*Tobias hat kein Geld, und Eva hat keine Lust*) dans un contexte où le refus apparaissait clairement, car il était renforcé par des expressions du type *das geht nicht* ou bien *Rap find' ich doof*. Il s'agit maintenant, dans cette activité, de faire passer *kein* à l'expression, donc de comprendre et de commencer à mémoriser ces expressions du refus et la négation du groupe nominal indéfini (aux trois genres). La partie b. élargit la question à l'élève lui-même qui peut, bien sûr, répondre de façon affirmative en réutilisant les fonctions langagières de l'acceptation rencontrée dans le « chat ».

Énoncés possibles
a. Niklas möchte nicht mitkommen, er hat kein Geld. Tom will Hanna und Bastian nicht begleiten, er hat keine Lust. Er hat keinen Hunger. Alex sagt nein, er hat keine Zeit.
b. Einverstanden, ich habe auch Lust auf Pizza! Ich esse gern Pizza und ich habe Hunger/ Tut mir leid, ich habe keine Lust, danke!

3 Zoobesuch (p. 37)

Activités langagières
– Écouter
– Parler en continu

Objectif
Utilisation des pronoms personnels (3e personne) à l'accusatif

Script
(CD Classe 1 piste18)
1. Vater: Kommt, wir wollen uns die Gorillas ansehen.
Mutter: Hey, sie sind echt lustig!
2. Tochter: Guck mal! Der Tiger da.
Vater: Na, der sieht ja gar nicht gefährlich aus!
3. Tochter: Wo ist denn der Panda?
Vater: Da. Schau mal!
Tochter: Wie süß!
4. Tochter: Diese Giraffe finde ich echt schön!
Mutter: Wirklich?
Tochter: Ja, das ist mein Lieblingstier.
5. Mutter: Mixi? Wer ist das denn?
Vater: Weißt du es nicht? Die neue Attraktion im Zoo! Darf ich vorstellen? Das ist Mixi.
Mutter: Das Elefantenbaby?
Vater: Ja.
Mutter: So klein!

Mise en œuvre en classe

Cette activité se déroule en deux temps : une partie consacrée à la compréhension orale sur laquelle s'appuie l'autre partie de l'activité qui fait travailler les élèves en expression orale en continu et les incite à employer le pronom personnel à l'accusatif. Les mini-dialogues ont lieu dans un zoo et font entendre des jugements sur les animaux, positifs pour la plupart, et exprimés au moyen d'un adjectif listé dans la rubrique *Vokabeln*.
Avant l'écoute des phrases, les élèves tireront donc profit d'une lecture à voix haute (faite par leur professeur dans un premier temps puis par eux ensuite) des mots situés dans cet encart lexical. Le repérage des animaux passés en revue et du jugement porté est ainsi très aisé (consignes du manuel : *Welche Tiere sehen sie? Wie finden sie die Tiere?*). Afin de mettre tous les élèves en situation de réussite, le cahier d'activités propose un accompagnement à l'écoute encore plus progressif : il s'agit dans un premier temps de cocher l'animal dont il est question puis de le relier à l'adjectif qui le qualifie dans le dialogue. Le passage à l'expression se fait par le biais d'un résumé / bilan lors duquel les élèves sont naturellement amenés à utiliser les pronoms personnels de la troisième personne à l'accusatif.
Ce bilan est demandé à l'écrit dans le cahier d'activités afin que les élèves présentant plus de difficultés puissent travailler à leur rythme en se référant, au besoin, à la partie grammaticale de la *Station* 3, à la page 39 du manuel. Ce bilan écrit est également une étape utile à la fixation des pronoms à l'accusatif, dont il serait bien évidemment illusoire d'attendre qu'ils soient mémorisés une fois pour toutes à l'issue de ce chapitre.

Corrigés du cahier d'activités (p. 32)
Familie Schmidt sieht:
einen Tiger
Gorillas
eine Giraffe
einen Panda
ein Elefantenbaby
der Tiger → nicht gefährlich
die Gorillas → lustig
die Giraffe → schön
der Panda → süß
das Elefantenbaby → klein
Familie Schmidt sieht sich die Gorillas an. Die Mutter findet sie sehr lustig. Der Vater sieht einen Tiger und findet ihn gar nicht gefährlich. Die Tochter sagt, die Giraffe ist ihr Lieblingstier. Sie findet sie sehr schön. Und wer ist Mixi? Die neue Attraktion im Zoo, das Elefantenbaby! Die ganze Familie findet es klein und süß.

Prolongements

• **1** On pourra faire constituer aux élèves un, voire plusieurs jeux de sept familles sur les animaux (*die Familie Elefant, die Familie Giraffe, die Familie Gorilla, die Familie Panda, die Familie Tiger, die Familie Katze, die Familie Fisch*). Les élèves répartis en petits groupes joueront durant un temps déterminé.

– Schüler A: *In der Familie Elefant möchte ich den Vater [bekommen]. Hast du ihn?*
– Schüler B: *Nein, tut mir leid, ich habe ihn nicht. / Ja, hier bitte.*
– Schüler A: Schade! / Toll!
• **2** Autre activité pouvant être mise en place à condition que le lexique du matériel scolaire ait été introduit auparavant : se référer à l'exemple d'activité n° 8 dans *Deutsch in der Klasse*, p. 13 de ce livre du professeur.

Zwischenstation

(manuel p. 37)

Activité langagière
Parler avec quelqu'un

Mise en œuvre en classe
Cette tâche intermédiaire fait travailler l'expression orale en interaction. L'élève A propose une activité, une sortie, un loisir, et l'élève B réagit de façon négative ou positive en réutilisant les expressions apprises au cours de la *Station* (et soulignées dans l'activité b. 3. page 31 du cahier d'activités). Le refus d'une activité pourra (devrait) entraîner une proposition alternative qui sera, elle, peut-être acceptée. Pour justifier un refus, l'élève sera sans doute amené à utiliser la négation (avec *kein*) ou à porter un jugement (*ich finde ihn / sie / es ...*). Le professeur aura certainement intérêt à indiquer toutes ces possibilités à ses élèves afin que les dialogues ne se limitent pas à des propositions systématiquement refusées ou acceptées par un *ja / nein* aussi expéditif qu'improductif !

Énoncés possibles
Schüler A: Ich möchte ins Theater gehen. Kommst du mit?
Schüler B: Ja, gern. Aber was willst du sehen?
Schüler A: Ein Musical.
Schüler B: Ein Musical? Musical finde ich doof! Nein, ich komme nicht mit, ich habe keine Lust. Ich gehe ins Kino. Ich will den neuen Film mit Brad Pitt sehen, hast du Lust?
Schüler A: Ja, warum nicht? Ich komme gern.

Sprache aktiv

➲ Manuel pp. 38-39

Sprache aktiv Station 1

Corrigés du manuel (p. 38)
1
a. Felix' Mutter ist cool.
b. Was macht Lisas Freund?
c. Sebastians Lieblingssport ist Fußball.
d. Niklas' Foto finde ich super.
e. Hast du Frau Müllers E-Mail-Adresse?

2
a. Michaels Schwester heißt Lea, sein Bruder heißt Tim.
b. Marias Tochter wohnt in Kiel, aber wo wohnt ihr Sohn?
c. Arno spielt gern Basketball, und seine Lieblingsmusik ist Hip-Hop.
d. Ich habe Vanessas Adresse, aber hast du ihre Telefonnummer?
e. Tobias geht am Samstag ins Kino. Sein Freund Marco kommt mit.

Corrigés du cahier d'activités (p. 27)
Exercice 1
Fabian ist Jans Onkel.

Exercice 2
Proposition de corrigé
Mia ist 8 Jahre alt. Sie ist Hannahs und Karls Tochter und hat zwei Geschwister. Sie heißen Lena und Lars. Lena ist 15 Jahre alt und Lars ist 17 Jahre alt.

Exercice 3
Lukas' Familie:
Lukas' Vater heißt Jürgen und seine Mutter heißt Birgit. Sein Bruder heißt Niklas und seine Schwester heißt Paula.

Evas Familie:
Evas Mutter heißt Angela und ihr Vater heißt Hans. Evas Bruder heißt Sven und ihre Schwester heißt Tina.

Sprache aktiv Station 2

Corrigés du manuel (p. 38)

3

*Leo **hat** Hunger und **will** Pause machen.*

Leo: **Habt** ihr keinen Hunger? **Wollt** ihr vielleicht ein Eis essen?

Julie: Ach, ich **will** jetzt nichts essen. Aber ich **habe** Durst! Und du Jana? **Willst** du auch was trinken? **Hast** du Lust auf eine Cola?

Jana: Ja, gern. **Wollen** wir ins Eiscafé am Marktplatz gehen?

4

a. Hast du **eine** E-Mail Adresse?
b. Vanessa hat **eine** Karte für **das** Konzert von Juli.
c. Hast du **einen** Bruder? **Eine** Schwester?
d. Herr und Frau Müller haben **ein** Kind.
e. Was möchtest du? **Einen** Kartoffelsalat oder **eine** Portion Pommes?

Corrigés du cahier d'activités (p. 30)

Exercice 1

<Tina> **Wollt** ihr ins Eiscafé gehen?
<Lisa> **Wollen** wir nicht lieber ins Kino?
<Jan> Was **willst** du sehen?
<Lisa> Marco und Tina **wollen** bestimmt einen Liebesfilm sehen, lol.
<Jan> Und warum nicht "Saw 5"?
<Lisa> Oh ja! Ich **will** einen Thriller sehen.
<Tina> Meine Mutter **will** nicht.

Exercice 2

a. Lisa will / möchte ein Fischfilet, einen Kartoffelsalat und ein Mineralwasser.
Katja und Tom wollen / möchten eine Bratwurst (essen) und eine Apfelschorle / einen Apfelsaft (trinken).
b. **Proposition de corrigé**
Ich möchte ein Fischfilet, einen Kartoffelsalat und ein Mineralwasser.

Exercice 3

b. Er kauft ein Buch.
c. Er kauft eine Bratwurst.
d. Er kauft einen Kalender.

Sprache aktiv Station 3

Corrigés du manuel (p. 39)

5

Hanna: Meine Schwester und ihr Freund fahren am Samstag nach Köln. Sie nehmen **mich** mit, und dann gehe ich ins Open-Air-Konzert. Hast du auch Lust?

Vanessa: O ja! Ich begleite **dich** gern. Und mein Bruder? Nehmen wir **ihn** mit?

Hanna: Tja, vielleicht haben wir noch Platz in Stefanies Auto. Ich frage **sie**.

6

a. Aber nein, ich möchte keinen Kaffee. Ich möchte doch eine Limo!
b. Nein, sie hat keinen Bruder. Sie hat doch eine Schwester!
c. Aber nein, wir essen kein Eis. Wir essen doch Pommes!
d. Aber nein, das ist kein Apfelsaft. Das ist doch Orangensaft!
e. Aber nein, das sind keine CDs. Das sind doch Videospiele!

Corrigés du cahier d'activités (p. 33)

Exercice 1

a. Christian hat einen Bruder, aber er hat keine Schwester.
b. Christians Tante hat kein Kind.
c. Christians Mutter hat keinen Bruder.

Exercice 2

a. Mein Bruder kommt heute zu Besuch. Willst du **ihn** sehen?
b. Komm heute um 19 Uhr, ich lade **dich** zum Abendessen ein!
c. Judith interessiert sich für Detektivgeschichten. „Ich kaufe dieses Buch, das ist etwas für **mich.**"
d. Ich habe die Cola und die Limo vom Imbiss. Aber du findest **sie** auch im Getränkeautomaten.
e. Annabella, ich fahre in die Stadt. Willst du **mich** begleiten?
f. Das Fotoalbum ist von meiner Großmutter. Möchtest du **es** sehen?

Vokabeln aktiv

(p. 39)

Mise en œuvre en classe

Les exercices 1 et 3 proposées dans le cahier d'activités page 34 concernent plus précisément les *Stationen* 1 et 2. Ils peuvent être faits à la suite de celles-ci. L'exercice 2, parce qu'il implique l'emploi de *kein*, ne pourra être fait qu'au cours, ou qu'à la suite de la *Station* 3.

Corrigés du cahier d'activités (p. 34)

Exercice 1

a. Mutter (die)
b. Großvater (der)
c. Tochter (die)
d. Bruder (der)
e. Schwester (die)
f. Sohn (der)

Exercice 2

Svenja isst keine Frikadelle, kein Hotdog, keine Pizza mit Salami, keinen Hamburger und keine Currywurst.
Sie kann Tomatensalat und Pizza mit Mais und Paprika essen.

Exercice 3

1. Kuchen
2. Bratwurst
3. Limo
4. Fischfilet
5. Apfelsaft
6. Kaffee
7. Wasser
8. Pommes
9. Kartoffelsalat
10. Eis

Endstation

Kennst du Mozarts Familie?

➲ Manuel pp. 40-41

Script

(CD Classe 1 piste 19, manuel pp. 40-41)

Gerald: Das ist das Wunderkind Wolfgang Amadeus Mozart. Du siehst auch seinen Vater Leopold mit der Violine und seine Schwester Nannerl.
Theo: Mal sehen, ob wir ein Konzert oder eine Oper finden ... Da! Die Zauberflöte, in zwei Wochen, an einem Sonntag. Die Karte kostet 29 Euro pro Person.

Comme nous l'avions précisé dans le chapitre 1, la *Endstation* est l'occasion pour l'élève de réutiliser la plupart des acquis du chapitre et d'exercer ici particulièrement sa créativité en s'appuyant sur les documents présents sur la double page. Ces documents sont conçus comme des modèles dont l'élève peut s'affranchir s'il le souhaite.
La famille et le thème des sorties sont abordés dans cette *Endstation* sous un angle plus culturel puisque le personnage central est ici W. A. Mozart. C'est le dialogue entre Theo et Gerald, reproduit également dans les bulles de cette double page, qui prend en charge la présentation rapide de Mozart et de ses proches. L'arbre généalogique est là pour soutenir une partie de la compréhension de ce dialogue. La partie concernant l'achat d'un billet pour la *Flûte Enchantée* est en quelque sorte illustrée par la reproduction du site web consulté par les deux garçons. Ainsi, les élèves trouveront les réponses aux questions de la rubrique *Alles klar* aussi bien dans le texte du dialogue (présenté à l'écrit ou à l'oral) que dans les documents présents sur la double page. Les réponses aux questions 1 et 2 se trouvent dans l'arbre généalogique et les réponses aux questions 3 et 4 sur la page web reproduite. Le professeur signalera aux élèves que la question 1 devra être traitée par rapport à Wolfgang Amadeus Mozart.

Corrigés du manuel (p. 41)
Alles klar?
1. Anna-Maria ist Mozarts Mutter. Seine Frau heißt Constanze. Karl Thomas und Franz-Xaver sind seine Kinder.
2. Mozarts Vater heißt Leopold und seine Schwester Nannerl.
3. Theo will ins Konzert oder in die Oper gehen.
4. Die Karte kostet 29 Euro.

Unser Projekt

Eine berühmte Familie vorstellen

(p. 41)

Objectifs de la tâche finale
Réalisation personnelle d'un document sur une famille germanophone célèbre. Présentation de ce document à un interlocuteur. Suggestions de sorties possibles
Objectifs linguistiques
Réemploi des acquis lexicaux sur la famille et les loisirs (sorties possibles), des expressions pour émettre un souhait, et faire des propositions
Accepter ou refuser (réemploi possible de *kein*)
Objectif socio-culturel
Recherche documentaire sur des personnalités de l'histoire ou de la culture germanique
Savoir-faire
Organiser et rassembler des informations, les mettre en valeur par une présentation visuelle claire. Savoir se servir de ses notes ou documents pour présenter une personnalité à un camarade. Faire des propositions de sorties logiques et en cohérence avec le sujet abordé

Le projet de la tâche finale consiste en une recherche sur une famille célèbre. Nous suggérons Bach pour sa notoriété, son importance dans l'histoire de la musique et son abondante descendance ainsi que Sissi dont la généalogie, l'ancrage historique et géographique (qui peuvent donner lieu à des idées de visite de la Bavière ou de ses châteaux) et le destin que l'on connaît présentent un intérêt certain pour la réalisation de cette tâche finale. Comme la logique qui prévaut à chaque *Endstation* l'y invite, l'élève doit imiter le modèle de cette double page tout en pouvant s'en éloigner s'il se sent assez autonome : il doit reproduire un arbre généalogique et proposer une activité, une sortie qui se rapporte à la personnalité choisie. La présentation de cette tâche se fait en expression orale en interaction puisque la proposition de sortie appelle naturellement une réponse de la part d'un autre interlocuteur qui aura ainsi l'occasion d'accepter ou de refuser.

Jetzt kannst du's!

➲ Manuel pp. 42-43

1 Eine Familie stellt sich vor (p. 42)

Activité langagière
Écouter
Objectif
Comprendre quelqu'un qui présente une famille

Script
(CD Classe 1 piste 20)
In einem gutbürgerlichen Viertel von München lebt Familie Richter.
Mama Petra ist 42 Jahre alt und arbeitet als Kosmetikerin. Sie findet aber noch Zeit für ihre zwei Kinder. Der 5-jährige Timo springt am liebsten mit seiner Gitarre durch das Haus und geht noch in den Kindergarten. Seine Schwester Lisa, 6 Jahre, ist eher ruhig und besucht die erste Klasse. Papa Richard, 43, ist Ingenieur und genau wie die Mama für seine Kinder da.

Corrigés du cahier d'activités (p. 35)
1. München
2. Familie Richter
3. Mutter: Petra / Vater: Richard / Tochter: Lisa / Sohn: Timo
4. Petra: 42 / Richard: 43 / Lisa: 6 / Timo: 5
5. Mutter: Kosmetikerin / Vater: Ingenieur

2 Das ist Familie Kübler (p. 42)

Activité langagière
Parler en continu
Objectif
Présenter simplement une famille

Énoncés attendus
Familie Kübler wohnt in Köln.
Die Mutter heißt Katja, ist 38 Jahre alt und arbeitet als Architektin.
Der Vater Lars, 37, ist Sportreporter.
Sie haben zwei Kinder: einen Sohn und eine Tochter.
Fabian ist 14 Jahre alt und spielt gern Handball.
Die Tochter Laura ist 11 und schwimmt gern.

3 Tolle Idee? (p. 43)

Activité langagière
Lire

Objectifs
Comprendre une proposition, savoir si elle est acceptée ou refusée

Corrigés du cahier d'activités (p. 36)
1. ins Kino gehen (1)
am Samstag schwimmen gehen (2)
am Computer spielen, Memory-Spiele (3)
shoppen gehen (4)
2. dans le « chat » 3
3. dans les « chats » 1, 2, 4

4 Eine Einladung (p. 43)

Activité langagière
Écrire

Objectifs
Répondre à une invitation, accepter ou refuser une proposition

Corrigés du cahier d'activités (p. 36)
Proposition de corrigé
Hallo Sven,
Danke für die SMS. Eine Party? Das finde ich toll! Ich möchte sehr gerne kommen, aber das geht nicht. Meine Eltern sind nicht einverstanden, weil meine Tante am 3. Mai zu Besuch kommt. Tschüss!

Descripteurs du Cadre européen

Écouter

- **A1** Comprendre des expressions et des mots porteurs de sens relatifs à des domaines de priorité immédiate (par exemple, informations personnelles de base, indications météorologiques…).

Lire

- **A1** Comprendre des textes courts et simples contenant un vocabulaire extrêmement fréquent, y compris un vocabulaire internationalement partagé.

Parler en continu

- **A1** Se décrire, décrire ce que l'on fait.
- **A1** Décrire les gens en termes simples.

Parler avec quelqu'un

- **A1** Dire ce que l'on aime ou non.
- **A1** Interagir de façon simple dans le domaine des besoins immédiats ou sur des sujets très familiers.
- **A1** Demander quelque chose à quelqu'un ou le lui donner.

Écrire

- **A1** Écrire des phrases simples sur soi-même.
- **A1/A2** Écrire une série d'expressions et de phrases simples reliées par des connecteurs tels que « et » et « parce que ».

Après nous être intéressés dans le deuxième chapitre aux membres de la famille, il nous semble aller tout à fait de soi de continuer à explorer la sphère personnelle de l'élève en se concentrant dans le troisième chapitre sur ses amis. Là encore, chaque *Station* marque une étape dans l'approfondissement de la thématique retenue. Partant de soi, de ce qu'il est dans la *Station* 1 (*So bin ich!*), l'élève est amené à cerner les affinités qui l'unissent à ses amis avant d'indiquer dans la *Station* 2 les activités et les sorties qu'il peut envisager avec eux. Dans la *Station* 3, il est enfin invité à se tourner résolument vers ses amis et leurs préoccupations (*Kannst du mir helfen?*)

Nous suggérons d'exploiter la page d'ouverture du chapitre 3 d'une façon très similaire à celle préconisée à la page 23 du livre du professeur. On remarquera toutefois que, contrairement aux unités précédentes, le support visuel ne renvoie pas ici directement à la tâche finale proposée. Il conviendra donc d'orienter l'élève dans ses observations et de lui faire découvrir la complémentarité des éléments constituant cette page d'ouverture.

On pourra commencer par laisser réagir les élèves en français à la photo représentant les six adolescents. Ils n'auront aucune difficulté à identifier le contenu général de l'unité à venir. Il sera à ce stade utile de les inciter à réfléchir à la teneur du mot « amis ». On pourra s'attendre aux réactions suivantes :

Être amis, c'est :

- être ensemble,
- avoir des goûts en commun,
- sortir à plusieurs,
- partager,
- s'épauler, s'entraider.

Pour focaliser l'attention des élèves sur cette illustration, on gagnera à travailler livres fermés et à utiliser les outils du manuel vidéoprojetable (zoom sur la photo, cache des textes).

On demandera par la suite aux élèves d'établir les relations possibles entre la photo et l'intitulé du projet final. On les laissera en dernier lieu vérifier seuls ou accompagnés les hypothèses qu'ils auront émises lors cette courte phase d'introduction.

Station 1
So bin ich!

➲ Manuel pp. 46-47

1 Namen haben Charakter (p. 46)

Activité langagière
Lire

Objectifs linguistiques

a. Fait de langue : le verbe *mögen* au présent de l'indicatif

b. Lexique : les adjectifs permettant de caractériser une personne

Mise en œuvre en classe

Cette activité est conçue comme un premier contact avec le lexique et les faits de langue abordés dans cette double page. Ainsi, on notera dans les trois documents écrits proposés plusieurs occurrences du verbe *mögen*, de nombreux adjectifs permettant de qualifier le tempérament de quelqu'un et la présence d'une subordonnée introduite par *weil*. Il ne s'agira toutefois pas de confronter les élèves dès le départ à l'ensemble de ces nouveautés. On mettra d'abord l'accent sur l'expression du goût et la description morale. L'élève ne devrait pas éprouver ici de grandes difficultés, ce terrain ne lui étant pas totalement étranger. Il a, en effet, rencontré au cours du premier chapitre des éléments propres à la description (*sportlich, musikalisch, dynamisch, solidarisch, kreativ*) et a appris à parler de ce qu'il aime ou n'aime pas faire.

• **1** Avant de lancer l'activité de compréhension, le professeur prendra soin de présenter aux élèves la grille du cahier d'activités page 37. Il ne manquera pas d'élucider le sens de *mögen* à l'aide d'un dessin (♥) et d'un parallélisme entre ce verbe et l'expression contenant *gern* (*Ich mag Tennis / Ich spiele gern Tennis*).

• **2** L'élève prendra ensuite connaissance des trois cartes (*Ruth, Felix, Caroline*) par une lecture silencieuse et renseignera le tableau dans le cahier d'activités de façon individuelle. Il ne semble pas ici nécessaire d'effectuer cet entraînement à la compréhension de l'écrit en classe plénière, le repérage demandé étant basé en majeure partie sur la reconnaissance de mots transparents (remarque : cette stratégie de compréhension a été mise en place dès la pré-unité). Pour les termes inconnus dont le sens ne peut néanmoins être induit, on invitera l'élève à se reporter à la rubrique *Vokabeln* située à la page 46 du manuel.

• **3** Au terme de l'activité, le professeur fera mettre en évidence la spécificité de la conjugaison du verbe *mögen*, son sens, ainsi que son fonctionnement au sein de l'énoncé, les élèves confondant et associant parfois à tort les structures avec *mögen* et avec *gern*. Les élèves pourront ensuite se familiariser avec ce nouveau point en effectuant les exercices 1 page 52 du manuel et 1 page 39 du cahier d'activités.

Corrigés du cahier d'activités (p. 37)

	ist...	**hat...**	**kann...**	**mag...**
Ruth	– sensibel – kreativ – tierlieb	– viel Fantasie – eine starke Persönlichkeit		– keinen Stress – ihre Freunde – Musik
Felix	– ein netter Typ / nett – ein Idealist – pünktlich – sympathisch – schüchtern	– viel Lebensenergie	– gut organisieren	
Caroline	– temperamentvoll – spontan – witzig	– Charme	– gut zuhören	– alles, besonders Musik

2 Ein Podium für junge Talente (p. 46)

Activités langagières
– Écouter
– Parler en continu

Objectifs linguistiques
a. Faits de langue :
– réactivation de la conjugaison du verbe *mögen*
– la subordonnée introduite par *weil*
b. Lexique : appropriation du vocabulaire concernant les traits de caractère

Script
(CD Élève piste 6, CD Classe 1 piste 21, manuel p. 58)
Animateur: Herzlich willkommen im Studio 3 bei "Toi, toi, toi für junge Talente!". Zu Gast haben wir heute eine Gruppe, die Rockmusik macht. Sie heißt "Sahara". Die Musiker sind Caroline, Felix und Ruth. Caroline, kannst du uns mal kurz deine Freunde vorstellen?
Caroline: Ja, natürlich. Also, das hier ist Ruth, und Ruth ist echt gut. Sie spielt Schlagzeug und sie schreibt die Texte für unsere Songs. Supertexte!
Ruth: Aber manchmal ist das auch ein Megastress, aber das mag ich. /
Caroline: Und das hier ist Felix.
Animateur: Du Glücklicher! Zwei Supermädchen für dich allein.
Caroline: Ja, und Felix ist unser Supermann in Person.

Felix: Ach was, ich bin ganz normal.
Animateur: Ein bisschen schüchtern vielleicht?
Felix: Nee, ich glaube nicht. Ich höre einfach gern zu.
Caroline: Felix kann jedenfalls alles: komponieren, singen, Gitarre spielen …
Ruth: Und er ist ein Organisationsgenie. Was Felix macht, funktioniert. /
Animateur: Gut, und jetzt kurz zu dir, Caroline.
Caroline: Also ich spiele Bassgitarre und ich singe.
Animateur: Danke euch. – Und jetzt hören wir „Sahara".

Mise en œuvre en classe

Cette seconde activité s'inscrit dans le prolongement de la première, mais il ne s'agit pas de s'approprier uniquement le lexique et les structures introduits au début de la *Station*, il faut aussi vérifier la pertinence du contenu des cartes prénoms en confrontant ces informations générales à des cas bien particuliers (les trois personnes interviewées). Le professeur se gardera cependant bien d'annoncer de but en blanc l'objectif visé afin d'éviter d'embrouiller l'esprit des élèves avant même d'avoir commencé.

• **1** Pour contextualiser progressivement l'interview du groupe de rock *Sahara*, nous suggérons d'utiliser le dessin figurant à la page 46 du livre. La version vidéoprojetable du manuel pourrait permettre ici de zoomer d'abord sur les trois jeunes et d'encourager ainsi les élèves à réactiver leurs connaissances (*zwei Mädchen / ein Junge – witzig / spontan / musikalisch / kreativ sein – Gitarre / Schlagzeug spielen – zuhören können*). L'enseignant désignerait ensuite tour à tour les trois personnages par leur prénom, en utilisant par exemple le curseur dans la trousse du manuel vidéoprojetable, et il préciserait, pour clore, la situation dans laquelle se trouvent ces trois adolescents (désactivation de la fonction « zoom » ou de la fonction « spot »).

• **2** Afin d'assurer la pleine réussite de l'activité de compréhension auditive, on pourra proposer une première écoute fractionnée (temps d'arrêt après la présentation de Ruth, puis après celle de Felix), la seconde, voire la troisième écoute permettant de valider les informations recueillies (cf. 2.a. page 37 du cahier d'activités).

• **3** À l'issue de cette activité, le professeur pourra demander à l'élève de récapituler à la maison les renseignements concernant les trois jeunes musiciens sous la forme d'un tableau. Il l'invitera à prendre modèle sur la grille déjà complétée de la page 37 du cahier d'activités. Cette reprise personnelle du travail fourni en cours présente plusieurs avantages dont celui notamment de faciliter ultérieurement la mise en parallèle des données répertoriées après lecture des cartes et celles entendues dans le dialogue.

• **4** Nous recommandons ici de marquer une pause afin de laisser aux élèves le temps de s'approprier les informations sur les trois personnes interviewées. On en profitera pour sensibiliser les élèves aux modifications d'ordre sonore qu'entraîne l'inflexion sur les voyelles. On s'attachera à bien faire distinguer les différences phonique et graphique entre les voyelles portant l'inflexion et celles en étant dépourvues. Le professeur aura à cœur durant toute l'année de montrer combien les codes orthographique et phonique sont en allemand étroitement liés, contrairement à d'autres langues.

• **5** Après avoir corrigé le tableau récapitulatif sur les trois musiciens, les élèves pourront aisément confirmer ou infirmer les renseignements figurant sur les cartes en mettant les deux grilles en regard. L'expression de la justification s'imposera alors. Elle fera par la suite l'objet d'une première consolidation (exercice 2 page 52 du manuel et exercices 2 et 3 page 39 du cahier d'activités). On notera à ce propos que les exercices proposés ne se limitent pas à une utilisation mécanique de la structure abordée, mais qu'ils incitent plutôt l'élève à prendre de la distance et à mettre ce qu'il vient d'apprendre au service de la communication. Ainsi, la réponse attendue dans l'exercice 2 page 39 du cahier d'activités n'est pas catégorique ni exclusive. On aura tendance à penser que Nadine appartient à la première bande de copains. Rien n'empêche cependant de croire qu'elle se rattache au second groupe. Il suffira donc à l'élève de motiver son point de vue pour que celui-ci soit accepté. Quant à l'exercice 3 de la page 39 du cahier d'activités, il permet de centrer pour la première fois l'attention sur l'élève et ses propres amis. Pour rendre cette activité plus attrayante, le professeur pourra proposer aux élèves, surtout s'il a affaire à un jeune public, de présenter et de montrer une photo de leur meilleur(e) ami(e).

<u>Corrigés du cahier d'activités</u> (p. 37)
a. **Wer ist so?**
manchmal gestresst: (R)
nicht schüchtern: (F)
sehr kreativ: (R) und (F)
spontan: (C)
Wer kann das?
Bassgitarre spielen: (C)
Gitarre spielen: (F)

Schlagzeug spielen: (R)
komponieren: (F)
Texte schreiben: (R)
singen: (F) und (C)
gut organisieren: (F)
gut zuhören: (F)
b. Ruth ist eine typische Ruth, weil sie sehr kreativ ist und weil sie Musik mag. Aber eine Information auf ihrer Karte stimmt nicht: sie mag Stress.
Die Informationen auf Felix' Karte stimmen nicht, weil er nicht schüchtern ist. Aber er ist einen typischer Felix, weil er sympathisch ist und weil er gut organisieren kann.
Die Informationen auf Carolines Karte stimmen, weil sie witzig und spontan ist und weil sie Musik mag.

Sprechtraining

(manuel p. 46, cahier d'activités p. 38)

■ L'inflexion des voyelles

Script du Sprechtraining
(CD Classe 1 pistes 22-23)
1.
N*a*me – spont*a*n – M*ä*dchen – hebr*ä*isch – Pers*o*n – P*o*dium – sch*ö*n – h*ö*ren – Gr*u*ppe – j*u*ng – s*o*nnig – gl*ü*cklich
2.
normal – sympathisch – mag – Aktivität persönlich – vorstellen – wohnen – mögen Tübingen – natürlich – kurz – pünktlich

3 Mitbewohner gesucht! (p. 47)

Activités langagières
– Lire
– Parler avec quelqu'un

Objectifs linguistiques
a. Faits de langue : rebrassage du verbe *mögen* et de la subordonnée introduite par *weil*
b. Lexique : élargissement du champ lexical des qualités

Objectif culturel
Le phénomène très répandu en Allemagne des colocations

Mise en œuvre en classe

• **1** Le bon déroulement de cette activité de transfert repose avant tout sur la compréhension des termes *WG* et *Mitbewohner* dont les équivalents en français paraissent parfois opaques aux yeux des élèves. Il faudra donc s'appliquer à lever ces entraves contextuelles avant de se consacrer à l'activité proprement dite.
Pour ce faire, on pourrait avoir recours à la version numérique du manuel en projetant tout d'abord la photo accompagnant la petite annonce grâce à la fonction « spot ». L'enseignant pourrait laisser les élèves s'exprimer librement sur cette illustration et formuler des hypothèses quant aux liens existant entre les deux jeunes que l'on voit (*Bruder und Schwester? Freunde? Er spielt gern. Sie ist tierlieb. Sie mag Katzen*). Il pourrait ensuite attirer leur attention sur l'icône de la maison qu'il associerait sans plus attendre à la fin de l'annonce (zoomer sur le document et masquer la première partie du texte à l'aide de la fonction « cache »). À l'issue de la lecture à voix haute de cette seconde partie du texte, le professeur introduira la notion de *WG* puis celle de *Mitbewohner*. On n'hésitera pas alors à laisser la parole aux élèves ayant compris et on leur demandera d'expliquer brièvement en français à leurs camarades la signification de ces deux mots. Les élèves sont alors à même de lire le début de l'annonce et de répondre aux questions a. et b. page 38 dans le cahier d'activités.

• **2** Pour préparer l'activité en interaction, on scindera la classe en deux. Libre au professeur de décider de la façon dont il constituera ces deux groupes. Signalons toutefois que le rôle du colocataire potentiel semble plus adapté à des élèves ayant des facilités moindres puisqu'il ne fait pas appel à la formulation de questions comme c'est le cas pour l'autre rôle. Ce travail préliminaire s'effectuera plutôt en classe. Les élèves ayant été retenus pour le rôle du colocataire (groupe A) répondront à la question c. page 38 du cahier d'activités de façon individuelle. Le professeur pourra leur rappeler auparavant la nécessité de répondre aux critères de sélection indiqués dans l'annonce tout en les incitant à faire preuve au maximum d'originalité. Les élèves du groupe B, quant à eux, travailleront en binôme.
Afin d'accroître la part de l'interaction au moment du passage des différents candidats, le professeur veillera à ce que les personnes du groupe A se présentent à Selma et à Jan sans aucun support écrit relatif à leur identité fictive. Lors de ces improvisations, le reste de la classe sera chargé de prendre des notes au sujet des candidats qui se présentent, Selma et Jan ne pouvant pas forcément poser des questions et noter simultanément les informations entendues, surtout s'ils sont en classe de sixième.

Filmer ces micro-dialogues pourrait enfin non seulement susciter davantage encore l'adhésion des élèves par rapport à cette activité mais également faciliter le choix du meilleur candidat par la suite. Notons que la caméra numérique s'avère être un outil non négligeable pour montrer concrètement à l'élève ce qu'il est capable de faire et lui permettre, si elle est utilisée plusieurs fois dans l'année et les enregistrements conservés, de voir ses progrès entre les différentes prises. Le professeur aura bien entendu recueilli auparavant l'autorisation des parents (droit à l'image).

Énoncés possibles pour le c.
Gruppe B: Guten Tag!
Gruppe A: Hallo! Bist du Selma oder Argentina?
B: Ich heiße Selma.
A: Mein Name ist Katz. Ihr sucht einen Mitbewohner, stimmt's?
B: Ja, komm rein!
B: Möchtest du einen Kaffee?
A: Danke, ich habe keinen Durst.
B: Wie alt bist du denn?
A: 30. Ich bin sehr sportlich. Ich spiele Fußball, ich fahre Rad, ich skate auch gern.
B: Selma und ich sind Fans von *Sahara*. Magst du Rockmusik?
A: Rockmusik? Ich interessiere mich für alles, besonders für Musik. Ich bin sehr offen. Ich höre klassische Musik, Rap ...
B: Bist du kreativ?
A: Ich habe nicht viel Fantasie. Meine Freunde mögen mich, weil ich gut organisieren kann.
B: Hast du Tiere?
A: Ja, ich habe einen Hund. Ich mag Tiere.

Énoncés possibles pour le d.
– Herr Katz ist der ideale Mitbewohner, weil er tierlieb und unkompliziert ist. Er ist auch witzig.
– Nein, er ist nicht der ideale Mitbewohner. Er hat einen Hund. Selma und Jan haben eine Katze.

Corrigés du cahier d'activités (p. 38)
a. Selma, Argentina und Jan sind:
– sehr offen
– unkonventionell
– tolerant
b. Der gesuchte Mitbewohner soll:
– unkompliziert sein
– Humor haben

Zwischenstation

(manuel p. 47)

Activités langagières
– Écrire
– Parler avec quelqu'un

Objectifs
– La tâche intermédiaire proposée est une activité de transfert ayant pour cadre un environnement connu de l'élève : celui de sa classe. Elle permet à ce dernier de mobiliser tant les acquis lexicaux que morpho-syntaxiques de la double page.
– S'adresser à un auditoire en lisant à haute voix un texte écrit très bref et répété.

Mise en œuvre en classe

• **1** La première partie (a.) pourra parfaitement être réalisée à la maison. L'élève aura pour tâche d'écrire sa propre carte sur le modèle de celles figurant à la page 46 du manuel. Il réexploitera à bon escient les structures et le vocabulaire introduits au cours de cette première *Station*. Les travaux réalisés par les élèves seront corrigés avant que l'on envisage de passer à la seconde partie. Si l'établissement est doté d'un espace numérique de travail, il sera aisé au professeur de demander aux élèves de déposer leur texte sur Internet et de présenter, au moment consacré à la partie b. de la *Zwischenstation*, des cartes dépourvues d'erreurs, faciles à déchiffrer et agréables à lire.

• **2** Chaque élève piochera une carte et disposera de quelques minutes pour prendre connaissance de son contenu et s'assurer qu'il ne bute sur la prononciation d'aucun des mots figurant dans le texte. Il ne sera pas superflu, avant de commencer, d'insister sur l'importance lors de la lecture de la bonne prononciation des mots, de la qualité de la diction et de la régularité dans le débit adopté, si le lecteur veut capter tout le long de son intervention l'attention de son public. Lors de la phase d'élucidation, le professeur aura soin de ne pas intervenir trop fréquemment pour corriger les erreurs commises afin de ne pas freiner l'interaction entre les élèves.

Énoncés possibles
a. Ich bin nett, aber ich bin etwas schüchtern. Ich bin unkompliziert und ich habe Humor. Ich mag Pizza. Ich spiele gern am Computer und ich bin ein Technikfreak.
b. Das ist die Karte von Mathieu, weil er ein Technikfreak ist.
Nein, das ist die Karte von Jérôme, weil er Pizza mag und gern am Computer spielt.

Station 2
Und bei schlechtem Wetter?

➲ Manuel pp. 48-49

1 Was können wir am Samstag machen? (p. 48)

Activités langagières
– Écouter
– Parler en continu

Objectifs linguistiques
a. Fait de langue : le verbe de modalité *können*
b. Lexique : les indications météorologiques simples

Objectif culturel
Quelques loisirs à Hambourg

Script
(CD Élève piste 7, CD Classe 1 piste 24, manuel p. 58)
Lars: Schlittschuhlaufen auf der Alster ist eine gute Idee. Aber ich habe keine Schlittschuhe.
Tobias: Kein Problem, ich habe zwei Paar. Ich kann dir ein Paar leihen.
Lars: Danke, das ist nett von dir.
Tobias: Wir können aber auch auf den Dom gehen.
Lars: Oh ja, stimmt, jetzt ist Dom. Ich habe Lust. Und du?
Tobias: Ich auch. Aber nur bei schönem Wetter.
Lars: Ja, klar. Und was machen wir bei schlechtem Wetter?
Tobias: Na, dann können wir ins Kino gehen.
Lars: Kino? Nein, danke, keine Lust.
Tobias: Okay. Wie ist es mit Bowling?
Lars: Hm, warum nicht? Aber Moment, sieh mal hier! Disco Blue Moon, Lübecker Straße. Rock-Festival Live. Samstag 20 Uhr: „Sahara". – Ich kenne die Gruppe. Sie ist spitze.
Tobias: Dann haben wir ja das Programm für Samstagabend.

Mise en œuvre en classe

L'entrée dans la deuxième *Station* se fait par une illustration volontairement très proche du document iconographique de la *Endstation* du chapitre 2 (page 41) : deux jeunes sont ici à la recherche d'activités pour occuper la journée du samedi. Le titre de l'activité (*Was können wir am Samstag machen?*) et l'illustration rassurante permettront aux élèves d'entrer rapidement dans la thématique.

• **1** L'utilisation du vidéoprojecteur permettra au professeur d'agrandir quelques passages des petits textes informatifs, afin d'aider les élèves à identifier la ville où habitent les deux amis. Le professeur pourra ensuite attirer l'attention des élèves sur les différentes activités envisagées et introduire le lexique correspondant. Le contenu culturel très riche sera donc mis en perspective : il s'agit de montrer ce que deux jeunes peuvent faire à Hambourg un samedi en hiver. La détente (*sich freuen, das Fest, spielen*) est tout aussi perceptible dans les textes informatifs que dans les documents iconographiques.

Les élèves pourront aisément imaginer d'autres activités possibles : les idées pourront être notées au tableau sur deux colonnes, une colonne « soleil » (*bei schönem Wetter, bei Sonne*), et une colonne « pluie » (*bei schlechtem Wetter, bei Regen*). Le professeur s'assurera de la compréhension du verbe *können* dans ce contexte.

• **2** Ce n'est qu'après cette phase de préparation que les élèves prendront connaissance de la grille d'écoute proposée dans le cahier d'activités page 40 : ils auront certainement plaisir à découvrir des activités auxquelles ils avaient pensé, mais il s'agira pour eux uniquement de repérer les activités réellement discutées par Lars et Tobias, puis, lors d'une deuxième écoute si nécessaire, de comprendre l'activité finalement retenue par les deux camarades. Celle-ci (*Disco / Konzert*) pourra être surlignée dans le cahier d'activités.

Les rubriques c.et d. du cahier d'activités pourront être renseignées en classe en fin de séance avec des élèves plus jeunes ou pourront être complétées à la maison par des élèves de 5ᵉ ou de 4ᵉ LV2 plus autonomes. Le verbe *können*, déjà connu des élèves dans le domaine de la capacité, du savoir-faire, sera ainsi visuellement et sémantiquement associé au domaine de la possibilité.

Dans l'un comme dans l'autre cas, nous suggérons de faire réviser à la maison la conjugaison du verbe *können* à ce moment grâce à la grille de mots croisés proposée dans le cahier d'activités page 42.

Le bilan 1 (*können* / savoir-faire et *können* / possibilité) et les exercices 3 et 4 du manuel page 52 pourront ensuite être faits en classe avec davantage de profit, puisque les élèves pourront mobiliser leur attention sur le sens des occurrences du verbe *können*.

Corrigés du cahier d'activités (p. 40)

b.

	ja	nein		ja	nein
in den Zoo gehen		×	in die Disco gehen	×	
Bowling spielen	×		ins Kino gehen	×	
ins Schwimmbad gehen		×	ins Konzert gehen	×	
auf den Dom gehen	×		ins Eiscafé gehen		×
in ein Museum gehen		×	Schlittschuch laufen gehen	×	

c.

Bei schönem Wetter können sie...	Bei schlechtem Wetter können sie...
– auf den Dom gehen. – Schlittschuh laufen.	– ins Kino gehen. – Bowling spielen. – in die Disco / ins Konzert gehen.

d. Am Samstagabend gehen sie in die Disco Blue Moon.

Sprechtraining

(manuel p. 48, cahier d'activités p. 41)

■ [ç] ou [ʃ]

La discrimination auditive et la réalisation des sons [ç] et [ʃ] est souvent source de difficulté pour nos élèves.

Dans l'exercice que nous proposons, l'élève sera parfois amené à cocher deux cases. Il conviendra de le lui expliquer avant de commencer afin qu'il puisse pleinement se concentrer sur ce qu'il entend.

Le point 3 vise à entraîner les élèves à faire le lien entre la graphie et la phonie. On peut demander aux élèves de repérer parmi les huit mots de la liste celui qui se différencie des autres du point de vue phonologique. L'intrus est bien entendu *nicht*, que les élèves sont amenés à utiliser très fréquemment. Le rapprochement avec *ich* s'imposera de lui-même.

Script du Sprechtraining

(CD Classe 1 piste 25)

Schlittschuh – sprechen – schreiben – sonnig – Schnee – richtig – Freundschaft – vielleicht – Schwimmbad – falsch

Corrigés du Sprechtraining (cahier d'activités p. 41)

	[ç]	[ʃ]
Schlittschuh		× ×
sprechen	×	×
schreiben		×
sonnig	×	
Schnee		×
richtig	× ×	
Freundschaft		×
vielleicht	×	
Schwimmbad		×
falsch		×

2 Wie ist das Wetter heute? (p. 49)

Activités langagières
– Écouter
– Parler en continu

Objectifs

a. Faits de langue : la subordonnée introduite par *weil* (2)

b. Lexique : les indications météorologiques simples (2)

Objectif culturel
Aperçu de trois villes germaniques

Mise en œuvre en classe

Les indications météorologiques font souvent partie très tôt du « rituel de la classe ». Selon ce qui aura été déjà introduit par le professeur en amont, il s'agira lors de l'activité a. d'un rebrassage ou d'un enrichissement des connaissances lexicales (*wolkig / bewölkt* par exemple). Il ne sera pas inutile, dans un premier temps, de faire situer les trois villes sur une carte.

Les élèves prendront ensuite connaissance du bulletin météorologique proposé et devront en rendre compte à l'oral. Le professeur veillera, lors de la correction des énoncés, à place du verbe conjugué et à la variété

des formulations possibles. (*In Weimar ist es kalt und sonnig, in Weimar scheint die Sonne*).
Les élèves devront justifier, dans un second temps, les associations qu'ils proposeront et réutiliseront la subordonnée introduite par *weil*, abordée lors de la *Station* précédente. Cette activité orale est relayée dans le cahier d'activité page 40 par une activité écrite que l'élève pourra ensuite faire à la maison.
L'élève sera invité dans le cahier d'activité page 46 à faire le bilan lexical des indications météorologiques, souvent source de confusions ou d'approximations (*der Regen / es regnet*, par exemple).
Pour les classes de 6e bilangue ou les 4e LV2, ce bilan pourra utilement être complété par un bilan allemand / anglais : la rubrique *Hier und dort* servira de point d'appui et pourra bien sûr être enrichie (*Winter / winter, sonnig / sunny...*) selon les connaissances des élèves à ce moment de l'année. On ne manquera pas de signaler aux élèves qu'il sera utile de compléter ce tableau bilangue dans l'une ou l'autre langue tout au long de l'année.

Corrigés du cahier d'activités (p. 40)
b. Foto A ist Innsbruck, weil wir Schnee sehen können.
Foto B ist Weimar, weil es sonnig ist.
Foto C ist Lübeck, weil es regnet.

Prolongement
Le site de l'émission *Logo!* sur *ZDF tivi* (http://www.tivi.de/fernsehen/logo/artikel/11432/index.html) propose un jeu interactif autour de la météo qui servira de support à une compréhension de l'écrit. Il s'agira, après lecture d'un court texte descriptif, de faire glisser sur une carte d'Allemagne les icônes correspondant au temps qu'il fait. Notons que plusieurs niveaux de difficulté sont proposés et permettront également une réactivation des connaissances géographiques.
Le professeur pourra également concevoir une activité de compréhension de l'oral à partir des bulletins météorologiques à la fin de chaque émission, disponible en *streaming* ou en *podcast*. (http://www.tivi.de/fernsehen/logo/rubrik/14803/index.htm).

Zwischenstation

(manuel p. 49, cahier d'activités p. 41)

Activité langagière
Parler en continu
Objectifs
La tâche intermédiaire proposée, centrée sur l'élève, permet de transposer les acquis de la *Station* (parler des possibilités qui s'offrent à lui et de la météo) et l'entraîne à l'expression orale en continu.

L'élève pourra parler, dans un premier temps, des activités qu'il lui est possible de pratiquer dans sa ville. Dans un second temps, il devra opérer un choix en fonction de la météo du jour.
Cette activité sera préparée à la maison et les élèves les plus jeunes auront sans doute besoin d'un soutien : le cahier d'activités propose page 41 une grille destinée à guider l'élève, si nécessaire, dans sa prise de parole. Il est en effet souvent difficile à ce stade pour de jeunes débutants d'associer deux champs sémantiques dans une même production orale. Nous proposons des activités courantes : il est important de signaler aux élèves que ce ne sont que des exemples et qu'ils peuvent bien sûr utiliser d'autres verbes appris dans les *Stationen* précédentes.

Énoncés attendus
a. Bei schlechtem Wetter kann ich schwimmen gehen. Bei schönem Wetter kann ich Rad fahren.
b. Heute regnet es. Ich möchte also ins Kino gehen...

Variante
Selon le profil de la classe (élèves plus mûrs ou plus autonomes), il est tout à fait possible d'envisager une expression orale en interaction : le professeur proposera un jeu de rôle au cours duquel les élèves, deux par deux, examineront ensemble quelques activités possibles et devront ensuite prendre une décision commune. Pour réaliser cette activité dans de bonnes conditions, le professeur préparera une série de petites cartes sur lesquelles seront représentées des activités et deux autres séries de fiches sur lesquelles figureront des symboles météorologiques. Il regroupera ensuite dans des enveloppes trois fiches activités numérotées et une indication météorologique, en veillant bien entendu à créer un objet de débat (éviter de proposer trois activités de plein air par beau temps !). Les élèves, véritablement acteurs sociaux, auront en main les éléments d'un scénario et construiront un projet ensemble.

Énoncés attendus
Schüler A: Am Mittwoch können wir vielleicht Rad fahren!
Schüler B: Am Mittwoch schneit es.
Schüler A: Dann können wir vielleicht schwimmen gehen! Du bist doch sportlich!
Schüler B: Schwimmen gehen? Nein, ich habe keine Lust.
Schüler A: Wir können auch ins Kino gehen!
Schüler B: Okay! Dann haben wir das Programm für Mittwochnachmittag!

Station 3
Kannst du mir helfen?

➲ Manuel pp. 50-51

1 Hilfe! (p. 50)

Activités langagières
– Écouter
– Parler en continu

Objectifs linguistiques
a. Fait de langue : les pronoms personnels au datif (singulier)
b. Lexique :
– le vocabulaire propre aux difficultés pouvant être rencontrées dans la vie quotidienne
– le lexique de l'aide

Script
(CD Élève pistes 8-10, CD Classe 1 pistes 26-28, manuel p. 58)

1. Jens und Charlotte
Charlotte: Charlotte Dreier.
Jens: Hallo, Charlotte. Hier ist Jens.
Charlotte: Hallo, Jens. Tut mir leid, aber mein Bruder ist nicht da.
Jens: Das macht nichts. Ich möchte mit dir sprechen.
Charlotte: Mit mir?
Jens: Ja. Du bist doch gut in Mathematik, stimmt's?
Charlotte: Ja. Warum?
Jens: Wir schreiben morgen eine Mathearbeit, und ich verstehe nichts. Kannst du mir helfen?
Charlotte: Na klar! Um fünf Uhr, passt dir das?
Jens: Ja, natürlich. Vielen Dank.
Charlotte: Tschüs! Bis nachher!

2. Anika und Benjamin
Benjamin: Benjamin Jasper.
Anika: Benni, ich habe ein Riesenproblem. Meine Stereoanlage ist kaputt, und bis Samstag kann niemand sie reparieren. Eine Geburtstagsparty ohne Musik, das ist eine Katastrophe. Was mache ich bloß?
Benjamin: Zuerst sagst du mir mal guten Tag, liebe Anika.
Anika: Oh ja, natürlich! Entschuldigung, aber ich bin so sauer. Die Anlage ist ganz neu.
Benjamin: Meine Anlage auch. Ich leihe sie dir. Ich bringe sie am Samstag mit.
Anika: Wirklich? Oh, Benni, du bist so süß!

3. Silke und Chiara
Chiara: Maggio.
Silke: Bist du das, Chiara?
Chiara: Ja. Wer ist da bitte?
Silke: Silke Hansen.
Chiara: Hallo, Silke.
Silke: Wie gehts dir, Chiara?
Chiara: Gut, danke. Und dir?
Silke: Es geht so. Sag mal, Chiara, ich komme nächstes Wochenende nach Hamburg.
Chiara: Toll!
Silke: Ich möchte mit einer Freundin auf den Dom.
Chiara: Und?
Silke: Die Jugendherberge ist geschlossen. Können wir vielleicht bei dir übernachten?
Chiara: Tut mir leid, das geht nicht. Wir haben Besuch aus Italien, meine Tante und meine Cousine. Oh, meine Mutter braucht mich. Tschüs Silke.

Mise en œuvre en classe

Le dernier volet de ce chapitre s'ouvre sur la présentation de situations reposant toutes sur un problème de la vie quotidienne d'un adolescent. La recherche de solutions entraîne logiquement l'utilisation de pronoms personnels au datif. Le problème posé suscite néanmoins à chaque fois une réaction différente de la part de l'ami(e) à qui le jeune s'est adressé. Dans la première conversation téléphonique, Charlotte va naturellement au secours de Jens. Dans la deuxième, Benjamin accepte de prêter à Anika du matériel. Dans le dernier dialogue, Chiara explique à Silke pourquoi elle ne peut lui venir en aide. Cette variété des réponses apportées se traduit par une diversité et une complexification progressive des formulations employées. L'élève a d'abord recours à des verbes ayant un seul complément, qui est au datif. Il est ensuite amené à utiliser des verbes fonctionnant avec deux compléments.
Le professeur pourra choisir de traiter la totalité des documents proposés ou encore de n'en retenir qu'une partie en fonction de ses objectifs. Il pourra également réserver le troisième enregistrement à une évaluation formative, ce dernier ne comportant aucune nouveauté grammaticale.

• **1** On invitera d'abord les élèves à observer les illustrations 1 et 2 de la page 50 du manuel et à émettre des hypothèses quant à la nature des difficultés rencontrées par les adolescents. Nous conseillons de ne pas traiter ici la troisième image, celle-ci ne remplissant pas la même fonction que les deux premières. Le manuel vidéoprojetable pourrait s'avérer être une aide non négligeable. Il permettrait au professeur de procéder aisément par étapes et de mettre en évidence des éléments qui échapperaient éventuellement à la vue des élèves. Dans un premier temps, on pourra donc se concentrer sur l'image représentant Jens grâce à la fonction « spot ». On aura alors soin de masquer le livre de mathématiques avec la fonction « cache » afin que l'élève note la présence d'autres objets sur le bureau et imagine plusieurs éventualités. Le professeur pourra ensuite montrer le premier plan de cette illustration, ce qui ne devrait pas manquer de réduire les incertitudes et de créer de véritables attentes par rapport au document sonore qui suivra. La deuxième image, quant à elle, pourra être projetée dans son intégralité. On acceptera toutes les hypothèses formulées dès lors qu'elles ne sont pas en contradiction avec le support visuel auquel elles se rapportent.

• **2** Dans un second temps, il semblera tout à fait naturel de vérifier les hypothèses émises par une écoute attentive des deux premières conversations téléphoniques. L'élève répondra alors à la question a. de l'exercice 1 page 43 du cahier d'activités. Il se penchera, lors d'une deuxième écoute, sur les solutions envisagées.

• **3** Le troisième enregistrement, différent des deux premiers, fera l'objet d'un traitement spécifique. Il conviendra, avant l'écoute, d'expliciter les termes *Jugendherberge* et *geschlossen*, ce que l'on pourra faire sans peine grâce à l'illustration de la page 50. Il est également conseillé de rappeler le sens du mot *Besuch*, certes déjà rencontré dans le chapitre 2 mais vraisemblablement oublié entre temps. L'élève est alors prêt à écouter le dialogue et à compléter l'item c. de l'exercice 1 page 43 du cahier d'activités.

• **4** Au moment de la correction, une attention toute particulière sera portée aux pronoms personnels au datif (*ihm/ihr*). Pour compléter le paradigme (*mir/dir*), on pourra se référer aux scripts de la page 58 dans le manuel. Les dialogues de l'exercice 1 page 45 dans le cahier d'activités correspondent à une suite possible des conversations téléphoniques. Il sera donc cohérent de les utiliser en guise de première application et de consolider par la suite le fait de langue relevé à l'aide des exercices 5 et 6 page 53 du manuel et des exercices 2 et 3 page 45 du cahier d'activités.

Énoncés possibles

Jens hat vielleicht ein Problem in Französisch.
Er spricht vielleicht nicht sehr gut Französisch.
Er versteht einen Text nicht.
Er hat vielleicht ein Problem in Mathematik.
Er braucht Hilfe. Er ruft eine Freundin an.
Jens hat bestimmt ein Problem in Mathematik.
Anika hat auch ein Problem. Der Computer funktioniert nicht. Vielleicht funktioniert die Stereoanlage nicht. Sie ruft einen Freund an. Er ist bestimmt ein Technikfreak.

Corrigés du cahier d'activités (p. 43)

a.
Jens hat ein Problem in Mathematik.
Charlotte kann ihm helfen.
Anika kann ihre Stereolange nicht reparieren.
Benjamin kann ihr helfen.

b.
Charlotte: Sie kommt um 5 Uhr und hilft ihm.
Benjamin: Er leiht ihr seine Stereoanlage.

c.
Silke hat ein Problem: Sie kommt nach Hamburg, und die Jugendherberge ist geschlossen.
Chiara kann ihr nicht helfen. Sie hat Besuch aus Italien.

Sprechtraining

(manuel p. 50, cahier d'activités p. 44)

■ L'accent de mot (1)

L'accentuation de l'unité lexicale constitue l'un des obstacles auxquels se heurtent les élèves habitués à l'accent quasiment fixe des mots français. Il ne faudra donc pas négliger ce point phonologique et chercher à contrer au maximum les automatismes acquis en français. Pour cela, on n'hésitera pas à entraîner régulièrement les élèves à bien marquer les syllabes accentuées. On pourra également les sensibiliser à cette différence en effectuant de façon ponctuelle un rapprochement entre l'allemand et l'anglais, les similitudes entre ces deux langues n'étant pas uniquement de nature lexicale et grammaticale.

Script du Sprechtraining
(CD Classe 1 piste 29)
Freundin – Problem – helfen – natürlich – Arbeit – reparieren – Katastrophe – kaputt – Bruder – leihen

Corrigés du Sprechtraining (cahier d'activités p. 44)

	1re syllabe	autre syllabe
Freundin	×	
Problem		×
helfen	×	
natürlich		×
Arbeit	×	
reparieren		×
Katastrophe		×
kaputt		×
Bruder	×	
leihen	×	

2 Kein Problem! (p. 51)

Activités langagières
– Parler en continu
– Parler avec quelqu'un

Objectifs linguistiques
a. Faits de langue : approfondissement et consolidation des pronoms personnels au datif (singulier)
b. Lexique : élargissement du champ lexical de l'aide (solutions concrètes)

Mise en œuvre en classe

• **1** La première étape de cette activité ne devrait pas présenter de difficultés majeures puisque le vocabulaire requis pour exposer simplement les deux situations a déjà été introduit auparavant (chapitre 2, *Station 3* et chapitre 3, *Station 3*). Il est probable toutefois que l'élève souhaite apporter des précisions sur l'état de la bicyclette. Le professeur lui fournira alors l'aide lexicale attendue (*einen Platten haben*, par exemple).

• **2** Dans la deuxième partie de l'activité, il s'agira de faire rebrasser à l'élève les pronoms personnels *ihm* et *ihr*. Pour formuler les solutions qu'il envisage d'apporter, l'élève n'hésitera pas à puiser parmi les aides lexicales mises à sa disposition dans la rubrique *Vokabeln*. On n'omettra donc pas de lui faire remarquer la présence de cet encadré et l'on s'assurera avant de lancer l'activité que le sens des mots *etwas* et *jemandem* a bien été élucidé.

• **3** Bien que cette troisième partie ait été largement préparée du point de vue lexical et grammatical dans la question b., nous estimons encore indispensable de fournir une trame à l'élève pour faciliter son travail d'expression. Nous préconisons donc que les élèves se penchent d'abord sur le dialogue à reconstituer dans le cahier d'activités page 44 avant de s'intéresser à celui qu'ils devront eux-mêmes fabriquer. Cette activité préliminaire pourra être réalisée à la maison à condition d'avoir précisé au préalable la signification du groupe *nicht etwas dabei haben*. Lors de la correction en classe, le professeur pourra demander aux élèves de relever toutes les occurrences des pronoms personnels au datif. Il insistera de ce fait à nouveau sur l'importance de leur utilisation dans ce type de situation.
Afin de mettre les élèves en confiance, le professeur leur laissera une courte phase de préparation. Il veillera toutefois, comme il a été recommandé dans le chapitre 1, à ce que les élèves ne rédigent pas de texte. Pour écarter toute éventualité de ce genre, il pourra procéder comme indiqué dans le premier chapitre (cf. livre du professeur p. 26).
Ces improvisations se prêtent parfaitement à l'inter-évaluation. Le professeur pourra donc initier modestement le reste du groupe à cet exercice en lui donnant quelques critères d'écoute (interaction assurée, accentuation correcte des mots utilisés, utilisation appropriée des pronoms personnels au datif).

Énoncés possibles
a. Der Junge hat ein Problem. Er kann nicht Rad fahren. Sein Fahrrad ist kaputt.
Die Frau will ein Eis essen. Sie möchte ein Eis kaufen, aber sie hat kein Geld / sie hat nur 10 Cent.
b. Der Junge hat ein Problem. Ich kann ihm das Fahrrad reparieren. Ich kann ihm einen Schlauch kaufen. Ich kann ihm ein Fahrrad leihen...
Die Frau hat ein Problem. Ich kann ihr ein Eis kaufen. Ich kann ihr Geld leihen...
c.
– Hallo! Kannst du mir bitte helfen?
– Sicher kann ich dir helfen!
– Ich möchte mir ein Eis kaufen, aber ich habe nur 10 Cent dabei. Kannst du mir Geld leihen?
– Natürlich! Wie viel kostet das Eis?
– 1 Euro.
– 1 Euro? Ich schenke dir das Eis.

Corrigés du cahier d'activités (p. 44)
6. Klaus: Kannst du mir dein Handy leihen?
4. Klaus: Ich möchte meine Mutter anrufen.
8 Verena: Aber ich kann dir 30 Cent geben.
1. Klaus: Entschuldigung, ich habe ein Problem.
3. Verena: Sicher kann ich dir helfen.
2. Klaus: Kannst du mir bitte helfen?
7. Verena: Ich habe mein Handy nicht dabei.
9 Klaus: Danke. Das ist nett von dir.
5. Klaus: Aber mein Handy ist kaputt.

Zwischenstation

(manuel p. 51, cahier d'activités p. 44)

Activité langagière
Parler en continu

Objectifs linguistiques
a. Faits de langue :
– transfert des pronoms personnels au datif (singulier)
– réutilisation de la subordonnée introduite par *weil*
b. Lexique :
– réemploi des adjectifs permettant de caractériser le tempérament de quelqu'un
– quelques possibilités de cadeaux

Généralement, la mission confiée à l'élève au terme de la double page en est l'aboutissement. Elle s'inscrit de ce fait tout naturellement dans la thématique développée tout au long de la *Station*. Cette tâche intermédiaire se veut toujours être centrée sur l'élève et son environnement immédiat. Nous avons tenu à rester fidèles à ce dernier principe. Il nous a paru, en revanche, préférable de ne pas faire porter cette *Zwischenstation* sur le même sujet que les activités de cette double page. Nous avons ainsi privilégié dans cette mission le transfert du fait de langue sans toutefois mettre entièrement de côté les acquis lexicaux de l'unité.

Mise en œuvre en classe

Les élèves pourront préparer la tâche intermédiaire à la maison en effectuant tout d'abord l'activité proposée à la page 44 du cahier d'activités. Ils réactiveront ainsi les formes des pronoms personnels au datif et devront expliquer indirectement le choix de cadeaux qu'ils opèrent. On pourra également leur demander de lister par écrit les cadeaux qu'ils seraient susceptibles d'offrir à leurs camarades de classe.

Pour ne pas créer d'injustice au sein du groupe, il serait souhaitable d'informer les élèves avant le début de l'activité qu'un seul cadeau pourra être fait à chacun d'entre eux. Afin de rendre les élèves le plus attentif possible, le professeur demandera à ce qu'une liste de cadeaux soit établie au fur et à mesure des interventions. Cette liste pourrait être réutilisée ultérieurement dans le cadre d'une activité sur les achats.

Énoncés possibles
Sébastien? Ich schenke ihm ein Fahrrad, weil er sportlich ist / sein Fahrrad kaputt ist.

Corrigés du cahier d'activités (p. 44)
Propositions
Jenny: Ich kann ihr eine Kappe vom FC Bayern München schenken weil sie Fußball mag.
Karl: Ich kann ihm ein Computerspiel schenken.

Sprache aktiv

➔ **Manuel pp. 52-53**

Sprache aktiv Station 1

Corrigés du manuel (p. 52)
1
a. **Mögt** ihr Apfelschorle?
b. Herbert **mag** laute Musik.
c. Die Kinder von Marie **mögen** Katzen.
d. Ich **mag** dich, ich **mag** dich nicht.
e. Wir **mögen** Basketball, ihr auch?
f. **Magst** du denn Pizza?

2
a. Weil es kaputt ist.
b. Weil ich keine Lust habe.
c. Weil ich keine Currywurst mag.
d. Weil wir diese Musik mögen.
e. Weil sie ihrem Großvater ein Souvenir mitbringen will.

Corrigés du cahier d'activités (p. 39)

Exercice 1

a. Sie mag Tiere.
b. Wir mögen Cola.
c. Ihr mögt Sport.
d. Ich mag Rockmusik.
e. Du magst Hotdog.
f. Sara und Aurel mögen die Schule.

Exercice 2

Nadine gehört zur Clique 1, weil diese Gruppe aktiv, sportlich und musikalisch ist.
Nadine gehört zur Clique 2, weil diese Gruppe sich für Musik interessiert und Corrida nicht mag.

Sprache aktiv Station 2

Corrigés du manuel (p. 52)

3

a. Jana hat Fieber. Sie **kann** heute nicht in die Schule gehen.
b. **Kannst** du mir helfen?
c. Ruth **kann** super Texte für die Musikgruppe schreiben.
d. Am Samstag **können** wir vielleicht Schlittschuh laufen.
e. Sven und Alex **können** nicht mitkommen. Sie haben um 16 Uhr Tennis.
f. Sven, Alex, **könnt** ihr schon schwimmen?
g. Julie **kann** schon gut Deutsch sprechen.

4

a. **capacité**
Ruth kann super Texte für die Musikgruppe schreiben.
Sven, Alex, könnt ihr schon schwimmen?
Julie kann schon gut Deutsch sprechen.
b. **possibilité**
Kannst du mir helfen?
Am Samstag können wir vielleicht Schlittschuh laufen.
c. **impossibilité**
Jana hat Fieber. Sie kann heute nicht in die Schule gehen.
Sven und Alex können nicht mitkommen. Sie haben um 16 Uhr Tennis.

Corrigés du cahier d'activités (p. 42)

Exercice 1

1	k	a	n	n	**s**	t				
				2	**k**	ö	n	n	e	n
			3	k	**a**	n	n			
4	k	ö	n	n	**t**					
5	k	ö	n	n	**e**	n				
		6	k	a	**n**	n				

Bei schönem Wetter ist **skaten** Jonas' Lieblingsaktivität.

Exercice 2

– Am Samstag mache ich eine Party. **Könnt** ihr auch kommen?
– Toll! Ich bringe Musik mit, und ich **kann** auch einen Kuchen backen. Aber Bastian hat Fußball, er **kann** nicht kommen.
– Entschuldigung, ich **kann** kein Japanisch! **Können** Sie Englisch?
– **Kannst** du mir helfen?
– Ja, wir **können** morgen zusammen lernen.

Sprache aktiv Station 3

Corrigés du manuel (p. 53)

5

a. Bitte, Benjamin, leih **mir** deine Stereoanlage. Meine ist kaputt.
b. Du, Lili, das ist echt eine gute Idee! Ich danke **dir**.
c. Jens braucht einen Computer. Seine Eltern schenken **ihm** also einen PC.
d. Papa, ich habe Durst. Kannst du **mir** bitte Geld geben? Ich möchte eine Flasche Wasser kaufen.
e. Silke hat ein Problem, aber Chiara kann **ihr** nicht helfen.

6

Pronoms personnels au *nominatif*, à l'accusatif, au **datif**.
Tim: Dreier.
Jens: Hallo, Tim. Hier ist Jens. Ist deine Schwester zu Hause? Vielleicht kann *sie* **mir** helfen. *Sie* ist doch gut in Mathe, nicht?
Tim: Charlotte ist noch nicht da, aber *sie* kommt gleich und *ich* sage es **ihr**. *Sie* ruft dich sofort an. Moment, da kommt *sie* gerade. *Ich* rufe sie – Charlotte! Jens hat eine Mathearbeit! Kannst *du* **ihm** helfen?
Charlotte: Ach was! Das hat **mir** gerade noch gefehlt!

Corrigés du cahier d'activités (p. 45)
Exercice 1
Dialogue 1
Charlotte: Hallo Brüderchen! Jens hat angerufen. Er versteht nichts in Mathematik.
Philipp: Oje, ich kann **ihm** nicht helfen.
Charlotte: Aber ich!

Dialogue 2
Mutter: Was machst du denn? Kann ich **dir** helfen?
Anika: Nein, danke, Mama.
Mutter: Aber deine Anlage ist kaputt!
Anika: Ja, Benni bringt **mir** am Samstag seine Anlage mit.

Dialogue 3
Silkes Mutter: Silke will am Wochenende nach Hamburg. Aber in der Jugendherberge ist kein Platz mehr.
Silkes Tante: Da kann ich **ihr** einen guten Tipp geben.

Exercice 2
a. Sie kann **ihr** nicht helfen.
b. Sie kaufen **ihm** einen MP3-Player.
c. Er gibt **ihm** 10 Euro.
d. Er leiht **ihr** seine Stereoanlage.

Exercice 3
a. Kannst du mir Bonbons kaufen bitte?
b. Nein, ich schreibe ihm eine E-Mail.

Vokabeln aktiv

(p. 53)

Tels qu'ils sont envisagés dans le cahier d'activités, les exercices sur le lexique du chapitre offrent une grande liberté de manœuvre et permettent à l'élève, quel que soit son niveau, d'effectuer un bilan personnel de ses connaissances lexicales.

Corrigés du cahier d'activités (p. 46)
Exercice 1
Die Sonne scheint. Es ist warm. Es ist sonnig ...
Es regnet. Es ist regnerisch. Es ist windig ...
Es schneit. Es ist kalt ...

Prolongement
En guise de prolongement à l'exercice 2 de la page 46 du cahier d'activités, il ne serait pas inutile d'inviter les élèves à classer les mots inscrits dans le tableau selon leur nature grammaticale.

Avec un public plus jeune de 6ᵉ et de 5ᵉ, on pourrait envisager de créer ici une banque de mots et de faire ouvrir aux élèves, répartis par exemple en deux groupes, différents comptes – correspondant chacun à une classe bien précise de mots – qu'il faudrait alors alimenter. Les élèves devraient déposer des mots sur le compte adéquat. Cette opération serait systématiquement vérifiée par le professeur banquier qui validerait ou non la transaction selon que le mot a été classé dans la bonne catégorie et orthographié correctement. Selon l'intérêt que remporte cette action, le professeur pourrait décider de ne pas fermer son établissement à l'issue de l'activité. Afin d'éviter d'être frappé de plein fouet par la crise, il devrait néanmoins relancer régulièrement ses élèves clients.
Voici quelques suggestions à ce propos :
– éditer un relevé de compte qui fasse état de la situation,
– autoriser les élèves à avoir un coffre fort qui renfermerait des trésors,
– fusionner la banque des mots allemands avec celle des mots anglais si la / le collègue d'anglais accepte de co-diriger,
– proposer de nouveaux produits comme l'ouverture d'un compte de mots transparents,
– rappeler que les virements sont autorisés entre le compte des mots anglais et celui des mots transparents par exemple,
– dévaliser à un certain moment la banque et demander aux élèves de déclarer tous les mots qui ont été volés,
– ne pas oublier les intérêts au début de chaque nouvelle période scolaire,
– proposer un crédit à taux zéro pour une somme de mots limités si les élèves ne disposent pas d'assez de mots sur leur compte pour pouvoir construire un texte de qualité.

Endstation

Kleine, aber dynamische Städte

➲ **Manuel pp. 54-55**

Les élèves ont à présent gagné en autonomie en termes de savoirs et de savoir-faire. Le professeur rappellera cependant les objectifs de la *Endstation* (cf. livre du professeur p.32) avant de donner les consignes de travail.

Dans cette *Endstation*, à dominante culturelle, nous présentons la ville de Tübingen et les activités qu'il est possible de pratiquer pour des jeunes.
Le chapeau introductif et le titre du document seront lus en classe. Les élèves situeront ensuite la ville sur une carte, ainsi que le Neckar. Au cours de cette présentation, le professeur ne manquera pas de réactiver *im Süden, in Süddeutschland*, rencontrés lors de la *Endstation* du chapitre 1.
Les élèves sont à présent à même de lire les différents prospectus pour découvrir Tübingen et les activités qu'elle leur propose.
Il ne s'agit pas d'une compréhension de l'écrit un peu vaine qui se contenterait d'apporter quelques informations que l'élève oubliera d'ailleurs assez rapidement. On remarquera que les textes informatifs s'adressent toujours directement à l'élève, le plaçant ainsi en situation d'acteur qui s'apprête à chercher des informations puis à faire un choix. Ainsi interpellé, l'élève aura plaisir à mobiliser ses savoirs et savoir-faire pour s'informer.
Enfin, nous sommes conscients que certains élèves sont moins à l'aise devant un document écrit ; il s'agit parfois de véritables blocages qui se retrouvent d'ailleurs dans les autres matières. Ces blocages se manifestent surtout si le professeur a choisi d'exploiter cette double page dans le cadre d'une évaluation formative. C'est pour accompagner et encourager ces élèves que nous proposons des documents iconographiques extrêmement fidèles au contenu et des documents informatifs de longueur variable, certains très brefs (*Magst du Natur?*), d'autres plus étoffés (*Magst du Wasser?*).
Selon l'utilisation retenue par le professeur (ultime entraînement ou évaluation), celui-ci pourra demander aux élèves de travailler individuellement ou par groupes de trois ou quatre élèves ; il leur demandera de renseigner une grille semblable à celle utilisée lors du travail sur la *Station* 2 (association des activités et d'un symbole « beau temps » ou « mauvais temps », cf. livre du professeur page 58). Si l'activité est réalisée en groupe, le professeur veillera à constituer des groupes hétérogènes pour encourager et développer l'entraide dans la réalisation d'une tâche commune.
Le professeur s'assurera de la compréhension en désignant un rapporteur par équipe. Chaque équipe pourra répondre à une question (*Was kann man in Tübingen bei schönem Wetter machen?*). Le rapporteur inscrira au tableau l'activité (par exemple *eine Stocherkahnfahrt machen*) et cochera dans ce cas les deux symboles météo, montrant ainsi qu'il a réellement compris le texte (*wir können dir ein Poncho leihen*). Le professeur s'assurera ainsi, lors de la mise en commun par oral de toutes les informations, de la compréhension profonde des textes.

À la maison, l'élève pourra répondre par écrit aux questions de la rubrique *Alles klar* à partir de la grille renseignée en plénière ou après avoir relu attentivement les documents informatifs de cette double page.

Corrigés du manuel (p. 55)
Alles klar?
1. Tübingen ist eine kleine, dynamische Stadt im Süden / in Süddeutschland.
2. Bei schönem Wetter kann man Rad fahren. Man kann auch eine Stocherkahnfahrt auf dem Neckar machen oder am Neckar entlang spazieren gehen. Bei schlechtem Wetter kann man das Spielzeugmuseum Boxenstop besichtigen.
3. Man kann mir ein Fahrrad und einen Regen-Poncho leihen.

Unser Projekt

Freizeit in einer deutschen Kleinstadt – ein Prospekt

(p. 55)

L'élève devrait désormais être en mesure de réaliser la tâche finale, c'est-à-dire de présenter dans un prospectus une ville allemande et les activités qu'elle propose, par beau ou mauvais temps. Les élèves seront amenés à réutiliser de façon autonome, à l'écrit et à l'oral, les connaissances lexicales et grammaticales découvertes ou approfondies dans le chapitre.
Nous proposons trois liens dans le manuel, le professeur pourra bien entendu guider les élèves vers d'autres villes en fonction des échanges ou partenariats en cours ou des voyages de découverte prévus.
À ce stade de l'apprentissage, le professeur devra dans tous les cas s'assurer en amont de la clarté et de l'accessibilité des informations disponibles sur le site retenu, car l'accès aux documents authentiques ne doit pas être une entrave à la réalisation de la tâche.
On rappellera aux élèves que la double page est un modèle dont ils devront s'inspirer, et qu'en aucun cas il ne s'agit pour eux de produire à tout prix à ce stade de l'apprentissage un document aussi étoffé.
L'évaluation portera bien entendu aussi bien sur la qualité de la production écrite, sur la richesse iconographique et son adéquation au contenu littéral, que sur la présentation orale.

Jetzt kannst du's!

Manuel pp. 56-57

1 Wie ist das Wetter heute? (p. 56)

Activité langagière
Écouter
Objectif
Repérer des informations sur la météo

Script
(CD Classe 1 piste 30)
… Einige aktuelle Werte aus Deutschland:
Stuttgart: Schnee, minus eins.
München: sonnig, minus 3 Grad.
Frankfurt am Main: stark bewölkt, 2 Grad.
Köln: wolkig, 3 Grad.
Hannover: regnerisch, 4 Grad.
Leipzig: windig und kalt, minus 4.
Berlin: leicht bewölkt, minus 5,
und Hamburg: windig, 4 Grad…

Mise en œuvre
Il sera peut-être nécessaire, selon le profil des élèves, de commencer par situer rapidement sur la carte murale ou la carte du manuel les villes dont on va entendre le bulletin météo. La méconnaissance des noms de villes, même si elle n'a que peu d'incidence en fin de compte sur le score des élèves, ne doit pas les désarçonner et les mettre inutilement en difficulté.

Corrigés du cahier d'activités (p. 47)
1. Hannover
2. Stuttgart
3. München
4. 4°
5. – 3°

2 Was können wir heute machen? (p. 56)

Activité langagière
Parler en continu
Objectif
Parler des activités que l'on peut faire en fonction de la météo

Corrigés du cahier d'activités (p. 47)
1. On acceptera bien évidemment toutes les réponses possibles (*schwimmen, surfen…*)
2. Bei schönem Wetter kann ich Rad fahren, Tennis spielen oder shoppen.
3. Bei schlechtem Wetter kann ich ins Kino gehen oder Bowling spielen.

Binz: station balnéaire sur l'île de Rügen, voir carte à la fin du manuel.

3 Horoskop (p. 57)

Activité langagière
Lire
Objectif
Comprendre des traits de caractère et repérer les problèmes que quelqu'un peut rencontrer

Corrigés du cahier d'activités (p. 48)
1. cool, kreativ, aktiv, schüchtern
2. Sie sind deprimiert.
3. eine Party oder eine Radtour organisieren

4 Kandidaten gesucht! (p. 57)

Activité langagière
Écrire
Objectif
Se présenter en donnant des précisions sur son caractère

Corrigés du cahier d'activités (p. 48)
Proposition de corrigé
Ich heiße Adrien Cap. Ich bin 13 Jahre alt. Ich bin nicht schüchtern und habe viel Lebensenergie. Meine Freunde mögen mich, weil ich unkompliziert bin und Humor habe. Ich bin der ideale Kandidat, weil ich mich für Musik interessiere und gern singe. Ich kann auch sehr gut tanzen. Ich bin sehr kreativ.

KAPITEL 4 Mein Schultag

Descripteurs du Cadre européen

Écouter

- **A1** Comprendre des indications de temps (date, horaire) et de lieu émises dans des énoncés simples.

Lire

- **A1** Comprendre un emploi du temps clairement présenté.

Parler en continu

- **A1** Utiliser des mots et expressions simples pour nommer les activités du quotidien.
- **A1** Décrire simplement la journée de quelqu'un en indiquant l'heure, l'emploi du temps, la date.
- **A1** Dire l'heure et décrire un emploi du temps.
- **A1** Localiser quelqu'un ou quelque chose.

Parler avec quelqu'un

- **A1** Communiquer des informations sur l'heure, les moments de la journée et la date.
- **A2** Échanger sur des sujets familiers (les devoirs scolaires).

Écrire

- **A2** Formuler une consigne ou une règle simple.

Le fil conducteur thématique et civilisationnel de ce quatrième chapitre est l'école, milieu familier à nos élèves s'il en est. Ce thème sera abordé à partir de la journée scolaire de jeunes Allemands. L'objectif principal est donc ici de découvrir les moyens d'expression qui permettront de parler du déroulement d'une journée, d'en comprendre quelques étapes depuis le lever jusqu'au coucher, de s'approprier quelques notions simples mais fondamentales sur les principes de fonctionnement des différents types d'écoles présentes sur le sol allemand, ainsi que de comprendre et savoir décrire un emploi du temps scolaire ou familial (*Familienkalender*).
L'acquisition des moyens pour exprimer l'heure est, bien sûr, incontournable et fera l'objet d'une attention particulière dans ce chapitre. Les élèves devront en fin de parcours réaliser une tâche (*Endstation*, page 69) qui devrait synthétiser les acquis de l'unité sous la forme d'une affiche de présentation de leur collège pour un public germanophone issu d'une classe partenaire.
En page d'ouverture, les élèves n'auront aucun mal à reconnaître les abords d'un établissement scolaire allemand. Le professeur, s'il utilise la version vidéoprojetable du manuel, pourra éventuellement zoomer sur le centre de la photo pour mettre en valeur le mot *Schule*.

Il serait ensuite intéressant et productif de demander à la classe en quels domaines l'école allemande pourrait être différente de l'école française. On obtiendra sans nul doute des réponses portant sur les horaires, les matières enseignées, les droits / devoirs des élèves, les devoirs à faire à la maison, les activités péri-scolaires. L'évocation de ces différents domaines fournira une transition au professeur qui pourra alors faire découvrir les objectifs inscrits sur la première page de ce chapitre (descriteurs CECRL) comme autant d'activités nécessaires à la réalisation de la tâche actionnelle finale.

Station 1

Mein Tag

➲ **Manuel pp. 60-61**

1 Was macht Ina jeden Tag? (p. 60)

Activités langagières
– Écouter
– Parler en continu

Objectifs linguistiques

a. Faits de langue :
– les verbes à préverbe séparable
– la place 2 du verbe conjugué dans une phrase déclarative simple

b. Lexique :
– certains actes quotidiens
– l'expression de l'heure (sauf les demi-heures)

Script
(CD Classe 1 piste 31)

1. Sie steht auf.
2. Sie frühstückt.
3. Sie isst zu Mittag.
4. Sie macht Hausaufgaben.
5. Sie sieht fern.

Bruitages :

1. *regarder la télé*
2. *se lever*
3. *déjeuner à la maison*
4. *prendre le petit déjeuner*
5. *faire ses devoirs*

Mise en œuvre en classe

Pouvoir parler d'une journée et en comprendre le déroulement constitue l'objectif numéro 1 de cette première *Station*. L'enrichissement du bagage lexical (verbes et précisions temporelles) est donc central. De cet approfondissement lexical va découler une réflexion de type grammatical sur les préverbes et sur la place 2 du verbe conjugué dans une phrase déclarative simple. Il convient donc d'annoncer aux élèves que la première partie de cette *Station* est cruciale, car elle prépare la compréhension et la restitution du dialogue qui suit. Ce faisant, le professeur donne un sens à l'activité tout en créant une dynamique dans sa séquence.

La première partie de la page de gauche est consacrée à l'introduction de nouveaux verbes ou groupes verbaux (*aufstehen, frühstücken, Hausaufgaben machen*), de noms communs utilisés dans des compléments circonstanciels de temps (*am Vormittag, am Nachmittag, ...*) et de moyens pour exprimer les heures (*halb* ne sera abordé que dans la *Station* 2). Cette introduction, nous le verrons en détail, se veut progressive pour favoriser l'appropriation tranquille mais efficace de notions et mots nouveaux assez nombreux.

• **1** L'élève regarde dans un premier temps les cinq images mettant en scène cinq actes pour le moins courants de la vie. Le professeur lit à voix haute chaque verbe ou groupe verbal à l'infinitif et prépare ainsi l'étape suivante.

L'élève entend ensuite les cinq actes sur le CD Classe (piste 31) sous forme conjuguée et est invité à les répéter. A lieu ainsi une première sensibilisation au placement en deuxième position de la partie conjuguée d'un verbe à préverbe séparable (pour *aufstehen, fernsehen*) ou d'un verbe contenu dans un groupe verbal comportant des compléments. Seul *frühstücken* échappe à cette nouveauté. Signalons que *sie sieht fern* n'est certes pas inconnu de nos élèves puisqu'il a été donné sous forme de bloc lexicalisé à la *Station* 2 du chapitre 1, mais, répétons-le, la nouveauté s'inscrit ici dans le passage de l'infinitif à la forme conjuguée du verbe.

• **2** Les bruitages qui suivent sont censés évoquer de façon non verbale les nouveaux termes fraîchement acquis. L'élève doit faire le lien et se remémorer le groupe verbal sous sa forme conjuguée. Nous conseillons de procéder, lors de cette étape, livre fermé afin que la recherche lexicale du verbe ou groupe verbal correct soit le moins possible perturbée ou parasitée par la lecture et afin surtout que s'opère un travail de mémorisation active du lexique nouveau. Certains élèves ne pourront sans doute retrouver que le groupe verbal à l'infinitif et ne sauront pas, dans un premier temps, conjuguer correctement et placer au bon endroit la partie conjuguée du verbe. C'est le travail collectif de la classe qui va y contribuer au cours de l'activité. Il conviendra, bien-sûr, de faire répéter les élèves n'ayant pas complètement réussi ou de leur demander, en fin d'exercice, de retrouver les formes conjuguées des verbes en ayant recours, si besoin, aux images du manuel et à leur légende, livre ouvert page 60 ou vidéoprojetées.

• **3** L'encadré *Vokabeln* fonctionne comme une aide à l'expression. C'est à partir des trois montres que l'élève pourra inférer le fonctionnement de l'expression de l'heure et se lancer dans la formulation de réponses à la question c. (*Wann macht sie das?*) avec l'intégration de l'heure dans les groupes prépositionnels commençant par *um*.

Corrigés du cahier d'activités (p. 49)

	*auf*stehen	frühstücken	zu Mittag essen	Hausaufgaben machen	*fern*sehen
Was macht Ina?	Ina steht auf.	Sie frühstückt.	Sie isst zu Mittag.	Sie macht Hausaufgaben.	Sie sieht fern.
Wann macht sie das?	Um Viertel nach 7.	Um 20 nach 7.	Um Viertel nach 1.	Um 14 Uhr / Um 2.	Um 19 / Um 7.

Sie steht um Viertel nach 7 auf. Um zwanzig nach 7 frühstückt sie. Um Viertel nach 1 isst sie zu Mittag. Um 14 Uhr macht sie Hausaufgaben. Um 19 Uhr sieht sie fern.

2 Was machen Stefan und Nadir morgen? (p. 60)

Activités langagières
– Écouter
– Parler en continu

Objectifs linguistiques
a. Fait de langue : les compléments circonstanciels de temps
b. Lexique :
– les activités
– les moments de la journée

Script
(CD Élève piste 11, CD Classe 1 piste 32, manuel p. 72)

Stefan schläft heute bei seinem Freund Nadir. Sie gehen beide in die Realschule in Essen. Nadir in die 8b, Stefan in die 8c.

Nadirs Mutter: Nadir, es ist Viertel nach neun.

Nadir: Okay. Komm, Stefan, wir gehen schlafen. Wann hast du morgen Schule?
Stefan: Öh… was ist morgen?
Nadir: Morgen ist Freitag, der erste Dezember, du Schlafmütze!
Stefan: Morgen habe ich um acht Schule. Ich fange mit Französisch an, dann habe ich Mathe, Deutsch und Englisch. Und am Nachmittag Tischtennis-AG von zwei bis vier Uhr.
Nadir: Du stehst also um Viertel nach sieben auf. Dann frühstücken wir zusammen. Mit dem Fahrrad bist du in einer Viertelstunde in der Schule.
Stefan: Und du?
Nadir: Ich habe morgen Zeit. Ich muss um Viertel nach neun am Bahnhof sein. Meine Klasse macht einen Ausflug nach Köln ins Museum Ludwig.
Stefan: Wann seid ihr zurück?
Nadir: Um drei. Und um vier Uhr habe ich Fußballtraining.
Stefan: Treffen wir uns um sechs bei mir?
Nadir: Und meine Hausaufgaben?
Stefan: Deine Hausaufgaben kannst du am Abend machen. Gute Nacht! Schlaf gut!

Mise en œuvre en classe

Il est essentiel de partir de l'image du manuel (idéalement vidéoprojetée pour bien insister sur le statut majeur qu'elle revêt dans la compréhension de la situation du dialogue) afin d'identifier les deux garçons et de faire comprendre que la femme est la mère de Nadir (la parenté a été assez fortement visualisée par une chevelure brune et bouclée de la mère et du fils). La mise en situation grâce au dessin pourrait aboutir de la part du professeur à un énoncé approchant de l'introduction enregistrée sur le CD Élève et reproduite dans le *Skript* page 72 (*Stefan schläft heute bei seinem Freund Nadir. Sie gehen beide in die Realschule in Essen. Nadir in die 8b, Stefan in die 8c*). Les élèves seront à même de répondre à la question a. en réemployant les acquis sur l'heure.

L'écoute devra être précédée de la lecture / explication des consignes et des phrases à cocher puis à compléter situées dans le tableau du cahier d'activités pages 49 et 50. Ce tableau complété constituera un bon support à une prise de parole en continu pour résumer les programmes des deux garçons. L'élève sera ensuite invité à s'en affranchir et à mémoriser les activités de la première colonne en ne se référant qu'à la seconde colonne (en cachant la première) et inversement.

Corrigés du cahier d'activités (pp. 49-50)

a. Es ist Viertel nach 9.
b. Morgen ist der erste Dezember.
c.

Wer macht was?	Wann?
Stefan hat Schule.	um acht Uhr.
Stefan hat Französisch, Mathe, Deutsch und Englisch.	
Stefan hat Tischtennis-AG.	von zwei bis vier.
Nadir trifft sich mit der Klasse am Bahnhof.	um Viertel nach neun.
Nadir fährt mit der Klasse nach Köln.	
Nadir hat Fußballtraining.	um vier.
Stefan und Nadir treffen sich.	um sechs.

d. Um 8 Uhr hat Stefan Schule.
Von 2 bis 4 Uhr hat er Tischtennis-AG.
Um Viertel nach 9 trifft sich Nadir mit der Klasse am Bahnhof.

Prolongement

Un prolongement de l'activité en expression orale dialoguée est alors possible : on demande à une partie de la classe de préparer des questions et de jouer le rôle de la mère de Stefan qui s'informe auprès de la mère de Nadir (rôle endossé par l'autre partie de la classe) pour connaître les emplois du temps des deux garçons : *Was macht Nadir morgen? Hat er Schule? Warum nicht? Was machen Nadir und Stefan am Nachmittag?* … Cette tâche peut être faite en deux grands groupes ou bien en binômes.

Sprechtraining

(manuel p. 60, cahier d'activités p. 50)

■ [ʊ] ou [uː]

Script du Sprechtraining
(CD Classe 1 piste 33)
Schule – Uhr – Gruppe – kurz – gut – rufen – kaputt – Buch – Lust

Corrigés du Sprechtraining (cahier d'activités p. 50)

	Schule	Uhr	Gruppe	kurz	gut	rufen	kaputt	Buch	Lust
[ʊ]			×	×			×		×
[uː]	×	×			×	×		×	

3 Bei Fischers (p. 61)

Activités langagières
– Parler en continu
– Écouter

Objectifs linguistiques
a. Fait de langue : réemploi et compréhension / repérage des indications temporelles (heures et compléments circonstanciels de temps)
b. Lexique : quelques activités de loisirs

Script
(CD Classe 1 piste 34)

Anruf Nr. 1
Hallo Jens, ich bin's, der Leo, ich habe zwei Karten zum Handballfinale, am Mittwoch um 19 Uhr 30. Hast du Zeit?

Anruf Nr. 2
Guten Tag, hier ist Tina. Ich wollte Julia sprechen. Kann sie am Donnerstag schon um 16 Uhr bei mir sein? Wir wollen mit Max und Lea Videospiele spielen. Auf Wiederhören.

Anruf Nr. 3
Hallo Sabine, hier ist Katja. Hast du Lust, mit mir Kaffee zu trinken? Sagen wir mal... öh... morgen... Dienstag, Viertel nach 1, bei mir zu Hause. Sag mir, ob du kannst. Tschüs.

Mise en œuvre en classe

Ici encore, il est essentiel pour l'élève de bien s'approprier le document situé dans le manuel page 61, comme l'y engage la première question de la consigne. Si le professeur dispose d'un vidéoprojecteur, le document pourra être découvert de façon progressive et ciblée, il n'en paraîtra que plus clair. (*Es ist der Kalender von Familie Fischer. Jens ist am Dienstagvormittag im Büro und am Nachmittag zu Hause. Seine Frau, Sabine, hat um Viertel vor 4 einen Termin beim Arzt. Die Tochter, Julia, hat um Viertel nach 2 Tennis-AG...*)
Après cette première étape d'expression orale en continu, l'élève peut à présent écouter les messages téléphoniques laissés sur le répondeur et renseigner la grille dans le cahier d'activités page 50.
La tâche se conclut par l'énoncé de la possibilité, ou de l'impossibilité, pour chacun des membres de la famille de répondre aux demandes ou propositions faites sur répondeur. Cette dernière étape n'est pas véritablement l'occasion d'un enrichissement de l'expression de la possibilité, mais bien plutôt l'étape conclusive sans laquelle cette activité ne serait pas véritablement une tâche.

Énoncés attendus
Ja, es ist möglich, Jens kann zum Handballfinale gehen.
Nein, es ist nicht möglich, Julia kann nicht um 16 Uhr bei Tina sein: Sie spielt Gitarre.
Ja, es ist möglich, Sabine kann mit Katja Kaffee trinken.

Corrigés du cahier d'activités (p. 50)

	Wer ruft an?	Mit wem möchte er / sie sprechen?	Was möchte er / sie?	Wann?
Anruf 1	Leo	mit Jens	(mit Jens) zum Handball-finale gehen	am Mittwoch um 19 Uhr 30.
Anruf 2	Tina	mit Julia	mit Max, Lea und Julia Videospiele spielen	am Donnerstag um 16 Uhr.
Anruf 3	Katja	mit Sabine	(mit Sabine) Kaffe trinken	am Dienstag um Viertel nach 1.

Zwischenstation

(manuel p. 61)

Activité langagière
Parler en continu

Objectifs
Réemploi des acquis de la *Station* tant sur le plan lexical que sur le plan syntaxique et grammatical (construction de phrases déclaratives simples).

L'activité d'expression de la *Zwischenstation* est proposée en continu, car l'élève a été entraîné à l'enchaînement progressif de quelques énoncés. On peut accepter que chaque élève lise des notes (horaires et activités inscrites sous forme de groupes verbaux à l'infinitif) pour se sentir en confiance.

Énoncés possibles
Ich stehe um halb 8 auf, ich habe um 25 nach 8 Schule. Ich frühstücke um Viertel vor 8. Ich esse zu Mittag zu Hause. Am Mittwochnachmittag habe ich keine Schule. Ich habe Handballtraining um 14 Uhr. Von 17 Uhr bis 18 Uhr spiele ich Flöte im Orchester. Ich mache meine Hausaufgaben am Abend um 19 Uhr.

Station 2
Mein Stundenplan

➲ Manuel pp. 62-63

1 Was hat die 8a für morgen auf? (p. 62)

Activités langagières
– Lire
– Parler en continu

Objectifs linguistiques
a. Fait de langue : le verbe de modalité *müssen*
b. Lexique :
  – l'heure (*halb*)
  – les matières scolaires
  – les devoirs

Objectif culturel
Un emploi du temps scolaire allemand

Les acquisitions visées dans cette *Station* sont d'ordre plus lexical que grammatical. Il s'agit ici de fournir aux élèves les moyens de dire l'heure (en introduisant *halb*), de nommer les matières scolaires et d'exprimer assez simplement les consignes pour les devoirs à faire à la maison. À cette occasion, le verbe *müssen* sera utilisé et, donc, étudié dans cette *Station*.
L'objectif culturel est ici non négligeable puisqu'il tourne autour de l'emploi du temps allemand et par conséquent de la fameuse *Halbtagsschule*. On s'attachera toutefois à donner de l'école allemande et de l'étendue des *Halbtagsschulen* une image nuancée en ayant soin de préciser qu'il existe aussi des *Ganztagsschulen* et qu'elles deviennent aussi nombreuses que les *Halbtagsschulen*.

Mise en œuvre en classe

Le « chat » situé en page de gauche de cette *Station*, et proposé bien évidemment en compréhension de l'écrit, est reproduit dans le cahier d'activités page 52 et accompagné d'un dispositif d'aide à la lecture. Le professeur équipé d'un vidéoprojecteur pourra montrer le « chat » sur ce support. On pourra alors ne projeter que l'intervention première de Fanny afin de concentrer l'attention sur le problème qui trouvera sa résolution dans la suite du document. La consigne a. du manuel et les consignes a.1 et 2 du cahier d'activités s'attachent à bien faire comprendre le besoin de Fanny et la nécessité urgente d'une solution. Dans le cahier d'activités, le QCM a été pensé pour accompagner et mettre en confiance les élèves les moins autonomes dans la lecture d'un texte écrit. Dans le a.1, il s'agit en effet de relever l'horaire (l'expression du quart d'heure ayant déjà été étudiée, l'élève pourra déduire que *halb* concerne la demi-heure). La répétition du mot *Hausaufgabenheft* dans un des items à cocher (a.2. dans le cahier d'activités) est une aide essentielle qui mettra les élèves à coup sûr sur la voie. Enfin, en ce qui concerne la troisième partie du QCM (a.3), l'élève doit passer en revue les matières citées, ce qui ne constitue pas une difficulté insurmontable ! Autant dire que ce repérage s'adresse en tout premier lieu à des élèves peu sûrs d'eux que l'on veut toutefois gagner à la cause de la lecture de textes relativement longs pour ce niveau ou bien à de jeunes élèves de 6ᵉ ou 5ᵉ. Si l'on a des élèves plus autonomes ou bien, au sein de la classe, un groupe plus demandeur de défis, on ne s'en tiendra qu'aux consignes du manuel pour une approche différenciée de ce « chat ». Une mise en commun peut ensuite aisément être faite puisque les élèves ont à répondre aux mêmes questions, les uns étant, grâce au cahier d'activités, plus aidés dans la recherche d'informations et dans la formulation des réponses.

<u>Énoncés attendus</u>
Fanny hat ein Problem: sie findet ihr Hausaufgabenheft nicht. Sie kann ihre Hausaufgaben nicht machen. Die Klasse 8a hat morgen Geschichte. Die Schüler müssen einen Text lesen. Die Schüler der 8a haben auch Englisch und müssen eine Internet-Recherche machen. Marion gibt eine neue Information: Herr Berger, der Chemielehrer, ist morgen nicht da. Das findet Fanny toll.

<u>Corrigés du cahier d'activités</u> (p. 52)

a. 1. Es ist 20.30 Uhr.
2. Sie sucht ihr Hausaufgabenheft.
3. Geschichte und Englisch.
b.

Fächer	Hausaufgaben
Geschichte	Im Buch (S. 32) den Text 2b über die „Russische Revolution" lesen (Kapitel 2)
Englisch	Eine Internet-Recherche über *„Australia today"* machen

c. Die Schüler der 8a haben morgen keine Chemie.

Sprechtraining

(manuel p. 62, cahier d'activités p. 53)

■ L'accent de mot (2)

Script du Sprechtraining
(CD Classe 1 piste 35)
Französisch – Erdkunde – Biologie – Informatik – Physik – Unterricht – Geschichte – Bio – Mathematik – Mathe

Corrigés du Sprechtraining (cahier d'activités p. 53)

Fran**zö**sisch	**Erd**kunde	Biolo**gie**	Infor**ma**tik	Phy**sik**
Unterricht	Ge**schich**te	**Bi**o	Mathema**tik**	**Ma**the

2 Christines Stundenplan (p. 63)

Activité langagière
Parler en continu

Objectif linguistique
Transfert à l'expression du lexique des matières, des heures

Objectif culturel
Découverte d'un emploi du temps allemand et de ses spécificités

Mise en œuvre en classe

Le professeur doit s'assurer que l'expression de l'heure est assez maîtrisée en posant des questions du type : *Wann fängt die zweite Stunde an? Wann ist sie aus?* Ainsi seront également introduits les adjectifs numéraux ordinaux qui font l'objet d'un récapitulatif dans la rubrique *Vokabeln* de l'activité 3, page 63. Les verbes nouveaux nécessaires à l'expression sont situés dans la rubrique *Vokabeln* de l'activité 2. On fera porter l'attention des élèves sur la présence de deux récréations et on insistera sur le fait que Christine ne mange pas à l'école mais chez elle.

La partie comparative, au cours de laquelle les élèves formulent des remarques portant sur des différences entre leur emploi du temps et celui qui leur est présenté, est située dans le cahier d'activités page 53 sous forme de tableau à compléter.

Énoncés attendus

a. Am Montag in der ersten Stunde hat Christine Englisch. Dann hat sie Erdkunde. In der dritten Stunde...

b. Sie hat Mathe am Montag, am Mittwoch in der dritten Stunde und am Freitag in der fünften Stunde.
Die Handball-AG fängt um 20 nach 12 an.

Corrigés du cahier d'activités (p. 53)

c. Proposition de corrigés

Christines Stundenplan	Dein Stundenplan
Christines Schultag fängt um Viertel vor acht an. Sie hat zwei Pausen am Vormittag: – eine kleine Pause um zwanzig nach neun. – eine große Pause um fünf nach elf. Ihr Schultag ist um Viertel nach zwölf aus. Dann hat sie Aktivitäten. Am Freitag hat sie Handball-AG. Sie hat fünf Unterrichtsstunden am Tag. Sie hat einen Religionsunterricht. Sie hat am Mittwoch Schule.	Mein Schultag fängt um halb neun an. Ich habe am Vormittag und am Nachmittag Schule. Mein Schultag ist um 17 Uhr aus. Ich habe 3 Pausen: – eine kleine Pause um 10.25 Uhr – eine große Pause um halb zwölf oder um halb eins – eine kleine Pause um 15 Uhr Ich habe Aktivitäten am Mittwochnachmittag. Ich habe keinen Religionsunterricht in der Schule. Ich habe 6 bis 7 Unterrichtsstunden am Tag, am Mittwoch habe ich nur 3.

Prolongements

• **1** En reprise, on pourra laisser aux élèves, répartis en deux groupes, quelques secondes pour mémoriser le maximum d'informations sur l'emploi du temps de Christine, puis leur demander de se poser des questions du type *Was hat Christine am Montag in der zweiten Stunde? / Wann hat sie Englisch? / Wie viele Stunden Mathe hat sie?...*

• **2** La puissance 3 des heures

À la *Station* 3 du chapitre 1 (livre du professeur p. 28), nous avions suggéré un jeu, pour faire manipuler la conjugaison des verbes au présent de l'indicatif, celui de la puissance 3 de la conjugaison. Nous pourrions ici procéder de façon similaire afin de faire mémoriser durablement les heures. Il pourrait s'agir d'indiquer au départ trois horaires correctement. Puis, à la seconde manche, le nombre d'horaires serait fixé à quatre (puissance 4) avant d'atteindre au moment de la belle le nombre de cinq (puissance 5).

Exemple de grille :

14.30	4.50	22.15	3.45	4.05	20.55
21.50	8.30	20.55	4.35	1.55	6.10
3.10	9.40	12.00	2.15	14.05	15.00
23.15	21.15	7.10	6.35	5.05	10.30
8.25	11.50	8.10	16.50	17.00	13.55
13.45	12.30	15.00	7.15	6.40	18.45

3 Hausaufgaben (p. 63)

Activités langagières
– Lire
– Parler avec quelqu'un

Objectifs linguistiques
a. Fait de langue : réemploi de *müssen*
b. Lexique :
– réutilisation de l'expression des consignes
– expression de la date

Mise en œuvre en classe

Cette activité est de type lacunaire (*Wechselspiel*). Elle peut être pratiquée en deux grands groupes qui restent face à face et se posent des questions. Le professeur joue le rôle de régulateur de la prise de parole et invite les élèves à corriger les énoncés éventuellement erronés. Cette activité peut être également mise en place en binômes, avec des élèves plus autonomes.

Énoncés attendus
– Gruppe 2: Was müssen wir für Montag in Mathematik machen? / Was haben wir für Montag in Mathe auf?
– Gruppe 1: Wir müssen die Übung 2 Seite 54 machen.
...

Zwischenstation

(manuel p. 63)

Activité langagière
Parler en continu

Mise en œuvre en classe

Il serait fastidieux de faire énumérer un emploi du temps matière par matière. On indiquera donc aux élèves qu'ils doivent évoquer les points forts de leur emploi du temps idéal et être synthétiques.

Énoncés possibles
Ich habe acht Stunden Sport. Ich habe am Montag um halb neun Musik. Am Freitag in der ersten und in der zweiten Stunde habe ich mein Lieblingsfach: Geschichte. Ich habe zwei Pausen am Vormittag. Am Nachmittag habe ich keinen Unterricht. Ich habe Aktivitäten: Am Montag und am Donnerstag spiele ich Tennis, und am Dienstag spiele ich in dem Schulorchester Gitarre. Ich muss meine Hausaufgaben nicht machen!

Station 3
Meine Schule

➲ Manuel pp. 64-65

1 Tag der offenen Tür (p. 64)

Activités langagières
– Écouter
– Parler en continu

Objectifs linguistiques
a. Faits de langue :
– le locatif
– l'impératif
b. Lexique : les lieux d'un établissement scolaire

Objectif culturel
L'environnement scolaire

Script
(CD Élève piste 12, CD Classe 1 piste 36, manuel p. 72)
Maja (14) zeigt Lorenz (10) die Schule.
Maja: Also hier ist die Cafeteria. In der Cafeteria gibt's Brötchen, Kuchen und Getränke. Sie ist bis 15 Uhr geöffnet. Hier kannst du auch Mittag essen. Komm, wir gehen weiter!
Lorenz: Und was ist da drüben?
Maja: Da ist das Sekretariat und das Lehrerzimmer. Dann kommt links die Bibliothek und rechts der Jugendraum. Er ist nachmittags geöffnet. Sieh mal hier!

Lorenz: Ey, super! Billard, Tischfußball und eine Tischtennisplatte! Aber gibt's hier keine Computer?
Maja: Die sind in der Bibliothek.
Lorenz: Und wo sind die Klassenräume?
Maja: Im ersten und im zweiten Stock. Schalte bitte dein Handy aus! Bring es nicht mit in die Schule! Handys sind verboten.
Lorenz: Auch auf dem Pausenhof?
Maja: Auch auf dem Pausenhof.

Mise en œuvre en classe

Les élèves découvrent ici les lieux principaux d'un établissement scolaire à l'occasion d'une journée portes ouvertes consacrée à l'accueil des nouveaux élèves.

• **1** Avant d'écouter le dialogue, il convient d'expliciter le contexte. On demandera aux élèves d'indiquer le lieu où les photos ont été prises. Ils pourront également décrire les salles représentées et réagir en indiquant notamment si leur école dispose du même équipement et en exprimant des souhaits (*Wir haben hier keinen Jugendraum, ich möchte gern in der Pause Kicker spielen...*). On listera avec les élèves les autres lieux de l'établissement en se référant à la rubrique *Vokabeln* ou au plan page 65. Puis on s'assurera que les élèves ont compris ce que signifie le titre (*Tag der offenen Tür*).

• **2** Durant l'écoute, les élèves devront repérer les salles que Maja montre à Lorenz.
Il conviendra de faire la distinction entre les salles qu'elle montre effectivement et celles qui sont simplement évoquées. Pour simplifier la tâche, on pourra demander aux élèves, lors d'une première écoute, de repérer uniquement le nom des salles mentionnées dans le dialogue. Ils pourront éventuellement se servir du plan reproduit dans le cahier d'activités page 55. Une seconde écoute portera sur la discrimination. Lors de la restitution, il sera opportun d'introduire les connecteurs chronologiques *zuerst* et *dann*.
Nous proposons également dans le cahier d'activités de compléter les informations relatives à chaque lieu et de repérer un point du règlement intérieur.

• **3** À l'issue de cette activité de compréhension, on pourra demander aux élèves de relever dans le *Skript* page 72 les compléments circonstanciels de lieu (locatif), puis les deux injonctions qui leur permettront de déduire la formation de l'impératif à la deuxième personne du singulier. Ces deux faits de langue font l'objet d'un post-it dans la rubrique *Sprache aktiv* page 67.

Corrigés du cahier d'activités (p. 55)

b. 1.
1. Cafeteria
2. Sekretariat
3. Lehrerzimmer
4. Bibliothek
5. Jugendraum

2.
Zuerst zeigt sie die Cafeteria, dann zeigt sie das Sekretariat, das Lehrerzimmer und die Bibliothek. Sie zeigt auch den Jugendraum.
3. In der Cafeteria gibt es: **Brötchen, Kuchen und Getränke**.
Sie ist bis **15 Uhr** geöffnet.
Im Jugendraum kannst du **Billard, Tischfußball und Tischtennis spielen**.
Die Computer sind **in der Bibliothek**.
Die Klassenräume sind **im ersten und im zweiten Stock**.
c. In der Schule sind Handys verboten.

Sprechtraining

(manuel p. 64, cahier d'activités p. 56)

■ **[ç] ou [x]**

Script du Sprechtraining
(CD Classe 1 piste 37)
acht – Brötchen – Nachmittag – auch – rechts – Chemie – Lieblingsfach – sechzehn – nicht – Buch

Corrigés du Sprechtraining (cahier d'activités p. 56)

	[ç]	[x]
acht		×
Brötchen	×	
Nachmittag		×
auch		×
rechts	×	
Chemie	×	
Lieblingsfach		×
sechzehn	×	
nicht	×	
Buch		×

2 Mein Schulplan (p. 65)

Activités langagières
– Écouter
– Parler en continu

Objectifs linguistiques
a. Fait de langue : le locatif
b. Lexique : les lieux d'un établissement scolaire

Script
(CD Classe 1 piste 38)

1.
Lehrer: Heute wollen wir experimentieren. Was passiert, wenn man ein kleines Stück Natrium ins Wasser legt?
Schüler: Hey, kann das nicht explodieren?

2.
Schüler A: Ich habe so einen Hunger!
Schüler B: Ich auch, gib mir bitte ein Tablett!
Verkäuferin: Guten Tag, was möchtest du?
Schüler A: Ich nehme ein Brötchen mit Salami.

3.
Lehrer: Moment, ich gebe euch noch schnell die Hausaufgaben!
Schüler: Oh nein, Herr Voigt!
Lehrer: Also, am Mittwoch schreibt ihr eine Klassenarbeit über die Relativitätstheorie.
Schüler: Mit der Gravitation und so?

4.
Lehrerin: So Leute, nehmt die Flöten heraus, wir wollen das Stück von Johann Sebastian Bach spielen. Jan, kommst du bitte ans Klavier?
Schüler: Entschuldigung Frau Madaus, ich habe meine Noten vergessen!

5.
Lehrerin: Na, Tobias, wo sind denn deine Sportsachen?
Schüler: Tut mir leid, ich habe sie vergessen.
Lehrerin: Toll! Dann kannst du nicht mitspielen!

6.
Schülerin: So, und jetzt klicke auf „Speichern" … Das war's!
Schüler: Ich danke dir. Übrigens, kannst du mir noch schnell zeigen, wie ich das Podcast von *Logo!* abonnieren kann?

7.
Schüler: Hallo Frau Amin, ich muss in Erdkunde ein Referat über Ägypten machen. Wo finde ich bitte einen Atlas?
Frau: Schau mal, hier in der dritten Reihe links!
Schüler: Danke sehr.

8.
Schülerin: Guten Abend, meine Damen und Herren. Die Theater-AG präsentiert Ihnen heute „Laura und Lotte", eine Komödie in drei Akten von Peter Schaffer.

9.
Lehrer: Guten Morgen liebe Kollegen!
Lehrerin: Morgen Herbert. Sag mal, hast du heute die Klasse 8a?
Lehrer: Ja, warum?
Lehrerin: Kannst du ihnen dieses Informationsblatt geben?
Lehrer: Klar, mach' ich!

10.
Lehrer: Habt ihr die Fotos für unsere Collage?
Schüler: Ja, hier.
Lehrer: Gut, also jetzt bildet ihr vier Gruppen, und ihr bereitet die Plakate für die Austellung vor. Die Vernissage ist schon am Samstag, also zack, zack!

Mise en œuvre en classe

L'objectif étant ici de manipuler le locatif, on s'assurera avant de commencer que les élèves ont mémorisé le genre de chaque lieu représenté sur le plan. Il n'est pas nécessaire de comprendre les enregistrements dans le détail, les élèves devront être attentifs aux bruits de fond et aux mots transparents pour retrouver où se déroule chaque scène.
Si on utilise le manuel vidéoprojetable, on peut, au préalable, surligner d'une couleur différente le nom des lieux selon leur genre pour faciliter la mise en œuvre.

Énoncés attendus
Szene 1 spielt im Chemieraum. Szene 2 spielt in der Cafeteria. Szene 3 spielt im Physikraum. Szene 4 spielt im Musikraum. Szene 5 spielt in der Sporthalle. Szene 6 spielt im Computerraum. Szene 7 spielt in der Bibliothek. Szene 8 spielt in der Aula. Szene 9 spielt im Lehrerzimmer. Szene 10 spielt im Kunstraum.

3 Im Klassenzimmer (p. 65)

Activité langagière
Parler en continu

Objectifs linguistiques
a. Faits de langue :
– l'impératif
– les verbes à préverbe séparable
b. Lexique : les lieux d'un établissement scolaire

Objectifs culturels
– Les relations entre professeur et élèves
– Les cours en Allemagne

Mise en œuvre en classe

Dans cette activité prévue pour manipuler l'impératif singulier, les élèves vont devoir formuler des injonctions. On pourra toutefois commencer par leur faire décrire l'illustration et lister les différents comportements répréhensibles. On pourra à cette occasion introduire des expressions permettant de situer des éléments, des personnes dans la classe. Les adverbes spatiaux *links* et *rechts* ont été entendus dans le dialogue et apparaissent dans la rubrique *Vokabeln* de la page 64. Les nombres ordinaux ont été abordés dans la *Station* précédente et pourront être réactivés ici pour indiquer à quel rang les élèves sont (ex. : *In der ersten Reihe links hört ein Mädchen Musik...*). Si l'on dispose de la version vidéoprojetable du manuel, on pourra au fur et à mesure numéroter les anomalies sur l'illustration à l'aide de la fonction « texte » dans la trousse. Puis l'on demandera aux élèves de jouer le rôle de l'enseignant et de donner des ordres à l'aide des groupes verbaux proposés à l'infinitif dans la rubrique *Vokabeln*. Nous avons choisi de mettre les préverbes séparables en italique. Si cela ne suffit pas, la fonction « surligneur » dans la trousse du manuel vidéoprojetable peut permettre de mettre davantage en valeur la base verbale. Lors de la formulation d'ordres, on pourra se servir de la flèche dans la trousse ou de la fonction « spot » pour désigner l'élève à qui l'on doit s'adresser.
Les élèves français sont souvent surpris, dans le cadre d'un échange, de l'ambiance plus décontractée qui règne dans une classe allemande. La situation représentée ici est certes exagérée et l'on veillera à ne pas généraliser pour ne pas aboutir à la formation de stéréotypes, mais elle devrait être l'occasion de donner aux élèves quelques informations sur le déroulement d'un cours en Allemagne et sur la relation entre le professeur et ses élèves.

Énoncés attendus
Pass auf! / Schalte dein Handy aus! / Nimm die Kappe ab! / Gib den MP3-Player her! / Iss nicht! / Trink nicht! / Sei still!

Prolongements

• **1** À l'issue de l'activité, on pourra faire le point sur les consignes de classe déjà rencontrées et proposer une compréhension de l'oral ou de l'écrit avec des illustrations à numéroter. On pourra également se référer au bilan lexical des pages 10 et 11 du manuel.
• **2** Une scène d'une minute, au début du film *Im Juli* de Fatih Akin, se déroule dans une classe, une heure avant les vacances d'été, dans un climat très décontracté. Elle pourra être exploitée dans le cadre d'une évaluation formative. Il conviendra de faire visionner l'extrait une première fois dans son intégralité. Lors d'un second visionnage, on ménagera des arrêts sur image afin de cibler un élève et faire retrouver l'injonction correspondante.
• **3** L'activité proposée dans le cahier d'activités (exercice 3 p. 57), consistant à rédiger des gages pour réaliser une cocotte en papier, pourra être mise en œuvre dans la classe. Nous avons fourni quelques groupes verbaux courants, mais il sera encore plus motivant pour les élèves de proposer leurs propres gages. En outre, pour dynamiser encore l'activité, on pourra constituer deux équipes et mettre en place un système de points. On attribuera par exemple 1 point à celui qui a formulé correctement le gage et 1 point si le gage est effectué. Pour limiter l'usage du français dans les échanges, celui qui intervient en français pourrait faire perdre un point à son équipe...
Autres exemples de gages :
– Mach 10 Liegestütze / Kniebeugen!
– Hüpfe eine Minute lang auf einem Fuß!
– Tanz *Hip Hop*!
...

Zwischenstation

(manuel p. 65, cahier d'activités p. 56)

Activité langagière
Écrire

Objectifs linguistiques
a. Faits de langue : cette tâche intermédiaire permet de réactiver les deux faits de langue majeurs de la double page (le locatif et l'impératif à la 2e personne du singulier) et amènera l'élève à manipuler des verbes à préverbe séparable.
b. Lexique : les lieux d'un établissement scolaire

Mise en œuvre en classe

On commencera par constituer au moins trois groupes qui se verront attribuer un lieu dans l'établissement pour lequel ils devront rédiger un règlement. À ce stade de l'apprentissage, il est évident que les élèves ne disposeront pas de tout le lexique nécessaire, et ils seront donc amenés à demander du vocabulaire qu'on n'hésitera pas à leur donner sous forme de groupes verbaux à l'infinitif. Néanmoins, nous proposons dans le cahier d'activités page 56 une activité préliminaire, consistant à attribuer des actions à des lieux, qui fournira une aide non négligeable. Notons toutefois que les groupes verbaux sélectionnés ne feront pas tous l'objet d'une mémorisation à ce niveau.

Chaque groupe devrait à présent être en mesure de rédiger son règlement. En titre, les élèves indiqueront le lieu sous forme de groupe prépositionnel au locatif, puis ils formuleront cinq règles à l'impératif singulier. Ils pourront présenter leur travail sur une feuille A4 destinée à être accrochée à l'entrée du lieu. Ils seront libres de le rédiger sur un document *Word* (ou *OpenOffice*, cf. tutoriel page 175) et de l'illustrer par des photos ou dessins.

Corrigés du cahier d'activités (p. 56)

	Cafeteria	Bibliothek	Computerraum
dein Tablett *zurück*bringen	×		
ruhig sein / leise sprechen		×	×
nichts kaputt machen	×	×	×
deine Mitschüler respektieren	×	×	×
die Bücher pünktlich *zurück*geben		×	
dein Handy *aus*schalten	×	×	×
den Tisch sauber machen	×		
nichts auf den Boden werfen	×	×	×
nicht essen / trinken		×	×
nur eine Serviette nehmen	×		
nicht mit dem Essen spielen	×		
nicht mit MSN chatten			×
konzentriert sein		×	×
deine Jacke *aus*ziehen		×	×
keine unerlaubten Downloads machen			×
deine Tasche am Eingang *ab*stellen		×	
Programme ordnungsgemäß beenden			×

Sprache aktiv

➲ Manuel pp. 66-67

Sprache aktiv Station 1

Corrigés du manuel (p. 66)

1

Propositions de corrigés

a. Am Montag um 10 Uhr hat Bastian Mathe.
b. Morgen schläft Isabel bei Yeliz.
c. Um 10 nach 7 steht Niklas auf.
d. Am Donnerstagnachmittag mache ich Judo.
e. Am 3. Oktober haben wir keine Schule.

2

a. Ich rufe gern Freunde an.
b. Ich stehe nicht gern um 7 Uhr auf.
c. Ich fange nicht gern um 8 Uhr in der Schule an.
d. Am Abend sehe ich gern fern.

Corrigés du cahier d'activités (p. 51)

Exercice 1

Um 20 nach 7 frühstückt Nadir mit seinem Freund Stefan.
Um Viertel vor 8 fährt Stefan mit dem Fahrrad zur Schule.
Am Vormittag hat Nadir keine Schule, er fährt mit der Klasse nach Köln.
Am Nachmittag hat er Fußballtraining.
Um 6 Uhr treffen sich beide Freunde bei Stefan.
Am Abend macht Nadir seine Hausaufgaben.

Exercice 2

Ordre des vignettes : 4 – 2 – 3 – 1
Vignette 1 : Die Mutter schläft tief.
Vignette 2 : Sie hört Geräusche. Sie macht die Lampe an und steht auf.
Vignette 3 : Sie geht aus dem Zimmer. Sie geht nach unten.
Vignette 4 : Sie macht die Wohnzimmertür auf. Ihre Kinder sehen fern und essen Bonbons.

Variante

Pour rendre cette dernière activité plus motivante, l'enseignant pourrait commencer en précisant que les quatre vignettes illustrent les principales étapes d'un spot publicitaire en préparation. Il inviterait d'abord les élèves à imaginer pour quel produit cette publicité serait conçue (*Bonbons*, *Taschenlampe*...). Puis, une fois la cible de la publicité déterminée, il les inciterait à rédiger le scénario correspondant tout en se servant des groupes verbaux mis à leur disposition. Il pourrait clore l'activité en demandant aux élèves de formuler un slogan qui apparaîtrait à la fin de cette publicité et dévoilerait l'objet de cette dernière.

Sprache aktiv Station 2

Corrigés du manuel (p. 66)

3

a. Um 16 Uhr müssen Lea und Verena zu Hause sein / Lea und Verena müssen um 16 Uhr zu Hause sein.
b. Ich muss meine kleine Schwester von der Schule abholen.
c. Heute Abend um halb 9 müssen wir am Bahnhof sein.
d. Du musst dein Fahrrad reparieren.
e. Bastian muss auch am Nachmittag zur Schule gehen.
f. Für morgen müsst ihr die Lektion lernen.

4

Propositions de corrigés

a. Bettina: Tut mir leid, ich kann nicht, ich muss zu Hause bleiben.
b. Sonja: Ich glaube, morgen kann er nicht, er muss für den Deutschtest lernen.
c. Tobias und Paul: Ja gern, aber nicht jetzt, wir müssen in der Bibliothek eine Recherche für den Englischunterricht machen.

Corrigés du cahier d'activités (p. 54)

Exercice 1

a. Am Dienstag **muss** Sanja ihre Hausaufgaben sofort nach der Schule machen. Sie hat dann Handball-AG und **muss** um 15 Uhr in der Sporthalle sein.
b. Moni hat ein Problem, wir **müssen** ihr helfen.
c. Meine Eltern sind nicht da, ich **muss** mit meinem kleinen Bruder zu Hause bleiben.
d. Du fängst morgen um Viertel vor 8 an. Du **musst** jetzt ins Bett gehen.

Exercice 2

a. Daniel hat Geburtstag.
b. Daniels Freunde müssen sich in der Ernst-Reuter-Schule treffen (im kleinen Saal im ersten Stock).
c. Ben muss um Viertel vor sieben da sein.
d. Laura und Luisa müssen Getränke (Cola, Limo, Orangensaft) und Kuchen mitbringen.

Sprache aktiv Station 3

Corrigés du manuel (p. 67)

5

Wir treffen uns...
a. **im** Museum.
b. **in der** Disco.
c. **im** Park.
d. **im** Kino.
e. **im** Jugendzentrum.
f. **in der** Schule.
g. **im** Internetcafé.
h. **im** Fußballclub.
i. **in der** Pizzeria.
j. **im** Theater.

6

a. **In der Bibliothek** kann man Bücher lesen.
b. **Im Chemieraum** kann man Experimente machen.
c. **Im Lehrerzimmer** gibt es keine Schüler.
d. **In der Aula** organisieren die Schüler zum Beispiel Konzerte.
e. **Im Jugendraum** kann man Billard spielen.

7

a. Schlag dein Buch auf!
b. Lies den Text vor!
c. Schreib die Vokabeln in dein Heft!
d. Steh auf!
e. Sprich lauter!
f. Komm an die Tafel!
g. Hilf deinem Mitschüler!
h. Hör zu!
i. Kleb das Blatt in dein Heft!

Corrigés du cahier d'activités (p. 57)

Exercice 1

a. im Chemieraum
b. in der Sporthalle
c. im Kunstraum
d. im Computerraum
e. in der Cafeteria
f. im Jugendraum

Exercice 2

a. Spiel nicht am Computer.
b. Mach deine Hausaufgaben.

Exercice 3
a. Nenne fünf deutsche Städte!
b. Zeichne eine Giraffe!
c. Sing ein Lied!
d. Steh auf!
e. Mime etwas!
f. Zähl bis 20!
g. Mach eine Grimasse!
h. Gib jemandem einen Kuss!

Vokabeln aktiv (p. 67)

Pour information, le logiciel libre et gratuit *FreeMind* permet de réaliser très simplement des cartes heuristiques (ou *Mind Map*), diagrammes représentant les connexions sémantiques entre différentes idées.
http://www.framasoft.net/article2894.html

Corrigés du cahier d'activités (p. 58)
Exercice 1
2.30 – 6.15 – 4.30 – 10.50 – 9.45

Exercice 2
Es ist fünf.
Es ist zehn vor neun.
Es ist Viertel nach zwölf.
Es ist Viertel vor drei.

Exercice 3
1. anschauen
2. mitkommen
3. anrufen
4. mitmachen
5. anmachen

Endstation
Schulen in Deutschland

➜ Manuel pp. 68-69

Dans cette *Endstation*, les témoignages d'élèves fréquentant différents types d'école devraient donner à nos élèves un aperçu de la variété du système scolaire allemand. Néanmoins, si les quatre types d'école sont représentés dans toute l'Allemagne, il conviendra de ne pas généraliser et de préciser qu'il existe également des spécificités régionales.

Finalement, cette présentation offrira un modèle qui s'avèrera utile pour réaliser la tâche finale consistant à présenter son collège à la classe partenaire.

Script
(CD Classe 1 piste 39)

1. Hauptschule
Hallo, ich heiße Katja. Ich gehe in die Hauptschule und bin in der 8. Klasse. Ich habe von 7.30 Uhr bis 15 Uhr Unterricht. Neben den normalen Fächern wie Mathe, Deutsch oder Englisch gibt es über 50 spezielle Kurse, wie z.B. einen Zirkuskurs. Und ab der 8. Klasse müssen wir ein Praktikum in einem Betrieb machen.

2. Realschule
Ich bin Alexander und besuche die 10. Klasse In meiner Schule bin ich Schülermediator, weil ich Konflikte total doof finde und anderen gerne helfe. Die Schule organisiert zweimal im Jahr eine Klassenfahrt, und dieses Jahr fahren wir nach München. Ich freue mich schon!

3. Gymnasium
Ich bin Karl. Ich bin in der Klasse 7b vom Geschwister-Scholl-Gymnasium. Ich muss sehr früh aufstehen, weil die Schule um 7.45 Uhr anfängt! Sie endet in der Regel um 13 Uhr, aber einmal in der Woche habe ich am Nachmittag Unterricht. Wir haben eine Partnerschule in Lyon, und ich mache jedes Jahr beim Austausch mit!

4. Gesamtschule
Die Bertolt-Brecht-Gesamtschule ist modern, und die Lehrer sind okay. Im Jugendraum können wir Tischtennis und Kicker spielen. Das finde ich Klasse!
Wir haben von 8.15 Uhr bis 15.55 Uhr Schule. Zu Mittag essen wir in der Kantine. Wir organisieren dieses Jahr eine Projektwoche zum Thema "Schule ohne Rassismus".

Mise en œuvre en classe
• **1** Les élèves sont toujours curieux de connaître les correspondances de classes. Ils y auront certes déjà été sensibilisés dans les unités précédentes, mais le chapeau introductif devrait à présent leur permettre de s'en faire une idée plus précise. On pourrait alors leur demander de compléter un schéma simple comme celui représenté à la page suivante :

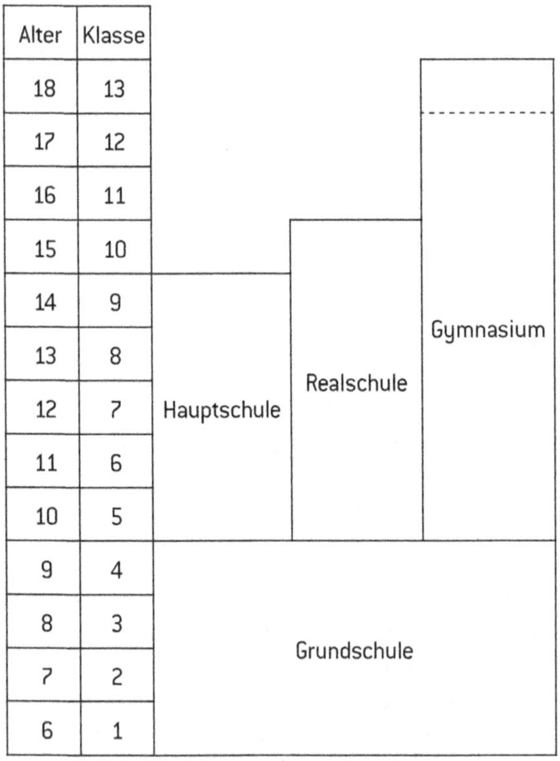

• **2** Si on choisit une approche uniquement par la lecture, on pourra constituer quatre groupes qui devront chercher des informations ciblées sur un(e) élève / une école. Une grille pourra être élaborée en plénière en amenant les élèves à imaginer les informations susceptibles d'apparaître sur le fonctionnement de l'école, mais on pourra également leur en soumettre une sur le modèle suivant, en précisant que toutes les cases ne seront pas nécessairement renseignées :

	Gruppe 1	Gruppe 2	Gruppe 3	Gruppe 4
Vorname				
Klasse				
Schultyp				
Schulname				
Unterrichtszeiten				
Schulfächer				
Schulräume				
Projekte				

À l'issue de cette recherche, chaque groupe présentera les informations relevées au reste de la classe à qui l'on demandera de prendre des notes.

• **3** La rubrique *Alles klar?* pourra être proposée en bilan à réaliser à la maison pour amener les élèves à relire les présentations.

Corrigés du manuel (p. 69)

Alles klar?

1. Katja ist ungefähr 13 Jahre alt, Alexander ist 15 Jahre alt und Karl ist 12.

2. Richtig oder falsch?

a. Falsch: „[Die Schule] endet in der Regel um 13 Uhr, aber einmal in der Woche habe ich am Nachmittag Unterricht.“

b. Richtig: „In meiner Schule bin ich Schülermediator, weil ich Konflikte total doof finde und anderen gerne helfe.“

c. Richtig: „Wir haben eine Partnerschule in Lyon…“

d. Falsch: „Zu Mittag essen wir in der Kantine.“

Unser Projekt

Porträt von unserer Schule (p. 69)

Le travail effectué en amont devrait permettre aux élèves d'élaborer une présentation de leur propre établissement à envoyer à la classe partenaire.

On leur demandera dans un premier temps de se présenter brièvement en indiquant la classe qu'ils fréquentent et le nom de leur collège (sans chercher à les traduire en allemand !). Puis ils rédigeront un court paragraphe contenant des informations sur le fonctionnement de l'établissement (horaires, matières, projets) et prépareront une petite visite virtuelle en prenant des photos de quelques lieux du collège. Pour chacun de ces lieux, ils rédigeront une légende simple et ajouteront éventuellement des commentaires.

Suggestions d'intégration des TICE :

Cette présentation gagnera à coup sûr à être rédigée sur un document *Word* (ou *OpenOffice*, cf. tutoriel page 175), dans lequel l'élève pourra facilement insérer les photos de l'établissement.

Une alternative ou un prolongement de ce travail écrit pourra consister à faire créer un diaporama commenté, réalisé par exemple avec *Movie Maker* (cf. tutoriel page 180). Le texte aura été enregistré au préalable sur *Audacity* (cf. tutoriel p. 178) ou sur un baladeur enregistreur. Dans les deux cas, les productions pourront être publiées sur le blog de la classe ou envoyées par mail en fichier joint à l'école partenaire.

À cette occasion, les compétences du B2i suivantes pourront être validées :
3. 2) Je sais regrouper dans un même document plusieurs éléments (texte, image...).
Selon le mode de communication choisi :
2. 7) Je mets mes compétences informatiques au service d'une production collective.
[Dans le cas d'une mise en ligne sur un blog]
5.3) Je sais envoyer ou publier un message avec un fichier joint.

Jetzt kannst du's!

➔ Manuel pp. 70-71

1 Was machen wir wann? (p. 70)

Activité langagière
Écouter
Objectif
Comprendre une date, un horaire

Script
(CD Classe 1 pistes 40-41)
Dialog 1:
Anna: Gehen wir um 19 Uhr ins Kino?
Alex: Da kann ich nicht. Ich muss heute Abend mit meinem kleinen Bruder zu Hause bleiben.
Anna: Schade, wann hast du frei?
Alex: Morgen, um 18 Uhr.
Anna: Okay, das geht. Dann bis morgen um 18 Uhr.

Dialog 2:
Katharina: Was machst du heute Nachmittag?
Sven: Heute Nachmittag? Nichts Besonderes... meine Hausaufgaben...
Katharina: Toll, dann können wir vielleicht zusammen schwimmen gehen?
Sven: Ach, du weißt doch, ich schwimme nicht so gern.
Katharina: Dann spielen wir Tennis!
Sven: Gute Idee. Wann treffen wir uns?
Katharina: Um Viertel vor 4 bei mir zu Hause.
Sven: Super, bis dann.

Énoncés possibles (cahier d'activités p. 59)
Dialog 1
1. Das Mädchen möchte (mit dem Jungen) ins Kino gehen.
2. Der Junge kann nicht, weil er mit seinem kleinen Bruder zu Hause bleiben muss.
3. Sie gehen morgen um 18 Uhr ins Kino.

Dialog 2
1. Das Mädchen möchte (mit dem Jungen) schwimmen gehen.
2. Der Junge schwimmt nicht gern.
3. Sie spielen Tennis. Sie treffen sich heute Nachmittag um Viertel vor vier.

2 Adrians Tag (p. 70)

Activité langagière
Parler en continu
Objectifs
– Décrire précisément une journée dans la vie d'un élève
– Parler des obligations

Énoncés attendus (cahier d'activités p. 59)
1. Wir haben Mittwoch, den 7. Februar.
2. Bild 1: Es ist Viertel vor sieben.
Bild 2: Es ist Viertel nach sieben.
Bild 3: Es ist halb neun.
Bild 4: Es ist fünf.
3. Adrian steht um Viertel vor sieben auf. Dann frühstückt er. Um halb neun hat er Chemieunterricht. Um fünf Uhr spielt er Federball.

3 Homepage (p. 71)

Activité langagière
Lire
Objectif
Comprendre la présentation d'un établissement

Corrigés du cahier d'activités (p. 60)
1. Erich-Kästner Realschule / Ganztags-schule
2. 7.30 Uhr bis 16.30
3. Ein Computerraum mit Internet-Zugang, drei Lehrräume für Physik und Chemie, zwei Kunst-räume, eine große Cafeteria, eine moderne Sporthalle und eine Bibliothek
4. Ein Fotokurs Schulpartnerschaft mit einer Schule in Dänemark. Schülersprachreisen nach England, Frankreich und Russland.

4 Lauras Schultag (p. 71)

Activité langagière
Écrire
Objectif
Rédiger un texte de présentation d'une élève allemande et de son école

Corrigés du cahier d'activités (p. 60)
1. Laura Müller geht in die Martin-Luther Gesamtschule.
2. Sie besucht die 7. Klasse.
3. Sie hat von 8 Uhr bis 15.30 Uhr Unterricht. Zu Mittag isst sie in der Kantine. Um 16.15 Uhr macht sie bei der AG Singen und Tanzen mit.
4. Ihre Lieblingsfächer sind Sport und Englisch.

KAPITEL 5 Wo ich wohne

Descripteurs du Cadre européen

Écouter
- **A1/A2** Comprendre un itinéraire.
- **A1** Repérer des interdictions.
- **A1** Comprendre des mots familiers et des expressions courantes en relation avec soi-même et son environnement immédiat (avis donné sur une tenue vestimentaire).

Lire
- **A1** Comprendre où se situe quelque chose ou quelqu'un.

Parler en continu
- **A1** Décrire sa chambre et sa maison.
- **A1** Situer quelque chose ou quelqu'un.
- **A1** Donner son avis de manière simple.
- **A1** Expliquer de façon simple pourquoi on aime ou on n'aime pas quelque chose.
- **A1** Dire dans quel magasin on va pour faire des achats.
- **A1** Décrire des lieux familiers.

Parler avec quelqu'un
- **A2** Demander un chemin ou l'indiquer à l'aide d'une carte ou d'un plan.
- **A1** Donner des conseils ou des consignes à quelqu'un sur des sujets quotidiens.

Écrire
- **A1** Justifier très simplement des opinions.
- **A1/A2** Rédiger une note ou un message court pour communiquer une information.

Le titre du chapitre et le document iconographique de la page 73 du manuel permettront aux élèves de cerner immédiatement la thématique de l'unité.
En zoomant d'abord sur les maisons, puis sur les passants, enfin sur les boutiques, le professeur amènera les élèves à retrouver l'ordre des trois *Stationen* du chapitre et mettra en évidence le sens de ce regroupement qui évoque l'environnement familier de l'élève. *Wo ich wohne*, c'est tout d'abord son domicile, puis son quartier ou sa ville, ce qui conduit naturellement à parler ensuite de ce que l'on fait en ville (les sorties et les achats).
Le professeur pourra écrire au tableau les formulations des élèves : « chez moi » (ou « à la maison »), « se promener en ville » et « faire des achats ».

Les élèves ont maintenant l'habitude de construire leurs objectifs d'apprentissage en début de chapitre : le professeur leur demandera de retrouver les outils linguistiques dont ils vont avoir besoin pour agir dans ces trois environnements et dévoilera au fur et à mesure les différents descripteurs de la page d'introduction.
Le thème « chez soi / à la maison » appellera tout naturellement le lexique des pièces de la maison, des meubles et de leur disposition afin d'être en mesure de décrire son lieu d'habitation.
Le thème « se promener en ville » amènera quant à lui l'idée d'itinéraire, de trajet, de bâtiments publics, de panneaux, donc d'interdiction et d'autorisation.
Le dernier volet enfin, « faire des achats », amènera chez nos élèves immanquablement l'idée de « faire du shopping » et évoquera la mode et les goûts vestimentaires.
Cette courte phase d'introduction est nécessaire à plus d'un titre. Il ne s'agit pas d'établir une sorte de programme : il est important que les élèves saisissent le sens de leurs apprentissages, qu'ils en perçoivent la cohérence.

Station 1
Zu Hause

➔ **Manuel pp. 74-75**

1 Wo ist es bloß? (p. 74)

Activités langagières
– Écouter
– Parler en continu

Objectifs linguistiques
a. Fait de langue : le locatif (les marques du datif)
b. Lexique :
- les pièces de la maison
- les meubles
- les verbes de position

Script

(CD Élève piste 13, CD Classe 2 piste 1, manuel p. 86)

Frau Speth: Tag, Thomas!

Thomas: Hallo, Frau Speth! Ist Stefan zu Hause?

Frau Speth: Ja, ja. Komm herein! Stefan, Stefan!

Stefan, wo bist du denn? Er ist sicher in seinem Zimmer und hört Musik.

Thomas: Hallo, Stefan! Hörst du nicht? Was machst du denn?

Stefan: So ein Mist! Ich suche mein Handy.

Thomas: Dein Handy?

Stefan: Ja, es ist ganz neu. Supermodern mit MP3- und Videoplayer. Ich finde es einfach nicht.

Thomas: Liegt es vielleicht in deinem Zimmer auf dem Schreibtisch? Neben dem Computer?

Stefan: Nein, auf dem Schreibtisch ist es nicht. Unter meinem Bett und im Papierkorb ist es auch nicht.

Thomas: Und in der Küche?

Stefan: Och, in der Küche kann es nicht sein! Aber vielleicht im Wohnzimmer! Schau mal, links neben der Tür steht eine Kommode. Liegt es dort auf der Kommode?

Thomas: Moment. Nein, hier ist es nicht. Du! Ich habe eine Idee. Ich rufe dich einfach mit meinem Handy an.

Stefan: Es ist in meinem Zimmer! An der Tür. Da hängt mein Anorak. Na klar, das Handy ist in meinem Anorak! – Und? Wie findest du mein neues Handy?

Thomas: Wow! Super klasse!

La *Station* 1 explore le premier cercle du chapitre *Wo ich wohne* : l'espace privé de la chambre et de la maison. Le lexique des pièces de la maison a déjà été abordé dans le chapitre 3 (manuel page 47). Il est à présent enrichi (rubrique *Vokabeln* page 74) et mis en situation. Le locatif prend ici tout son sens, il est un outil au service de la communication : les pièces de la maison sont l'endroit où se trouve quelque chose, où l'on cherche quelque chose.

De même que le chapitre procède de l'intérieur vers l'extérieur, la *Station* 1 commence dans la sphère la plus intime, celle de la chambre, pour s'ouvrir ensuite sur la maison (ou l'appartement) dans son ensemble.

Mise en œuvre en classe

• **1** Au cours de la phase d'anticipation, les élèves seront invités à formuler des hypothèses à partir de l'illustration : que peut bien chercher Stefan ? Ils auront certainement plaisir à réutiliser des éléments lexicaux vus au cours des chapitres précédents (*Schlüssel, Ball, MP3-Player...*) ainsi que le lexique du matériel scolaire (*Kuli, Buch, Heft...*).

Le professeur partira donc des suppositions des élèves (*Vielleicht sucht er seinen Kuli?*) pour introduire les prépositions spatiales et mettre en place le locatif (*Der Kuli ist auf dem Schreibtisch, unter den Büchern!*). Lors de cette phase, le professeur se contentera de reformuler, sans insister, les groupes nominaux à l'accusatif qui auraient été malmenés par les élèves : il est important de ne pas freiner leur imagination et de ne pas les détourner de l'objectif de la *Station*. Il est en effet essentiel que les élèves soient réellement actifs au cours de cette phase d'anticipation si l'on veut éviter l'écueil de la « leçon de grammaire déguisée ».

Nous avons choisi de délester la charge lexicale que représentent les différents meubles et objets de la chambre en plaçant des vignettes sur le document iconographique. L'objectif de la *Station* est bien d'apprendre à situer des objets dans le cadre de la réalisation d'une tâche (chercher un objet puis donner des indications à quelqu'un pour le guider dans sa recherche) et non de faire l'inventaire stérile des meubles et objets que l'on peut trouver dans une pièce.

L'utilisation du vidéoprojecteur permettra au professeur, en zoomant sur les endroits où se trouvent des objets cachés, de guider éventuellement les élèves.

• **2** À l'issue de cette phase d'anticipation et de préparation à l'écoute du dialogue, le professeur pourra utilement faire compléter la partie a. du cahier d'activités à la page 61 : les élèves auront une trace de leurs hypothèses et commenceront à s'approprier le lexique de la *Station*.

Prolongement

Pour mémoriser le lexique des pièces de la maison, on pourra – à partir de bruitages – faire deviner aux élèves de quelle pièce il s'agit ou dans quelle pièce on se trouve, ce qui permettra de réactiver également le locatif (ex. : *Die Szene spielt im Flur*).

Voici un site proposant une banque de sons et bruitages très variés http://www.universal-soundbank.com/ qu'il est possible de télécharger gratuitement au format MP3. Vous pourrez effectuer une recherche par ordre alphabétique (par exemple des ronflements pour la chambre, une sonnerie pour l'entrée, des bruits de casseroles pour la cuisine...). Nous vous conseillons d'enregistrer votre sélection sur votre disque dur ou de la graver sur CD.

• **3** Après la phase d'anticipation, un peu plus longue qu'à l'habitude compte tenu de la richesse linguistique de la *Station*, l'écoute du dialogue aura un double objectif : la résolution de l'énigme (*Was sucht denn Stefan?*) et la compréhension des différents compléments de lieu au locatif (*Wo sucht er?*). L'espace de la recherche est élargi à l'appartement tout entier mais reprend les éléments vus en amont lors de la phase d'anticipation (*unter dem Bett, im Papierkorb...*). Le cahier d'activités propose deux grilles d'écoute : l'élève devra tout d'abord repérer dans quelles pièces de la maison les recherches ont réellement lieu. Lors d'une deuxième écoute, il devra se concentrer sur les prépositions spatiales et les différents meubles afin de suivre précisément les recherches de Stefan.

• **4** Une restitution en commun des différents éléments du script permettra de compléter en classe la dernière phrase du cahier d'activités page 61. Le professeur s'assurera ainsi de la compréhension du dialogue par toute la classe.

• **5** À l'issue de cette première page de la *Station*, un premier point lexical et grammatical pourra être fait. Le professeur s'appuiera sur la rubrique *Sprache aktiv* à la page 80 du manuel. Pour des élèves de 6e, les exercices pourront être d'abord faits en classe à l'oral puis donnés à faire à la maison. Le cahier d'activités propose enfin, page 63 et page 70, trois exercices à faire en autonomie : ils sont destinés à aider l'élève à s'approprier le lexique et les faits de langue de la *Station*.

Corrigés du cahier d'activités (p. 61)

Proposition de corrigés

a. Stefan sucht vielleicht seinen Kuli, sein Matheheft, sein Handy, seinen Anorak oder einen Tennisball. Er sucht hinter seinem Bett, unter den Büchern auf dem Schreibtisch, neben dem Computer, auf dem Regal, im Papierkorb.

b. Stefan sucht sein Handy.
Er sucht es:
– in seinem Zimmer
– im Wohnzimmer

c.

	in	auf	neben	unter	
1.		×			dem Schreibtisch
2.				×	dem Bett
3.			×		dem Computer
4.	×				dem Papierkorb
5.		×			der Kommode

d. Er findet sein Handy in seinem Zimmer... in seinem Anorak!

Prolongement

On pourra prévoir une activité de compréhension orale à partir du site de l'émission *Frauentausch* que nous avons déjà évoquée dans le chapitre 2 consacré à la famille (voir p. 40 de ce livre du professeur). Dans les vidéos, les familles présentent leur maison ou leur appartement. On pourra par exemple ne passer que la bande son et faire retrouver aux élèves la chronologie de la visite par un repérage du nom des pièces, mais aussi du mobilier et des activités mentionnées. On procèdera finalement à une vérification en visionnant les images.
Site de l'émission : http://www.rtl2.de/30840.html

Sprechtraining

(manuel p. 74, cahier d'activités p. 62)

■ L'accentuation des mots composés

Script du Sprechtraining
(CD Classe 2 piste 2)
Wohnzimmer – Schlafzimmer – Badezimmer – Handynummer – Schreibtisch – Papierkorb – Sportlehrer – Stundenplan – Mineralwasser – Kartoffelsalat

Corrigés du Sprechtraining (cahier d'activités p. 62)

Wohnzimmer – Schlafzimmer – Badezimmer – Handynummer – Schreibtisch – Papierkorb – Sportlehrer – Stundenplan – Mineralwasser – Kartoffelsalat

2 Der arme Poet (p. 75)

Activités langagières
– Parler en continu
– Lire

Objectifs linguistiques
a. Fait de langue : le locatif (les marques du datif)
b. Lexique :
– les verbes de position
– les prépositions spatiales

Objectif culturel
Der arme Poet de Carl Spitzweg

La deuxième page de la *Station* présente le célèbre tableau de Carl Spitzweg, *Der arme Poet*. Nous avons choisi un fort ancrage culturel pour amener les élèves à réutiliser, dans une perspective actionnelle, les faits de langue introduits en page de gauche. En effet, il s'agira de décrire le tableau pour donner son avis, puis pour rectifier des informations erronées. Bien entendu, il n'est pas question à ce niveau d'entrer dans l'interprétation du tableau ni même dans des considérations historiques ou esthétiques.

Mise en œuvre en classe

• **1** Le professeur présentera tout d'abord rapidement l'auteur et le titre du tableau au début de l'activité, par exemple en zoomant, s'il dispose du manuel vidéoprojetable, sur l'encadré situé sous le tableau.

• **2** Certains élèves, notamment les plus jeunes, seront peut-être intimidés par ce document : il conviendra dans ce cas de les aider à entrer dans le tableau pour en faire la description. Le professeur commencera par zoomer sur le personnage à droite du tableau et fera mine de jouer le rôle du guide : il reprendra les informations données dans l'encadré, puis il zoomera sur le personnage central et proposera un petit commentaire pour mettre les élèves sur la voie (par exemple : *Der arme Poet liegt im Bett*). Il montrera ainsi aux jeunes élèves ce que l'on attend d'eux. Il pourra ensuite zoomer sur un autre détail – par exemple les livres à côté du lit – et laissera les élèves s'engager progressivement de manière autonome dans la description.

Les jeunes élèves de 6e ou de 5e auront certainement plaisir à jouer devant la classe, le rôle du guide en commentant les différents détails du tableau.

Le professeur n'omettra pas de reformuler en cas d'erreur (déclinaison, notamment) tout en gardant à l'esprit qu'à ce stade de l'apprentissage les erreurs sont inévitables. L'essentiel à ce niveau est de susciter la manipulation des faits de langue dans le cadre d'une activité qui a du sens pour l'élève.

L'entraînement à la prise de parole en continu pourra s'étoffer au fur et à mesure de l'avancement dans la description.

• **3** Il sera enfin judicieux, après chaque prise de parole, de glisser un petit commentaire (par exemple : *Das ist aber komisch!*). On encouragera bien sûr les élèves à produire eux-mêmes des commentaires en mimant au besoin (*lustig, traurig, schön...*). Le professeur pourra réserver un emplacement sur le tableau où il notera ces différentes impressions (fonction « traitement de texte » dans la trousse mise à disposition dans la version numérique du manuel). En fin de séance, il pourra inviter les élèves à faire part de leur impression d'ensemble sur le tableau de Carl Spitzweg, puis il demandera de la justifier, réactivant ainsi la subordonnée introduite par *weil* et préparant l'activité a. du cahier d'activités page 62, où chaque élève consignera son sentiment personnel. La trace écrite du cours servira de modèle à l'élève.

• **4** Dans le prolongement de l'activité d'expression orale en continu faite en classe, nous proposons dans le cahier d'activités page 62 un exercice de compréhension de l'écrit : l'élève (guide expert !) aura pour tâche de corriger un guide débutant qui commet quelques bourdes.

Variantes

– Selon le profil de la classe, il est tout à fait possible d'envisager un jeu de concentration : chaque « guide » reprend le commentaire du précédent et ajoute ensuite son propre commentaire.

– Il est également possible, à la fin de l'activité, et toujours selon le profil des élèves, d'envisager un autre jeu de concentration : le professeur éteint le vidéoprojecteur ou demande aux élèves de fermer leur manuel, et un élève propose un commentaire (par exemple : *der Ofen steht rechts neben der Tür*). Il s'agira bien entendu de se remémorer le tableau et de corriger l'affirmation si elle est erronée. Cet exercice plus difficile s'adresse plutôt à des élèves de 4e et préfigure l'exercice proposé dans le cahier d'activités page 62 (voir ci-dessous). Notons que cette activité ne devrait pas durer plus de dix minutes pour rester dynamique et ... ludique !

Prolongement

Signalons pour terminer que les élèves pourront se rendre sur le site suivant pour y découvrir d'autres tableaux de Carl Spitzweg : http://www.carl-spitzweg.de

Corrigés du cahier d'activités (p. 62)

a. **Proposition de corrigés**
Ich finde das Gemälde traurig, weil der Poet arm und vielleicht krank ist. Ich mag das Gemälde nicht, weil es dunkel ist. Ich finde das Gemälde lustig, weil der Poet im Bett liegt und einen Hut trägt!
b. Ein Mann liegt im Bett und liest; **neben** dem Bett liegen viele Bücher. **Links** steht ein Ofen, aber wir sehen keine Flammen, weil der Poet arm ist. **Im** Ofen liegen viele Papiere. **Rechts** neben dem Ofen steht ein Stiefel und **auf** dem Ofen steht auch eine Flasche, weil er Fieber hat und viel trinken muss... Armer, armer Poet...

Zwischenstation

(manuel p. 75, cahier d'activités p. 62)

Activité langagière
Parler en continu

Objectifs
– Décrire la maison ou l'appartement de ses rêves
– Donner son avis sur la maison de rêve de ses camarades

Mise en œuvre en classe

Nous avons choisi de faire présenter une maison idéale et non pas la maison ou l'appartement réel des élèves, car il arrive que certains ne souhaitent pas parler de leur environnement quotidien. Un autre écueil serait aussi la monotonie des productions des élèves… et la difficulté à faire émettre des avis sur l'appartement ou la maison des camarades !
La réalisation de cette première tâche ne devrait pas poser de problèmes. Nous proposons toutefois dans le cahier d'activités page 62 un petit guide destiné à épauler les plus jeunes dans la préparation de leur exposé.

Prolongement

On pourra néanmoins proposer aux élèves qui le souhaitent de présenter leur propre logement sous forme de diaporama commenté (cf. tutoriel page 180). Cette activité se fera alors en autonomie et favorisera ainsi l'entraînement à l'expression orale en dehors du cours.

Énoncés possibles

Das ist mein Schlafzimmer. Hier lese ich und mache meine Hausaufgaben. Links siehst du mein Bett. Über meinem Bett hängen viele Posters von meinen Lieblingsstars. Rechts neben dem Schreibtisch hängt ein Regal mit meinen Comics!

Station 2
In der Stadt

➲ Manuel pp. 76-77

1 Nach dem Weg fragen (p. 76)

Activités langagières
– Écouter
– Parler en continu

Objectifs linguistiques
a. Faits de langue :
– le directif (groupe prépositionnel introduit par *zu*)
– l'impératif (2e personne du pluriel et forme de politesse)
– le verbe de modalité *dürfen*
b. Lexique : le lexique des édifices administratifs, religieux et culturels

Script
(CD Élève pistes 14-15, CD Classe 2 pistes 3-4, manuel p. 86)

Dialog 1
Stefan: Entschuldigen Sie bitte! Wir suchen die Stadthalle in der Mozartstraße.
Eine Dame: Was wollt ihr denn da?
Thomas: Ein Handballspiel sehen: Konstanz gegen Ravensburg.
Eine Dame: Ach so! Da geht ihr geradeaus bis zum Rathaus. Dann geht ihr dort links in die Hauptstraße. Geht dann bis zur Augustinerkirche. Links seht ihr dann den Stadtpark. Geht dann nach rechts in die Mozartstraße. Von da bis zur Stadthalle sind es noch drei Minuten.
Thomas: Vielen Dank! Wiedersehn!

Dialog 2
Autofahrer: Hallo! Entschuldigung, wie komme ich zur Stadthalle?
Passantin: Ach ja, dort ist heute ein Handballspiel.
Autofahrer: So ist es!

Passantin: Tja, also mit dem Auto… da fahren Sie geradeaus bis zum Schwimmbad, dann fahren Sie links bis zum Stadtpark, dort biegen Sie nach rechts ab in die Mozartstraße. Die Stadthalle sehen Sie dort gleich rechts. Aber Achtung, vor der Stadthalle darf man nicht parken. Fahren Sie 100 Meter weiter, dort ist rechts ein Parkhaus. Da dürfen Sie parken.
Autofahrer: Vielen Dank!

Comme le visuel figurant à la page 76 le montre, le chapitre 5 n'invite pas l'élève à s'intéresser uniquement à l'agencement d'un logement mais à parler également de son quartier, de la ville dans laquelle il habite. Si l'élève a ainsi appris dans la première *Station* à se situer et à localiser des objets à l'intérieur d'un lieu privé particulier, il pourra, à l'issue de la deuxième *Station*, s'orienter sans difficulté dans un espace public ouvert. Ce deuxième volet du chapitre 5 ne se limite cependant pas seulement à un enrichissement du bagage lexical (vocabulaire des édifices administratifs, religieux et culturels) et à un apport de fonctions langagières bien précises (indiquer un itinéraire). De la situation retenue découle, en effet, une réflexion de type grammatical, comme l'illustration de la page de gauche le laisse présager. La conversation des deux jeunes avec une dame d'une part, et celle d'un adulte avec une passante de l'autre, font ressortir la distinction entre le tutoiement pluriel et la forme de politesse. L'indication de l'itinéraire est étroitement liée à celle de la direction. Enfin, la présence d'un panneau (*Einbahnstraße*) sur le plan est l'indice d'une sensibilisation à la valeur du verbe *dürfen*.

Mise en œuvre en classe

Nous proposons une approche par étapes des documents de la page de gauche, compte tenu de la richesse des deux dialogues qui constituent le cœur du travail de compréhension qui suivra.

• **1** Il conviendra d'abord de revenir sur les indications concernant la direction. *Links* et *rechts* ont déjà été rencontrés dans la *Station* 3 du chapitre 4. La rubrique *Vokabeln* permettra d'introduire visuellement les autres termes encore non explicités. Lorsque l'on abordera cet encadré, on insistera particulièrement sur les prépositions utilisées (*nach links fahren / über die Straße gehen*), sans toutefois entrer dans des considérations d'ordre grammatical. Ces groupes seront en effet mémorisés sous la forme de blocs lexicaux.

• **2** Il faudra également se pencher sur le plan de la ville en lui-même. Il ne sera pas ici inutile de faire répéter à l'élève avant l'écoute quelques noms de rue, noms que l'on pourra souligner avec le crayon mis à disposition dans la trousse du manuel numérique, si l'on dispose de la version vidéoprojetable. Cela permettra effectivement à l'élève de se familiariser au préalable avec des mots qu'il va être susceptible d'entendre (cf. encadré *Tipp* en haut de la page 64 du cahier d'activités). On profitera de cette occasion pour le sensibiliser à la variété lexicale (*Straße, Weg, Gasse*), ainsi qu'à la construction syntaxique de ces noms composés.

• **3** On pourra ensuite aborder, par le biais des dessins, le vocabulaire relatif aux édifices urbains. On n'hésitera naturellement pas à préciser la signification du substantif *Stadthalle* en évoquant par exemple le type de manifestations pouvant s'y dérouler (sport, culture...). On clarifiera, si nécessaire, le sens de *Rathaus* en s'appuyant sur les connaissances immédiates de l'élève (par exemple, le nom du maire de la ville où il habite) ou en le traduisant pour les élèves les plus jeunes.

• **4** Afin de favoriser l'appropriation de ce lexique et de préparer véritablement l'écoute des deux dialogues, le professeur invitera les élèves à imaginer le lieu que les deux jeunes et l'automobiliste recherchent (Consigne 1.a. du manuel p. 76). Sans trop de difficultés, les élèves devraient avancer l'hypothèse du *Parkhaus* pour l'automobiliste et de la *Stadthalle* pour les deux jeunes, à moins qu'ils optent, pour ces derniers, pour la piscine.

Après cette première approche, l'élève est à même de travailler sur les deux documents sonores. Ceux-ci reposent sur des situations auxquelles l'élève peut être facilement confronté lors d'un séjour dans un pays dont il ne maîtrise pas la langue. Il s'agira donc ici de l'aider à faire face à ces situations en lui fournissant des stratégies à mettre en place.

Pour ne pas lasser l'élève et le rendre le plus attentif possible lors de l'écoute des deux dialogues construits de façon très similaire, nous proposons différents mode d'approche que le professeur pourra choisir ou combiner, en fonction du profil de ses élèves.

• **1** Le premier dialogue peut, comme le suggère la consigne b. du manuel, donner lieu tout d'abord à un entraînement à la compréhension globale et permettre ainsi de vérifier les hypothèses formulées précédemment : Que cherchent les deux jeunes ? Pourquoi ? Comment trouver leur chemin ?

• **2** On pourra ensuite, aussi bien pour le premier que pour le second dialogue, amener les élèves à repérer les noms des bâtiments et lieux publics cités, à les numéroter éventuellement dans l'ordre où ils sont mentionnés (voir cahier d'activités 1. c. page 64), puis à surligner les noms des rues indiquées par les deux passantes, et ce sans nécessairement percevoir, dans un premier temps, toutes les indications de direction qui relient ces éléments entre eux. Ce repérage, qui s'appuie sur le plan proposé dans le manuel, fournit assurément les jalons indispensables pour retrouver le chemin indiqué. La version numérique du manuel sera particulièrement utile pour suivre le parcours sur le plan.

• **3** À partir de ces jalons, le professeur pourra alors guider les élèves dans la restitution de l'itinéraire proposé, en les amenant à réutiliser les indications déjà connues (entre autres celles présentées dans l'encadré *Vokabeln* de la page 76) et en en introduisant de nouvelles (par exemple *geradeaus bis zum Rathaus*...). Ces indications feront en quelque sorte le lien entre les différents lieux déjà repérés. Leur sens s'imposera alors de lui-même et il sera facile de tracer l'itinéraire sur le plan (consigne c. du cahier d'activités).

• **4** Cette première restitution pourra être utilement complétée par une phase de mémorisation / répétition, telle qu'elle est suggérée par la consigne c. du manuel. On n'hésitera pas à segmenter la description de l'itinéraire, en arrêtant à plusieurs reprises le CD, et à faire répéter les énoncés entendus. Une fois ces éléments mémorisés, on pourra revenir à une restitution plus libre, prise en charge par les élèves.

• **5** Sans doute serait-il prudent pendant toute cette approche de laisser volontairement de côté la fin du second dialogue (à partir de *Aber Achtung*...), qui permet d'introduire les notions d'autorisation et d'interdiction, et de ne l'aborder que dans un second temps. On pourra préalablement à l'écoute de cette dernière partie faire faire l'exercice d. page 64 du cahier d'activités. L'association des panneaux signalétiques à des phrases permet de faire saisir à l'élève de manière claire l'objectif visé. Elle donne également les moyens langagiers correspondant à l'expression de l'interdiction et de l'autorisation, elle met enfin sans aucun doute l'élève sur la voie, limitant le choix de ce dernier à quatre possibilités. Cet exercice préliminaire est conçu pour soutenir la compréhension.

Au terme de cette activité, on pourra traiter le point phonologique portant notamment sur l'affriquée [ts] (se reporter infra), puis enchaîner sur le point concernant le directif (exercices d'application 4 page 80 du manuel et 2 page 66 du cahier d'activités).

Les deux scripts figurant à la page 86 du livre offrent la possibilité de distinguer les formes du présent de l'indicatif de celles de l'impératif. À l'aide de couleurs différentes, les élèves pourraient, sur la version vidéo-projetable, mettre en évidence les deux types de conjugaison. On comparerait en outre ce qui diffère du point de vue grammatical entre l'intervention de la dame dans le premier dialogue et celle de la femme dans la seconde conversation. Ces observations amèneraient à bien marquer l'opposition entre la forme de politesse et le tutoiement collectif.

Énoncés attendus

a. Die zwei Jugendlichen suchen vielleicht die Stadthalle. Vielleicht suchen sie das Schwimmbad. Der Autofahrer sucht bestimmt das Parkhaus.

Corrigés du cahier d'activités (p. 64)

b. Die zwei Jugendlichen suchen die Stadthalle in der Mozartstraße, weil sie dort ein Handballspiel sehen möchten / wollen.

c.

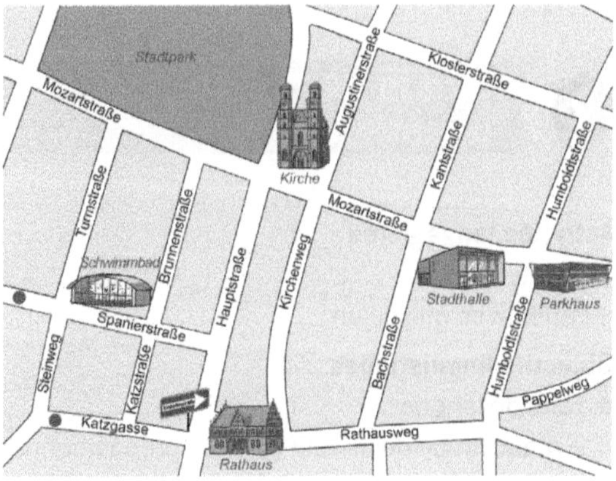

1. Schwimmbad, 2. Stadtpark, 3. Stadthalle, 4. Parkhaus.

d.

1. Der Autofahrer darf nicht vor der Stadthalle parken.
2. Er darf nicht durchfahren.
3. Er darf in der Mozartstraße nicht schneller als 30 km/St. fahren.
4. Er darf sein Auto parken.

Sprechtraining

(manuel p. 76, cahier d'activités p. 65)

■ [ts] et [z]

La confusion des deux sons peut entraîner une confusion de sens (*Zoo / so, zehn / seh(e)n, Zeit / seid*...), d'où l'importance d'habituer le plus tôt possible les élèves à différencier [ts] de [z]. Le son [ts] est peu courant en français. Un entraînement à la discrimination auditive est donc la condition d'une prononciation de bonne qualité de ce son.

Script du Sprechtraining
(CD Classe 2 pistes 5-6)
1. sich – zu – suchen – Zimmer – zehn – sehen – Zoo – so – Sie – super
3. Suppe – zeigen – soll – sehr – sammeln – zwanzig – sind – Zirkus – Serie – Sauna.

Corrigés du Sprechtraining (cahier d'activités p. 65)

1.

	1	2	3	4	5	6	7	8	9	10
[z]	×		×			×		×	×	×
[ts]		×		×	×		×			

3. Suppe – **z**eigen – **s**oll – **s**ehr – **s**ammeln – **z**wanzig – **s**ind – **Z**irkus – **S**erie – **S**auna.

2 Sich in der Stadt orientieren (p. 77)

Activités langagières
– Écouter
– Parler avec quelqu'un
Objectifs linguistiques
a. Faits de langue :
– réactivation du directif (groupe prépositionnel introduit par *zu*)
– réutilisation de l'impératif à la 2e personne du pluriel et à la forme de politesse
b. Lexique : enrichissement du champ lexical de la ville
Objectif culturel
Quelques logos présents dans le paysage urbain (magasins...)

Script
(CD Classe 2 piste 7)
Irisstraße – Mittelstraße – Königstraße – Theuerstraße – Promenadestraße – Luitpoldstraße – Hauptstraße – Bahnhofstraße – Kettenbrücke – Kettenbrückenstraße – Tocklergasse – Burggasse – Letzengasse – Rüdelweg – Gangolfsweg – Weegmannufer

Si la page de gauche était résolument centrée sur la compréhension de situations, la page de droite, quant à elle, présente des activités véritablement axées sur la production et l'interaction. Il ne s'agit néanmoins pas de seulement rebrasser ce qui a été introduit dans la page de gauche, mais d'enrichir également le lexique lié à la thématique abordée. Ainsi apparaissent à la page 77 du manuel des noms de bâtiments urbains qui n'ont pas été encore rencontrés mais susceptibles de l'être lors d'un séjour (*Apotheke, Bahnhof, Post, Touristeninfo*). Lorsqu'un itinéraire est donné, les feux tricolores tout comme les carrefours servent souvent de points de repère, raison pour laquelle les termes *Kreuzung* et *Ampel* figurent dans la rubrique *Vokabeln*.
L'apport culturel n'est pas ici anecdotique. Le décryptage de panneaux, d'enseignes n'est pas toujours aisé et peut parfois amener à des situations quelque peu saugrenues. Il faudra de ce fait insister particulièrement sur la signification du H (*Bushaltestelle*). La découverte de ces quelques logos ne représente cependant pas une fin en soi. L'élève entrera en contact avec ces aspects d'ordre culturel par le biais de la communication.

Mise en œuvre en classe

La compétence d'expression devra être construite ici de façon extrêmement progressive.

• **1** Il faudra vérifier que les élèves ont compris et savent manier les groupes verbaux relatifs aux déplacements (*geradeaus fahren, nach links fahren, über die Straße gehen...*). Avec un public de jeunes élèves, on pourrait demander à un élève de jouer le rôle d'un robot : celui-ci se déplace uniquement en fonction des ordres qui lui sont donnés, à condition qu'ils soient correctement formulés.

• **2** Il est essentiel que l'élève prenne connaissance de manière approfondie du plan avec lequel il va travailler. Les noms des rues feront l'objet d'un entraînement spécifique avant la mise en place de l'activité, ceux-ci étant très souvent écorchés et leur mauvaise prononciation risquant de mettre en péril la compréhension de l'itinéraire (cf. piste 7 du 2e CD Classe). Si l'on dispose de la version numérique du manuel, il sera intéressant de l'utiliser ici afin de favoriser le lien graphie-son.

• **3** Le cahier d'activités propose une approche s'appuyant sur le plan qui servira de base à l'expression ultérieure (exercice 2 page 65). L'élève pourra, par ce biais, se pencher une nouvelle fois sur le plan donné et tester ses connaissances lexicales.

• **4** Les élèves les moins sûrs d'eux tireront certainement profit d'un entraînement écrit supplémentaire. Il serait ici opportun de leur soumettre un exercice d'écriture en ne leur indiquant cette fois que la destination et en ne leur fournissant que des aides lexicales ponctuelles (*nach links, nach rechts, geradeaus, bis zur Ampel...*).

• **5** L'activité proprement dite peut commencer. Elle se déroulera pour les élèves du groupe A livre fermé. Afin d'assurer une certaine variété des lieux recherchés, le professeur fera à chaque fois piocher une carte sur laquelle figurera le logo d'un bâtiment ou d'un arrêt de bus. Le groupe B, qui dispose du plan dans le manuel page 77 tirera une carte représentant soit un groupe de jeunes soit plusieurs adultes. Il saura ainsi, lorsqu'il s'exprimera, s'il devra vouvoyer ou tutoyer les élèves du groupe A. Il est évident qu'au bout d'un certain temps les rôles seront inversés, les uns ne devant pas toujours être réceptifs et les autres toujours productifs.

Remarques

• **1** Avec des élèves plus autonomes, il serait possible ici de diversifier la forme de travail. Les élèves, toujours séparés en deux groupes, se verraient confier une tâche plus individualisée. Les élèves du groupe A recevraient un document leur évoquant le lieu où ils seraient censés vouloir aller (un billet de train, une carte postale non timbrée, un ticket de bus...). Quant aux élèves du groupe B, ils désigneraient parmi eux la personne connaissant le chemin à prendre pour se rendre par exemple à la pharmacie ou au prochain arrêt de bus. Une fois les rôles répartis, les élèves du groupe A seraient invités à se lever et à demander leur chemin aux élèves du groupe B restés assis. Ils se déplaceraient soit en binômes soit seuls. S'ils s'adressaient à un « passant non spécialiste », ce dernier leur ferait part de l'impossibilité de leur venir en aide. Dans le cas contraire, il leur donnerait les informations demandées. L'élève du groupe B tutoierait les élèves venus à deux et vouvoierait celui ou celle n'étant pas accompagné(e).

• **2** Si un voyage pédagogique est prévu dans un pays de langue allemande, le professeur aura probablement à cœur d'utiliser le plan de la ville dans laquelle les élèves se rendraient. Il aura alors soin de ne faire travailler ceux-ci que sur la partie la moins complexe du plan ou il simplifiera la partie du plan qui l'intéresse pour ne pas compromettre la faisabilité de l'activité.

<u>Corrigés du cahier d'activités</u> (p. 65)

b. Der Passant: Entschuldigen Sie bitte, ich suche eine Apotheke.
Du: Eine Apotheke...? Da gehen Sie bis zur Ampel und dann **rechts** in die Kettenbrückenstraße. Gehen Sie dann **über die Brücke**. Gehen Sie weiter **geradeaus** bis zur Kreuzung. Gehen Sie dort **nach links** in die Promenadestraße. Die Apotheke sehen Sie dort gleich **links**.

3 Was darf man machen? (p. 77)

Activité langagière
Parler en continu

Objectifs linguistiques
a. Fait de langue : réutilisation du verbe de modalité *dürfen*
b. Lexique : rebrassage de certaines activités et actions

Les panneaux représentés ne poseront pas de véritables problèmes de compréhension puisqu'ils ne renvoient pas à un contexte culturel spécifique mais plutôt à une réalité internationale. Leur explicitation se fera au moyen de groupes verbaux connus des élèves depuis plus ou moins longtemps (*ein Eis essen* a été vu dans le chapitre 2, *über die Straße gehen* vient d'être assimilé dans l'activité précédente).

<u>Énoncés attendus</u>
Man darf hier kein Eis essen.
Man darf nicht mit dem Handy telefonieren.
Hier darf man Rad fahren.
Man darf über die Straße gehen.

Prolongement

L'exercice à la page 56 du cahier d'activités pourrait servir de tremplin à une activité plus complexe reposant sur l'emploi des verbes *dürfen* et *müssen*, ainsi que sur la réactivation du lexique introduit dans le chapitre 4. Le verbe *dürfen* trouve en effet toute sa place dans le contexte scolaire. Il fonctionne alors souvent de pair avec *müssen*. Un élève devrait décrire les actions proscrites (*wir dürfen nur eine Serviette nehmen, wir dürfen nicht mit dem Essen spielen*) et indiquer celles auxquelles chacun est tenu (*wir müssen den Tisch sauber machen*). À partir de ces indices, le reste du groupe devinerait de quelle salle dans l'établissement il est question.

Zwischenstation

(manuel p. 77)

Activité langagière
Écrire

Mise en œuvre en classe
Selon le rythme binaire adopté dans cette double page, la *Zwischenstation* se déroulera en deux temps :

• **1** La première partie correspondant à une expression personnelle, on pourra envisager de la faire rédiger à la maison. Ceux parmi les élèves qui se rendent à l'école en utilisant les transports en commun décriront leur trajet de leur lieu d'habitation à l'arrêt d'autobus ou à la station de métro.
Bien que la formation des noms de rue en allemand ait été évoquée (structure régressive des noms composés), le professeur recommandera à ses élèves, dans un souci de clarté, de ne pas dénaturer le nom des rues en français en cherchant systématiquement à les traduire. La correction donnera lieu à une reprise individuelle, tous les élèves n'habitant pas forcément dans le même quartier.

• **2** Chaque élève aura listé ce qui lui est interdit ou ce qu'il est autorisé à faire chez lui. Ce travail personnel pourra faire l'objet d'une mise en commun en classe et permettra ainsi d'établir une sorte de bilan des actions interdites et autorisées.

Énoncés possibles

a. Objet : So kommt ihr zu mir!
Hallo!
Geht geradeaus bis zur Haltestelle. Dann geht ihr links in die *rue du Tir*. Geht dann geradeaus bis zur Ampel. Rechts seht ihr dann eine Apotheke und links ein Souvenirgeschäft. Geht dann nach links in die *rue de la Résistance* und dann geradeaus bis zur Kreuzung. Geht dann nach rechts in die *avenue des Vosges*. Von da bis zu mir sind es noch zwei Minuten. Ich wohne in der *avenue des Vosges*, Hausnummer 14.
Bis bald!
Enguerrand
P.S Bringt bitte Cola oder Limo mit!

b. Zu Hause darf ich abends nicht am Computer spielen. Ich darf auch nur von 18.30 Uhr bis 20 Uhr fernsehen. Ich darf in meinem Zimmer Musik hören, aber ich darf nichts essen...

Station 3
Shoppingtour

➲ Manuel pp. 78-79

1 Wir fahren in die Stadt (p. 78)

Activités langagières
– Écouter
– Parler en continu

Objectifs linguistiques
a. Fait de langue : le directif (groupe prépositionnel introduit par *in*)
b. Lexique :
– quelques noms de magasins
– le vocabulaire des vêtements
– adjectifs permettant de donner son avis sur une tenue

Script
(CD Élève piste 16, CD Classe 2 piste 8, manuel p. 86)
Fred: Hallo, ihr Schönen, wohin geht's denn?
Karen: Wir fahren in die Stadt.
Fred: Wollt ihr ins Kino? Oder ins Café?
Christine: Nein, nein, wir gehen in die Modepassage am Stadtpark.
Fred: Aha! Shoppingtour also!
Karen: Komm doch mit! Dort gibt es auch Mode für den Herrn, haha!
Fred: Warum nicht, okay, ich komme mit!
(*dans une boutique*)
Christine: Schau mal die Stretchjeans; die probiere ich! Oh, ... zu kurz!
Karen: Schade.
Christine: Nicht schlimm. Ist ja auch viel zu teuer für mich.
Fred: Hier, probier doch mal den Minirock mit dem roten T-Shirt an.
Christine: Jeans und T-Shirt, das ist doch immer modern.
Fred: Warum wollen Mädchen nur noch Hosen tragen? Ich finde Mädchen mit Minirock einfach super attraktiv.
Karen: Ich probiere jetzt mal das rote T-Shirt und den Minirock an. Schön, dass rot wieder Mode ist. Schwarz ist nicht mein Stil.
(*Karen sort d'une cabine d'essayage*)

Fred: Wow, Karen mit Minirock!! Große klasse! Und rot ist deine Farbe.
Christine: Tja, sieht ganz gut aus. Kaufst du es?
Karen: Minirock und T-Shirt, das geht nicht!
Fred: Schade, dass du nicht genug Geld hast.

Mise en œuvre en classe

Le titre transparent de la *Station* (*Shoppingtour*), tout comme la rubrique *Vokabeln*, et les illustrations figurant aux pages 78 et 79 dévoilent définitivement le contenu de cette leçon. Pour ne pas fausser la compréhension de l'oral, on aura, par conséquent, tout intérêt à effectuer l'activité préparatoire à l'écoute livres fermés. La version vidéoprojetable du manuel aura alors toute son utilité.

• **1** Grâce à l'outil « spot » de la version numérique, on focalisera dans un premier temps l'attention des élèves sur l'image représentant Fred, Karen et Christine. Il est conseillé de laisser parler d'abord les élèves librement sur ce support visuel sans chercher à les orienter impérativement vers l'objectif visé. De cette manière, les élèves les moins à l'aise auront la possibilité de participer activement à cette entrée en matière. De plus, le professeur, quelque peu en retrait durant cette première phase, aura le loisir de constater si, à ce stade de l'apprentissage, les élèves ont acquis certains automatismes face à un document de cette nature. Les hypothèses envisagées par les élèves pourront être listées grâce à la fonction « traitement de texte » dans la trousse mise à disposition dans la version vidéoprojetable.
Avec un public moins autonome, le professeur n'hésitera pas, par la suite, à agrandir la partie de la page sélectionnée afin d'y faire apparaître les photos encadrant l'image. Ces dernières, très révélatrices du contenu du dialogue à venir, sont destinées à stimuler l'imagination des élèves à court d'idées et non à la brider.
Si le groupe a émis plusieurs hypothèses plausibles, il sera intéressant de ne leur faire découvrir l'aide à la compréhension prévue dans le cahier d'activités qu'après leur avoir fait écouter la première partie de la conversation entre les trois jeunes. Dans le cas contraire, on lira auparavant les items proposés dans le point a. de la page 67 du cahier d'activités. En tout état de cause, on se limitera lors de cette première écoute à la scène se déroulant dans la rue, celle-ci constituant une entité de sens à part entière et pouvant faire l'objet d'une première réflexion d'ordre grammatical (le directif).

• **2** Avant d'écouter la seconde partie du dialogue, il sera nécessaire de passer en revue avec les élèves les différentes possibilités consignées à ce sujet dans le cahier d'activités (cf. items b et c de la question 1 page 67, ainsi que la question 2). Bien que le lexique des vêtements n'ait jamais fait jusqu'à présent l'objet d'une étude approfondie, la compréhension du vocabulaire employé ne devrait pas mettre l'élève en difficulté. Ce dernier pourra également se référer à la rubrique *Vokabeln* (manuel page 78) dont le but premier ne réside certes pas dans l'élucidation de termes inconnus mais qui pourra fournir quelques pistes pour l'exploitation du document.
Il est à noter que l'objectif principal de cette compréhension n'est nullement de repérer qui parmi les protagonistes achète quel vêtement, ni de savoir qui précisément exprime son opinion sur les tenues au sortir de la cabine d'essayage. Par conséquent, on n'attendra aucunement de l'élève qu'il fasse la distinction entre la voix de Christine et celle de Karen. Même si les vêtements ont été choisis de telle sorte qu'aucune confusion ne soit possible entre les deux jeunes filles, on pourra préciser à l'élève que la partie b. sera à traiter avant la partie c.

• **3** On procèdera à deux écoutes successives de la scène dans le magasin. Lors de la première écoute, les élèves seront invités à repérer les vêtements auxquels les jeunes semblent s'intéresser plus avant ; lors de la seconde écoute, les élèves se pencheront sur les avis donnés au sujet des différents vêtements. Au moment de la correction, on pourra se référer au script du dialogue (dans le manuel à la page 86) pour justifier les associations effectuées et mettre ainsi en exergue les formulations utilisées pour donner son avis sur une tenue vestimentaire.

Énoncés possibles
a. Die drei Jugendlichen wollen vielleicht ins Kino gehen. Die Mädchen wollen bestimmt shoppen gehen. Sie wollen bestimmt nicht zur Schule gehen. Der Junge will vielleicht Freunde treffen…

Corrigés du cahier d'activités (p. 67)
b. **1.**
a. Fred, Karen und Christine wollen in die Modepassage.
b. Christine probiert eine Jeans.
c. Karen probiert einen Minirock und ein T-Shirt an.

2. die Stretchjeans → zu teuer
Jeans und T-Shirt → immer modern
der Minirock und das rote T-Shirt → sehr schön
Mädchen mit Minirock → super attraktiv

Sprechtraining

(manuel p. 78, cahier d'activités p. 68)

■ « e » en fin de mot : [ə]

Au moment de traiter ce point phonologique, le professeur soulignera bien que le « e » final dans une syllabe atone en allemand ne représente pas un simple signe orthographique non accentué comme l'est le « e » muet connu des élèves. Il pourra en outre signaler que ce phénomène n'est pas réservé exclusivement à des termes d'origine germanique mais qu'il concerne également un bon nombre de mots d'origine étrangère (*Mode, Passage, Marke...*). Tout au long de la *Station*, il aura à maintes reprises l'occasion de revenir sur la réalisation de ce son, les occurrences contenant un « schwa » étant dans cette double page fort nombreuses (*Susanne, finde, klasse, Brille, Handtasche, Hose, Kappe, Schuhe, Liste, möchte, gehe, brauche, Flasche, Torte, Apotheke, Collage, Klasse...*).

Script du Sprechtraining
(CD Classe 2 piste 9)
Christine – Mode – Passage – Marke – Jacke – Farbe – eine – komme – probiere – schade

Corrigés du Sprechtraining (cahier d'activités p. 68)

2. **Propositions de corrigés**
Küche, Toilette, Gemälde, Kirche, Stadthalle, Apotheke, Brücke, Gasse, Straße, Katze, Klasse, gehe, Liebe, ...

2 Fünf Looks (p. 79)

Activités langagières
– Écouter
– Parler en continu

Objectifs linguistiques
a. Fait de langue : utilisation du groupe prépositionnel introduit par *mit*
b. Lexique :
– élargissement du champ lexical des vêtements
– les couleurs

Script
(CD Classe 2 piste 10)

1. Hallo, ich bin Mark! In meiner Freizeit gehe ich gern shoppen. Ich bin eher sportlich und kaufe coole Klamotten, aber Rappersachen und so sind nicht mein Stil!

2. Hallo, ich heiße Alexander! Ich bin nicht immer so schick. Aber heute gehe ich mit meiner Freundin zum Filmfestival.

3. Hallo, ich bin Philipp! Weißt du, Schwarz ist gerade in. Aber weiße Klamotten habe ich auch oft an. Weiß ist geil!

4. Hallo, ich heiße Susanne! Für mich ist Mode super wichtig. Ich gehe gern shoppen. Ich kann stundenlang in einem Geschäft Klamotten anprobieren. Ich kaufe auch sehr gern Handtaschen.

Mise en œuvre en classe

L'activité proposée s'effectuera en deux étapes, la première reposant sur une expression relativement guidée par l'observation d'une image et l'écoute d'un document sonore, la seconde faisant davantage appel à une prise de position de la part de l'élève.

• **1** L'objectif linguistique majeur de la première partie de l'activité réside dans l'acquisition du lexique concernant les vêtements, ainsi que dans la manipulation du groupe prépositionnel introduit par *mit*.
Dans un premier temps, il faudra donc introduire le vocabulaire nécessaire à l'exploitation du visuel tout en s'assurant de la bonne prononciation de ces nouveaux termes. Nous conseillons pour ce faire de traiter le point phonologique de la *Station* et d'enchaîner avec un entraînement complémentaire suggéré par les mots

contenus dans la rubrique *Vokabeln* de la page 79 du manuel (*Jacke, Brille, Handtasche, Kappe, Schuhe, Hose*). On s'attardera, en outre, sur la rubrique *Hier und dort* de la page 78 sans la mettre toutefois en rapport direct avec le champ sémantique des vêtements pour ne pas arriver à des formulations du type *Er trägt eine schwarze Hose* (ce que l'on attendra, en effet, de l'élève, c'est qu'il dise au moment opportun *Er mag bestimmt Schwarz / Schwarz ist seine Farbe*).

• **2** Pour mener à bien l'expression se rapportant à l'image des cinq jeunes, il sera avantageux d'utiliser la version vidéoprojetable du manuel. Les personnages ne pouvant être définis qu'à l'aide de leur tenue vestimentaire, le professeur les présentera tour à tour grâce à la fonction « spot » disponible sur le manuel numérique. Il prendra à chaque fois le temps d'annoter la partie du dessin sur laquelle il aura zoomé, en inscrivant dans la zone de traitement de texte ce qui caractérise chaque adolescent. Il ne se contentera pas de noter au fur et à mesure les noms communs correspondant aux vêtements portés par chacun, il demandera aux élèves de caractériser leur look, de préciser ce que ces personnages aiment vraisemblablement, d'indiquer les couleurs que ces jeunes portent.

• **3** En ayant sous les yeux les informations fournies par la classe sur chaque adolescent, les élèves, lors de l'écoute, devraient deviner sans trop de difficulté qui parmi les jeunes représentés prend la parole (on se reportera ici volontiers à la deuxième partie de la question a. page 68 du cahier d'activités). La présence d'un distracteur s'explique par le souci de rendre les élèves attentifs jusqu'au bout de l'activité de compréhension. Ces derniers ne pourront pas ainsi procéder à la fin par simple élimination.

• **4** Il s'agira après l'écoute d'identifier les quatre personnages étant intervenus oralement. C'est à ce moment-là que l'on aura recours au groupe prépositionnel introduit par *mit*. Les élèves seront ici invités à procéder par analogie. Une explication grammaticale du fait employé sera envisagée au terme de l'élucidation. Elle pourra bien sûr être amenée par les élèves ayant compris le fonctionnement du fait de langue lors de son utilisation.

• **5** La seconde partie de l'activité fait travailler l'expression orale en continu. Les élèves donnent leur avis personnel sur la tenue de chacun des jeunes représentés. Certaines formulations ont déjà été rencontrées lors du travail effectué sur le script du dialogue (cf. page 86 du manuel), mais afin que les interventions ne deviennent par trop répétitives, il sera utile de faire compléter au préalable la grille b. à la page 68 du cahier d'activités.

Remarque

Une fixation écrite des termes ayant servi à définir chacun des quatre personnages pourra s'effectuer dans le cahier d'activités (première partie de la question a. page 68), une fois le nom des adolescents connu.

Énoncés possibles

a. Der Junge mit dem Hemd / mit der Jacke ist bestimmt Alexander.
Der Junge mit der Kappe ist bestimmt Philipp.
Der Junge mit der Sonnenbrille ist bestimmt Mark.
Das Mädchen mit der Handtasche / mit der Jacke / mit dem Minirock / mit den Stiefeln ist bestimmt Susanne.

b. Philipp finde ich cool.
Susanne sieht super attraktiv aus. Wow! / Der Rock ist zu kurz.
Mark sieht ganz gut aus, aber seine Brille finde ich doof. / Blau ist meine Farbe.
Das Mädchen mit der Hose finde ich langweilig. Das T-Shirt geht gar nicht.
Die Jacke von Alexander ist sehr schick, aber bestimmt zu teuer.

Corrigés du cahier d'activités (p. 68)

a. Mark trägt eine Sonnenbrille. Er mag Blau. Er mag shoppen gehen. Er treibt Sport. Er ist sportlich. Er ist cool.
Alexander trägt eine Jacke, eine Hose und ein Hemd. Er sieht schick aus. Er mag vielleicht Schwarz. Er geht vielleicht gern ins Konzert. Er geht heute zum Filmfestival.
Susanne trägt einen Minirock und eine Jacke. Sie hat keine Schuhe an. Sie trägt Stiefel. Sie sieht schick aus. Sie mag Rot und Blau. Sie mag Mode. Sie kauft gern Handtaschen. Sie geht bestimmt gern in die Modepassage.
Philipp trägt eine Kappe. Er mag Weiß. Er mag auch Schwarz. Er sieht cool aus.

b.

+ cool	klasse, elegant, immer modern, Schwarz ist meine Farbe, super attraktiv, schön, sieht ganz gut aus, echt toll, sehr schick, wow!, perfekt
– uncool	zu kurz, das ist nicht mein Stil, das geht gar nicht, zu teuer, langweilig, doof

3 Wohin gehst du? (p. 79)

Activité langagière
Parler en continu

Objectifs linguistiques

a. Faits de langue :
– réutilisation du directif (le groupe prépositionnel introduit par *in*)
– transfert de l'emploi de l'accusatif pour les GN en fonction de complément d'objet direct

b. Lexique :
– introduction de quelques noms de commerces
– différents articles de consommation

Mise en œuvre en classe

Cette activité d'expression orale en continu sera précédée d'une lecture attentive de la liste des courses reproduite à la page 79 du manuel. On vérifiera avant de commencer que le sens des noms de magasins a bien été appréhendé, sans quoi l'activité ne pourrait se dérouler dans de bonnes conditions.
Le professeur veillera, pendant la phase d'expression, à ce que les élèves ne se décident pas tous à aller au supermarché pour y faire leurs achats, l'objectif étant ici de manipuler autant que possible des substantifs de genre différent.

Énoncés attendus
Ich brauche eine Flasche Wasser und ich möchte Cola. Ich gehe in den Supermarkt.
Ich brauche Aspirin. Ich gehe in die Apotheke.
Ich möchte eine Torte und Pralinen. Ich gehe in die Konditorei.
Ich möchte 2 DVDs. Ich gehe in die Videothek.
Ich möchte Tennisbälle. Ich gehe ins Sportgeschäft.
Ich möchte CDs. Ich gehe in den Supermarkt.
Ich brauche Schuhe. Ich gehe ins Schuhgeschäft.

Zwischenstation

(manuel p. 79)

Activités langagières
– Écrire
– Parler en continu

Mise en œuvre en classe

L'élaboration de collages sur la thématique des vêtements aura été annoncée dès le début de la *Station* 3 afin de laisser le temps aux élèves de chercher et trouver le matériel nécessaire à la réalisation des deux compositions.
Le principe développé dans cette première étape de la *Zwischenstation* n'est pas sans rappeler certains articles de magazines pour jeunes (*Bravo, Yam!* ...). Il devrait donc recueillir l'adhésion de la majorité des élèves, y compris celle des moins créatifs.
On donnera à l'élève quelques pistes au sujet de la légende qui accompagnera chaque collage (attentes : présence dans le texte d'au moins un nom de vêtement, d'une couleur, formulation d'un avis sur la tenue...). Il sera préférable de corriger ce commentaire avant que celui-ci ne soit écrit définitivement.
Les collages sélectionnés seront accrochés sur les murs de la salle de classe. Les élèves se déplaceront par petits groupes en allant d'une production à l'autre. Ils veilleront à prendre des notes sur chacune des réalisations (vêtements et autres, couleurs dominantes, look plaisant ou non...). À l'issue de cette promenade studieuse à travers la classe, un élève sera chargé de décrire l'un des collages exposés et de faire ainsi deviner au reste du groupe la production qu'il aura choisie. Cette prise de parole en continu pourra se faire sur la base du volontariat. Le professeur pourra néanmoins décider de faire passer, après quelques minutes de préparation de la part de l'ensemble des élèves, la personne dont le nom aura été pioché.

Énoncés possibles
b. Top – Jonas sieht einfach klasse aus! Grün ist seine Farbe.
Flop – Swantje (19) trägt einen Rock und einen Regenmantel dazu. Das geht gar nicht!
c. – Das Mädchen hat einen Minirock an. Er ist viel zu kurz. Sie trägt einen Regenmantel. Total doof! Sie braucht auch Schuhe. Sie muss ins Schuhgeschäft...
– Ist das das Mädchen mit der Kappe? / Ist das die Collage Nummer 4?

Sprache aktiv

➲ Manuel pp. 80-81

Sprache aktiv Station 1

Corrigés du manuel (p. 80)

1 a. Wo ist mein Regenschirm? Neben **der** Tür.
b. Wo liegt mein Rucksack? Auf **dem** Bett.
c. Wo sind meine Schuhe? Unter **dem** Tisch.
d. Wo steht mein Fahrrad? Neben **dem** Auto in **der** Garage.

2 a. Frau Speth **sitzt** im Wohnzimmer und liest.
b. Es klingelt: Thomas **steht** vor der Tür.
c. Stefan sucht sein Handy: **Liegt** es auf der Kommode?
d. Stefans Anorak **hängt** an der Tür.
e. Wo **steht** dein Auto?

Corrigés du cahier d'activités (p. 63)

Exercice 1

		unter	in	neben	auf	an	
a. Das Bett						×	der Wand.
b. Der Stuhl				×			dem Bett.
c. Der Ball	stehen		×				dem Papierkorb.
d. Der Anorak	liegen					×	der Tür.
e. Der Computer	hängen				×		dem Schreibtisch.
f. Der Papierkorb		×					dem Schreibtisch.

b. Der Stuhl steht neben dem Bett.
c. Der Ball liegt in dem Papierkorb.
d. Der Anorak hängt an der Tür.
e. Der Computer steht auf dem Schreibtisch.
f. Der Papierkorb steht unter dem Schreibtisch.

Exercice 2

„Also links an **der** Wand **steht** mein Bett. Neben **dem** Bett **liegt** ein Teppich. Auf dem Bett **sitzen** Plüschtiere und eine Puppe. Rechts **hängt** ein Bücherregal. Auf **dem** Regal **stehen** meine Bücher natürlich und viele Fotos. Links neben **dem** Regal **hängt** ein Poster von meinem Lieblingssänger. Rechts an **der** Wand ist noch ein Fenster. Unter **dem** Fenster **steht** ein Tisch. Auf **dem** Tisch **stehen** mein Computer, eine Vase und noch ein Foto. Links neben **dem** Tisch **stehen** ein Stuhl und eine große Lampe. Ach ja, und unter **dem** Tisch **liegen** meine Tanzschuhe!"

Sprache aktiv Station 2

Corrigés du manuel (p. 80)

3

a. Links seht ihr die Stadtbibliothek, **geht** dann nach rechts in die Heinrichstraße.
b. Herr Heide, **fahren Sie** geradeaus bis zur Kreuzung.
c. Meine Damen und Herren, **nehmen Sie** Platz.
d. So, liebe Schüler, **schlagt** das Buch **auf**.

Prolongement possible sur l'impératif

L'activité « **Jacques a dit** »

On demandera à un élève de donner des directives à ses camarades. Afin de ne pas perdre trop de temps, on remettra à cet élève une liste de groupes verbaux à l'infinitif sur le modèle de ce qui avait été proposé dans l'exercice 3 page 57 du cahier d'activités. On veillera cependant à ce que les ordres soient exécutables sans trop de difficultés par l'ensemble d'un groupe (*aufstehen, eine Grimasse machen, das Buch aufschlagen...*). S'adressant à ses camarades, l'élève utilisera normalement la deuxième personne du pluriel. Si une personne du reste de la classe ne réagit pas dans l'immédiat à l'injonction faite, il devra prendre la place de celui qui donne les ordres. Lorsque l'élève aux commandes emploie à tort – mais consciemment – la forme de politesse ou la deuxième personne du singulier, le groupe est prié de ne pas lui obéir. Si par mégarde quelqu'un le faisait, il serait alors contraint de venir remplacer celui qui dirige les actions du groupe. L'objectif est d'occuper le moins longtemps possible la fonction du « tyran ». Un bon moyen de rendre les élèves attentifs aux différentes personnes à l'impératif !

4

a. Geht zuerst bis zur Ampel
b. Geht dann links bis zum Bahnhof.
c. Geht danach bis zur Kirche.
d. Geht zum Schluss bis zum Parkhaus.

5

a. Du **darfst** keinen Alkohol trinken. (interdiction)
b. Ihr **dürft** eine Party organisieren. (autorisation)
c. Die Kinder **dürfen** nicht spät ins Bett gehen. (interdiction)
d. Er **darf** für 10 € Bonbons kaufen. (autorisation)

Corrigés du cahier d'activités (p. 66)

Exercice 1

Image 1 : Geh ins Bett! – Kauf dir ein neues Handy! – Lies den Text vor!
Image 2 : Geht immer geradeaus! – Kommt zu mir! – Hört gut zu!
Image 3 : Fahren Sie mit dem Bus! – Rufen Sie mich an! – Gehen Sie bis zum Stadtpark!

Exercice 2

a. Entschuldigen Sie, wie komme ich zur Post?
b. Entschuldigung, wie komme ich zum Schwimmbad?
c. Entschuldigen Sie, wie komme ich zum Bahnhof?
d. Entschuldigen Sie, wie komme ich zum Rathaus?

Exercice 3

a. In der Klasse **dürfen** die Schüler nicht mit dem Handy telefonieren.
b. In der Kantine und auf dem Pausenhof **darf** man mit dem Handy telefonieren.
c. Ihr **dürft** nicht nach 18.00 Uhr in den Jugendraum gehen.
d. Ein Schüler **darf** nicht ins Lehrerzimmer gehen.

Sprache aktiv Station 3

Corrigés du manuel (p. 81)

6

a. Der Junge mit d**er** Jeansjacke und d**en** Stiefeln sieht wie ein Cowboy aus.
b. Das Mädchen mit d**en** Turnschuhen finde ich einfach toll.
c. Sie trägt einen Rock mit ein**em** Fanshirt der Rolling Stones.
d. Darf ich mit mein**er** Schwester kommen?
e. Ich habe kein Auto. Ich fahre mit d**em** Bus oder mit d**em** Fahrrad in die Stadt.

7

a. Ich gehe **ins** Schwimmbad.
b. Ich gehe **ins** Schuhgeschäft.
c. Ich gehe **in den** CD-Laden.
d. Ich gehe **in die** Modepassage.
e. Ich gehe **ins** Kino.
f. Ich gehe **in den** Supermarkt.
g. Ich gehe **ins** Café.
h. Ich gehe **in die** Konditorei.
i. Ich gehe **ins** Rathaus.

Corrigés du cahier d'activités (p. 69)

Exercice 1

a. D**as** Kind mit d**er** Kappe ist süß.
b. D**ie** Frau mit d**er** Handtasche sieht elegant aus.
c. Ein**e** Jacke mit ein**em** Hemd ist immer schick.
d. Ich gehe mit meinen Eltern ins Kino.
e. Vielleicht fahren d**ie** Kinder mit d**er** Bahn.

Exercice 2

Propositions de corrigés

a. Sie stellen die Bücher vielleicht ins Wohnzimmer.
b. Sie stellen den Tisch vielleicht in die Küche oder ins Esszimmer.
c. Die Pflanzen stellen sie vielleicht ins Badezimmer oder ins Wohnzimmer.
d. Den Computer stellen sie vielleicht ins Wohnzimmer oder ins Kinderzimmer.

Vokabeln aktiv (p. 81)

La rubrique *Vokabeln Kurz und gut* qui figure à la page 81 du manuel ne tient pas compte de la totalité des acquis lexicaux du chapitre. Elle se réfère en priorité aux ensembles se rapportant directement au thème de la ville (*den Weg beschreiben, die Geschäfte...*). Elle met également en avant des expressions essentielles concernant la localisation (*wo?, die Möbel*).

Ce parti pris ne devrait néanmoins pas empêcher le professeur d'élargir le bilan à d'autres domaines comme celui des pièces de la maison (ce champ lexical étant d'ailleurs retravaillé dans l'exercice 1 de la page 70 dans le cahier d'activités) ou celui des vêtements et des couleurs. À cette occasion, les élèves pourraient réaliser un lexique illustré sur la thématique de la ville au sens large.

Le nombre de champs sémantiques abordés dans le chapitre étant relativement important, le professeur pourra organiser sans trop de difficultés un « championnat de tennis lexical » entre les élèves. Les tournois se disputeront obligatoirement par équipe. Deux groupes s'opposeront lors des matchs. C'est le professeur qui décidera de la nature du jeu en précisant de prime abord l'intitulé du champ lexical que les élèves devront exploiter. L'élève qui sert doit indiquer un mot ou un groupe de mots relatif à la thématique retenue. L'adversaire doit alors intercepter sans trop tarder le service lui étant destiné en donnant à son tour un autre mot du même champ. Si la balle imaginaire rebondit plusieurs fois (c'est-à-dire si la personne désignée pour retourner le service est hésitante et ne réagit pas immédiatement), le point revient à l'équipe du serveur. De même si le terme indiqué par le receveur est erroné (mot n'appartenant pas à la même famille, prononciation incorrecte qui nuit à la compréhension, absence du déterminant qui indique le genre du substantif…). Pour renforcer l'attention des joueurs et garantir une grande diversité dans les choix effectués, le professeur pourra spécifier dès le départ qu'un mot n'a le droit d'être employé qu'une seule fois dans un set.

Corrigés du cahier d'activités (p. 70)

Exercice 1

a. Die Wohnung hat sechs Zimmer: eine Küche, ein Badezimmer mit Toilette, drei Schlafzimmer, ein Wohnzimmer mit Essecke.

b. Den Tisch / die Tische, den Stuhl / die Stühle, das Bett / die Betten, das Regal und die Kommode.

c. Das Schlafzimmer: neben der Tür stehen ein Stuhl und ein Schrank. Das Bett steht an der Wand. Links und rechts liegt ein Teppich.

Exercice 2

A	P	O	T	H	E	K	E	T	M	Z	Q	S
J	G	R	A	T	H	A	U	S	W	U	K	T
F	S	L	C	E	G	T	R	O	P	S	E	A
O	T	K	R	A	M	R	E	P	U	S	H	D
H	A	N	I	G	F	H	L	K	H	C	T	T
N	D	A	T	N	C	E	R	A	C	H	O	H
H	T	B	F	R	O	A	D	C	S	U	E	A
A	H	Z	I	L	P	A	S	S	A	L	D	L
B	A	K	O	N	D	I	T	O	R	E	I	L
D	A	B	M	M	I	W	H	C	S	Q	V	E

die Apotheke
das Rathaus
die Konditorei
der Supermarkt
das Schwimmbad
die Schule
die Stadthalle
der Bahnhof
die Bank
die Post
die Videothek
das Kino
das Café
die Kirche
der Park

Endstation

Ein Besuch in München

➲ Manuel pp. 82-83

Script

(CD Classe 2 piste 11)

Grüß Gott! Schön, dass du mal mit deiner Familie zu uns kommst, aber schade, dass ihr nur drei Tage bleiben könnt! Na ja, ich habe ein ganz tolles Programm für euch! Wir beginnen morgen mit der Frauenkirche, dann…

Mise en œuvre en classe

Le professeur commencera par situer Munich sur la carte murale ou sur la carte du manuel, puis il fera écouter l'introduction pour situer le cadre de cette présentation : il s'agit d'un bref séjour, il faudra donc montrer l'essentiel. De la même manière, le professeur attirera l'attention des élèves sur *ich habe ein ganz tolles Programm für euch* : on montre sa ville – son village, la ville la plus proche selon les cas – à quelqu'un, voire à un groupe. La réalisation de la tâche finale est tournée vers l'autre, il s'agit de mettre ses compétences et ses connaissances au service d'autrui, de partager. Le dessin d'un plan et l'indication d'un trajet (simple) prend ici également tout son sens.

Corrigés du manuel (p. 83)

Alles klar?

1. die Frauenkirche, das Münchner Kindl, das Rathaus mit dem Glockenspiel.
2. Weil der Name „München" von „Mönch" kommt.
3. Die Allianz-Arena leuchtet an Spieltagen.

Unser Projekt

Einen Besuch unserer Stadt für die Partnerklasse organisieren

(p. 83)

Mise en œuvre en classe

• **1** Au terme de cette promenade dans Munich, les élèves devront donc se demander ce qu'il est pertinent de montrer à une classe partenaire – ou, dans le cas où la classe n'a pas de classe partenaire, ce que l'élève voudrait montrer, ce qui l'intéresserait en particulier, ce qu'il aurait envie de partager avec d'autres. (consigne 1).

• **2** Après s'être assuré de la compréhension des consignes, le professeur pourra laisser les élèves réaliser leur travail, individuellement ou à deux, voire trois élèves dans le cadre de l'utilisation du manuel avec une classe de 6e.

L'évaluation portera sur :

– la qualité de la production écrite,
– la pertinence des informations,
– l'esthétique et le soin du collage,
– la présentation orale.

Le professeur se reportera utilement aux grilles d'évaluation transversales (piliers 2, 6 et 7) proposées à la fin du livre du professeur.

Jetzt kannst du's!

➲ Manuel pp. 84-85

1 Wie komme ich zu...? (p. 84)

Activité langagière
Écouter
Objectifs
Comprendre un itinéraire donné

Script
(CD Classe 2 piste 12)

Aurel: Entschuldigen Sie bitte! Ich muss in zehn Minuten am Rathaus sein. Wie komme ich dorthin?

Passant: In zehn Minuten wollen Sie dort sein? Das wird knapp sein. Da müssen Sie sich beeilen. Aurel: Ja, ich weiß. Wo ist also das Rathaus bitte?

Passant: Von hier vom Bahnhof gehen Sie geradeaus bis zum Liebig-Museum. Biegen Sie dort nach links ab in die Liebigstraße und gehen Sie bis zur Ampel. Gehen Sie dann nach rechts und geradeaus bis zur Apotheke. Biegen Sie dann nach links ab in die Südanlage. Links sehen Sie zuerst ein Parkhaus und dann eine Kirche. Von da bis zum Rathaus sind es noch zwei Minuten. Das Rathaus ist direkt neben der Touristikinformation.

Aurel: Also... zuerst bis zum Liebig-Museum, dann nach links und an der Ampel nach rechts bis zur Apotheke und dann... nach links?

Passant: Genau, bis zur Kirche, und dann nach rechts.

Aurel: Herzlichen Dank.

Corrigés du cahier d'activités (p. 71)

1. der Bahnhof.
2. das Rathaus
3. die Liebigstraße, die Südanlage
4. der Bahnhof, das Liebig-Museum, die Apotheke, ein Parkhaus, eine Kirche, das Rathaus, die Touristikinformation
5. geradeaus gehen, nach links abbiegen, bis zur Ampel gehen, nach rechts gehen, geradeaus gehen, nach rechts abbiegen, links.

2 Wohnung in Bayern (p. 84)

Activité langagière
Lire
Objectifs
Comprendre une description d'appartement et le situer

Compte tenu de la nature de l'annonce, on ne pourra vérifier sa bonne compréhension que si l'élève est capable de rendre compte en français.

Corrigés du cahier d'activités (p. 71)

1. Farchant
2. À droite à partir de la pharmacie, puis tout droit, puis à gauche
3. Cinq pièces
4. Un salon, une salle à manger, une chambre, deux chambres pour les enfants, une grande cuisine, une salle de bains avec toilettes et douche

3 So ein Durcheinander! (p. 85)

Activité langagière
Parler en continu
Objectif
Savoir situer des objets

Énoncés possibles (p. 72)

1. Ich sehe einen Schreibtisch, ein Bett, einen Stuhl und ein Regal / einen Schrank.
2. Auf dem Bild sehe ich einen Regenschirm, Posters, einen Papierkorb, einen Ball, einen Computer / einen Laptop, Bücher, Stifte, eine Brille, eine Kappe und (andere) Klamotten wie eine Hose und einen Anorak.
3. Die Schuhe liegen unter dem Tisch. Der Computer liegt auf dem Tisch.

Drei Bücher und drei Stifte liegen auch auf dem Tisch. Die Brille liegt auf zwei Büchern. Bücher stehen auf einem Regal. Die Bücher liegen auch unter dem Regal / Schrank. Die Stiefel stehen auf dem Regal. Neben dem Bücherregal auf dem Bett sitzt ein Plüschtier. Der Regenschirm steht neben dem Bett. Das Bett steht an der Wand. An der Wand hängen die Posters. Klamotten hängen an der Tür. Die Kappe hängt an dem Stuhl / liegt auf dem Stuhl. Der Papierkorb liegt neben dem Stuhl. Der Ball ist im Papierkorb...

4 Was darf man hier? (p. 85)

Activité langagière
Écrire
Objectif
Indiquer ce que l'on a le droit de faire et ce que l'on ne doit pas faire

Corrigés du cahier d'activités (p. 72)

1. Hier darf man Rad fahren und zu Fuß laufen.
2. Man darf hier nicht essen. Hier darf man nicht trinken.

Erzähl mal!

Descripteurs du Cadre européen

Écouter

- **A1/A2** Comprendre ce que quelqu'un a fait pendant la journée.

Lire

- **A1/A2** Comprendre la description physique de quelqu'un.
- **A2** Comprendre un court récit au passé.
- **A2** Identifier l'information pertinente sur un écrit simple comme un article de journal.

Parler en continu

- **A2** Raconter une histoire ou faire une description brève et élémentaire d'un événement ou d'une activité.
- **A1/A2** Décrire ou présenter les gens, lieux et choses en termes simples.
- **A2** Décrire une action située dans le passé.

Parler avec quelqu'un

- **A1/A2** Échanger des informations personnelles (physiques) sur quelqu'un.

Écrire

- **A2** Faire une description brève d'un événement.

La photo d'ouverture de ce chapitre est pour le moins parlante, permettez-nous ce jeu de mots !
On ne manquera pas de faire noter que l'acte central qui y est illustré (*erzählen*) est repris dans le titre sous sa forme injonctive afin d'inviter à la production d'un récit et de traduire l'impatience et la curiosité de celui à qui l'histoire est racontée. Le professeur pourrait ensuite inviter les élèves à réfléchir aux différentes formes possibles d'un récit en les guidant au besoin afin de faire émerger qu'il peut être aussi bien écrit (histoires, romans, contes, articles de faits divers, lettres ou mails...) qu'oral (contes, comptes rendus faits de vive voix ou au téléphone, témoignages ...). Les élèves seront ainsi sensibilisés aux différents descripteurs du CECRL reproduits sur cette page d'ouverture ainsi qu'à la tâche finale qui leur est proposée.
Le récit est donc un élément central de ce chapitre dont la particularité est de présenter une histoire suivie. Celle -ci se déroule en trois actes répartis sur les pages de gauche des trois *Stationen*. Il conviendra donc de le faire remarquer aux élèves en leur demandant, par exemple, ce que signifie d'après eux la mention *Fortsetzung folgt* inscrite au bas des pages de gauche des *Station* 1 et 2 et en leur faisant déduire qu'il s'agit là d'une courte histoire à suivre présentant des personnages récurrents et un problème à résoudre. On pourra ensuite commenter brièvement les descripteurs de la page 87 et faire noter que la description et le récit au passé jouent un grand rôle ici, tant dans la partie compréhension, essentielle bien sûr quand on lit une histoire, que dans la partie production (écrire et parler), indispensable à l'avancée et à la résolution active de l'énigme.

Station 1

Was ist passiert?

➲ Manuel pp. 88-89

1 Hast du Fabian gesehen? (p. 88)

Activités langagières
– Écouter
– Parler en continu

Objectifs linguistiques

a. Faits de langue :
– la compréhension et l'appropriation de certains verbes faibles ou forts au parfait prenant un *ge-* au participe II
– le prétérit de *sein*, *haben*, *wollen* et *können*

b. Lexique :
– rebrassage des activités faites durant la journée
– les compléments circonstanciels de temps

Script
(CD Élève piste 17, CD Classe 2 piste 13, manuel p. 100)
Adrian: Adrian Seemann.
Frau Werner: Guten Tag, Adrian, hier ist Anna Werner, die Mutter von Fabian. Sag mal, ist Fabian bei dir?
Adrian: Guten Tag, Frau Werner. Nein, ich habe ihn seit heute morgen nicht gesehen.
Frau Werner: Bist du sicher?

Adrian: Ja. Frau Werner, was ist denn los? Warum sind Sie denn so nervös?
Frau Werner: Du, ich suche Fabian. Er ist immer noch nicht zu Hause, und sein Handy ist aus. War er in der Schule?
Adrian: Ja, eigentlich schon ...
Frau Werner: Was hattet ihr heute morgen?
Adrian: In der ersten Stunde Mathe, dann Deutsch. Wir haben geprobt, wissen Sie, für das Theaterstück. Fabian war motiviert und total begeistert.
Frau Werner: Und dann?
Adrian: Dann hatten wir ... Moment ..., ja wir hatten dann die große Pause. Er hat die ganze Zeit mit Anja gesprochen, glaube ich. Er wollte mit ihr allein bleiben.
Ich habe ihn eigentlich komisch gefunden.
Frau Werner: Komisch? Was meinst du?
Adrian: Ja, er war richtig im Stress. Vielleicht, weil wir dann nach der Pause eine Klassenarbeit in Englisch schreiben sollten.
Frau Werner: Nach der Pause hatte er also Englisch.
Adrian: Ja, aber im Englischunterricht war er nicht mehr da.
Frau Werner: Was ...?
Adrian: Ja, und seit der Pause habe ich ihn nicht mehr gesehen. Wir wollten am Nachmittag zusammen ins Kino gehen, aber er hat nicht mal angerufen, um zu sagen, dass er nicht konnte. Es tut mir leid Frau Werner, ich weiß nicht, wo er ist ... Ich kann Ihnen nicht helfen.
Frau Werner: Danke Adrian. Auf Wiederhören.

Mise en œuvre en classe

• **1** Les élèves vont entrer dans l'histoire de façon assez classique par la présentation des personnages et du problème à résoudre. Ces premiers éléments sont donnés en grande partie dans le dialogue téléphonique entre Frau Werner et Adrian, mais aussi dans l'iconographie de la page 88. Nous conseillons donc de commencer par une brève description des images qui aura simplement pour but de poser les personnages, les moments et les lieux et de faciliter ainsi la réception du dialogue téléphonique et l'émission d'hypothèses. L'utilisation du vidéoprojecteur sera ici d'un grand secours puisqu'elle permettra de focaliser l'attention des élèves sur les détails importants de l'image et de limiter l'approche aux bulles dans un premier temps, puis à la mère affolée et à Adrian dans un second temps. Au terme de ce travail en plénière, les élèves devraient être capables d'effectuer le premier point de la partie b. du cahier d'activités page 73, c'est-à-dire d'associer les noms (Frau Werner, Adrian, Fabian) à certains membres de phrases proposés. Les élèves, à ce stade, pourront assez aisément formuler les énoncés suivants : *Frau Werner ist Fabians Mutter, Adrian ist Fabians Freund, Frau Werner ist nervös* et peut-être *Frau Werner sucht Fabian und findet ihn nicht*. Ainsi la compréhension du dialogue est-elle largement préparée par ce travail préliminaire au moyen de l'image.

• **2** Il est ensuite nécessaire que le professeur lise les autres propositions à cocher dans le cahier d'activités (deuxième point page 73), en ne manquant pas de s'assurer que les prépositions *vor* et *nach* sont parfaitement comprises dans les compléments circonstanciels *vor der Pause, nach der Pause, nach der Schule* afin que l'emploi du temps de Fabian puisse être renseigné correctement. On peut demander aux élèves, à l'issue de la conversation téléphonique, de mémoriser toutes les phrases cochées (point b. en entier) pour qu'ils se familiarisent avec les formes nouvelles du prétérit et du parfait qui font l'objet du post-it grammatical de la page 94 du manuel.

• **3** L'exercice 1 à la page 75 du cahier d'activités est conçu pour servir de base à une réflexion inductive sur la formation du parfait des verbes et du prétérit de *sein, haben, können et wollen*. Cette activité se fait en deux temps. Il est conseillé aux professeurs ayant des élèves en difficulté ou bien des élèves de 6e de faire faire la partie a. en classe de façon à s'assurer de la bonne compréhension du mail. La partie b. peut être effectuée à la maison, elle consiste en un travail de classement des formes verbales rencontrées et prépare la réflexion grammaticale. Les exercices accompagnant la règle donnée en page 94 du manuel sont des entraînements ciblés à la formation du parfait ou du prétérit. Parce qu'il ne faut pas sous-estimer la difficulté de cette tâche nouvelle pour nos élèves, nous conseillons, là encore, de bien lire les énoncés avec eux et de ne pas hésiter à traduire ou, mieux, à faire traduire les phrases qui pourraient poser problème, afin que les élèves ne perdent pas le sens des énoncés à formuler. Il en est de même pour la carte postale à compléter dans l'exercice 2 de la page 75 du cahier d'activités.

Corrigés du cahier d'activités (p. 73)

b.

■ Die Personen

Frau Werner ■ ist Fabians Mutter.
■ sucht Fabian und findet ihn nicht.
■ ist nervös.

Adrian ■ hat Fabian seit der Pause nicht gesehen.
■ kann nicht helfen.
■ ist Fabians Freund.

Fabian ■ ist nicht zu Hause.
■ ist nicht bei Adrian.

■ Fabians Stundenplan

Vor der Pause hatte er Mathe / Deutsch.
In der Pause wollte er allein mit Anja bleiben.
Nach der Pause hatte er einen Englischtest / war er im Englischunterricht nicht mehr da.
Nach der Schule wollten Adrian und Fabian ins Kino gehen.

Sprechtraining

(manuel p. 88, cahier d'activités p. 74)

■ [h] ou [ʔ]

Script du Sprechtraining
(CD Classe 2 pistes 14-15)

1.
1. Adrian
2. zu Hause
3. Anna
4. immer
5. hier
6. aus
7. das Handy
8. in der ersten Stunde
9. heute
10. Englisch
11. anrufen

2.
1. Fabian ist heute Abend nicht zu Hause.
2. Sein Handy ist aus. 3. Nach der Pause hatte die Klasse Englisch. 4. Die Schüler haben in Englisch eine Arbeit geschrieben.

Corrigés du Sprechtraining (cahier d'activités p. 74)

	1	2	3	4	5	6	7	8	9	10	11
[h]		×			×		×		×		
[ʔ]	×		×	×		×		×		×	×

Z Wer hat die Krone gestohlen? (p. 89)

Activités langagières
– Écouter
– Parler en continu

Objectifs linguistiques
Compréhension et réemploi de quelques formes verbales au parfait, ainsi que des verbes *sein, haben, wollen* et *können* au prétérit

Objectifs culturels
– Aix-la-Chapelle, résidence de Charlemagne, capitale de l'Empire
– la cathédrale d'Aix-la-Chapelle

Script
(CD Classe 2 piste 16)

Thomas Fischer: Ich habe wie jeden Tag bis um 18 Uhr gearbeitet. Um 17 Uhr 45 war in der Schatzkammer nur noch eine Person, eine Frau, dann niemand mehr. Ich habe nichts Besonderes gesehen.
Angelika Funke: Die Krone war wirklich wunderschön! Ich war in der Schatzkammer von 17 Uhr 15 bis 17 Uhr 45. Ich habe dann Stefan Imker am Marktplatz getroffen, wir haben zusammen einen Kaffee getrunken. Es war 18 Uhr.
Stefan Imker: Ich habe die Krone nicht gesehen, ich hatte keine Zeit. Ich konnte nicht kommen, denn ich war mit einer Freundin in der Bibliothek bis um 18 Uhr 30. Um 19 Uhr etwa habe ich Angelika im Café am Marktplatz getroffen.
Tessa Weißberg: Ich hatte gestern keine Führungen, ich habe nämlich nicht gearbeitet. Ich war am Vormittag im Schwimmbad, und am Nachmittag war ich zu Hause, ich habe gelesen und gekocht. Ich hatte Gäste zum Abendessen.

Mise en œuvre en classe

Disons-le sans détour, cette mini-énigme est difficile à plus d'un titre : elle requiert de la part des élèves une grande attention, car le vocabulaire utilisé est parfois pointu et peut faire obstacle à la compréhension (*Krone Karls des Großen, Schatzkammer, Führung, Museumswächter, Einbruch*) et parce que certaines formes du participe II des verbes forts (getroffen, gefunden) ne sont pas immédiatement identifiables. De plus, la résolution de l'énigme n'aboutit à aucune certitude mais seulement à des suppositions dont une est plus probable que les autres (il est en effet possible qu'Angelika Funke ait menti puisqu'elle prétend avoir rencontré Stefan à 18h00 et que celui-ci est resté à la bibliothèque avec une amie jusqu'à 18h30).

• **1** Il semble donc nécessaire de procéder de façon très progressive et de commencer par un délestage lexical. Celui-ci peut être soit préparé à la maison par une mini-recherche qui sera rapidement présentée en classe (*Wer war Karl der Große? Wie war sein Name auf Französisch? Wo hat er gewohnt? Wann hat er gelebt?*), soit fait en classe au moyen de la photo qui permettra d'introduire le mot *Krone*, le lieu (*Aachen, Dom*) et le personnage historique : les élèves repéreront *Karl der Große* mais ne l'identifieront pas. Pour les aider, le professeur pourra peut-être faire un détour par le latin et associer *magnus* à *groß* afin de faire déduire le nom de Charlemagne aux élèves. Le participe II de *verschwinden* pourra être explicité par une périphrase du type : *Die Krone ist nicht mehr im Museum, jemand hat sie gestohlen* qui permettra d'introduire le verbe *stehlen* que les élèves réutiliseront par la suite. La réponse à la question a. de la consigne page 89 du manuel permet de réutiliser le vocabulaire introduit précédemment et de replacer le fait (qui relève de la fiction, précisons-le au passage) dans un lieu et à une date précise.

Le repérage des suspects interrogés est facilité par la reproduction de la page du carnet du commissaire dans le manuel. Là encore, il faut assurer la compréhension de *Museumswächter* et *Besucherin* en passant au besoin par une traduction.

• **2** Une première écoute des interviews permettra de compléter la première colonne du tableau situé dans le cahier d'activités page 74 (*War er/sie im Museum? Bis wann?*). Une deuxième puis une troisième écoute devraient permettre de repérer les activités de chaque personnage. Il ne faut pas attendre à ce niveau des phrases entièrement formulées mais seulement des bribes, des mots-clés, des indices qui serviront à la formulation de phrases complètes au passé au moment de la correction collective. Lors de cette mise en commun ou correction de la deuxième colonne du tableau, le professeur peut, s'il le juge nécessaire, faire réécouter les passages qui auront posé problème. La question c. est ensuite une déduction hypothétique (*vielleicht*...) de ce qui précède, accompagnée de quelques phrases qui justifient le bien-fondé de cette supposition.

Corrigés du cahier d'activités (p. 74)

a.

	War er/sie im Museum? Bis wann?	**Was hat er/sie gemacht?**
Thomas Fischer	Ja, bis 18 Uhr.	Er hat bis 18 Uhr gearbeitet. Er hat nichts Besonderes gesehen.
Angelika Funke	Ja, bis 17 Uhr 45.	Sie war in der Schatzkammer bis 17 Uhr 45. Um 18 Uhr hat sie am Markplatz mit Stefan Imker einen Kaffee getrunken.
Stefan Imker	Nein.	Er war mit einer Freundin in der Bibliothek bis 18 Uhr 30. Um 19 Uhr hat er Angelika Funke am Marktplatz getroffen.
Tessa Weißberg	Nein.	Sie hat nicht gearbeitet. Am Vormittag war sie im Schwimmbad. Am Nachmittag hat sie gelesen und gekocht.

c. Angelika Funke hat kein gutes Alibi.
Vielleicht hat Angelika Funke die Krone gestohlen. Sie sagt, dass sie um 18 Uhr mit Stefan einen Kaffee am Marktplatz getrunken hat. Aber das stimmt nicht. Sie hat gelogen, weil Stefan bis 18 Uhr 30 mit einer Freundin in der Bibliothek war. Angelika konnte also nicht um 18 Uhr mit Stefan am Marktplatz sein.

3 Aber was war denn los? (p. 89)

Activité langagière
– Lire
– Écrire

Objectifs linguistiques
Réutilisation à l'écrit du prétérit des verbes *sein, haben, wollen, können* et du parfait de quelques verbes.

Mise en œuvre en classe

La tâche consiste ici à rédiger une réponse à un mail qui contient bon nombre de questions. Elle est donc très guidée. La rubrique *Vokabeln* page 89 fournit le nécessaire lexical, mais l'élève est bien sûr libre de s'en affranchir ou de développer les raisons de l'absence de Leo au cours de judo. En raison de la relative facilité de cette activité, il est conseillé de laisser les élèves autonomes ou de leur demander de faire ce travail d'expression écrite à la maison.

Corrigés du cahier d'activités (p. 74)

Proposition de corrigé
Hallo Holger!
Ich war im Judokurs nicht da, weil ich keine Zeit hatte. Ich habe den ganzen Tag für die Schule gelernt. Ich habe in der Schule drei Klassenarbeiten geschrieben! Zu Hause habe ich am Nachmittag für den Chemietest gelernt. Ich war total müde und wollte / konnte nicht mehr zum Judo kommen!
Bis bald!
Dein Leo

Zwischenstation

(manuel p. 89)

Activité langagière
Parler en continu

Mise en œuvre en classe

Lors de la préparation de cette expression orale en continu, les élèves seront invités à prendre des notes qu'ils pourront éventuellement lire. La réflexion peut s'organiser autour des questions suivantes : *Was hattest du gestern? (Welche Fächer? Mit wem? Wann? Wer war nicht da?) Wie war es? Was hast du gern / nicht gern gemacht?*
Et pour prolonger le travail des élèves les plus rapides : *Was hast du nach der Schule gemacht?*

Énoncés possibles
Gestern hatten wir um halb 10 Englisch mit Frau Martin. Wir haben einen Text gelesen und einen Dialog gehört. Dann haben wir auf Englisch Theater gespielt, das war lustig. Das haben wir sehr gern gemacht. Du warst nicht da, schade! Wir hatten dann Biologie, da haben wir Experimente gemacht. Nach der Mittagspause haben wir eine Klassenarbeit in Physik geschrieben. Im Musikunterricht haben wir gesungen, aber wir waren alle müde. Nach der Schule habe ich Toni getroffen, und wir haben zusammen Videospiele gespielt.

Station 2
Beim Kommissar

Manuel pp. 90-91

1 Fabians Profil (p. 90)

Activités langagières
– Lire
– Parler en continu

Objectifs linguistiques
a. Fait de langue : la proposition subordonnée introduite par *dass*
b. Lexique :
– la description physique
– la formulation d'hypothèses

Nous avons regroupé sur cette page trois documents faisant partie du dossier du commissaire, conçus pour compléter le portrait du jeune garçon disparu et permettre d'avancer dans l'enquête en formulant des hypothèses sur ce qui est arrivé. L'avis de recherche fournit des informations sur le physique de l'adolescent, tandis que l'e-mail envoyé par le professeur médiateur permet de cerner son caractère, sa relation à l'école et ses centres d'intérêts. Enfin, les notes prises par le commissaire donnent un éclairage sur le contexte familial.
Notons que la typologie variée des documents, reposant tantôt sur l'usage de mots-clés, de notes, tantôt sur l'utilisation d'énoncés plus complexes, offre une progression dans l'entraînement de la compréhension de l'écrit.

Mise en œuvre en classe

• **1** L'enseignant invitera ses élèves à endosser le rôle de détective et à récapituler dans un premier temps ce qu'ils savent sur l'affaire. Puis il leur laissera suffisamment de temps pour lire les documents et dresser le portrait de Fabian. Pour dynamiser l'activité et éviter que les élèves se contentent de lire lors de la restitution, on pourra leur demander de mémoriser le maximum d'informations. Afin de faciliter la tâche cependant, on pourrait constituer deux ou trois groupes qui chercheraient respectivement des informations sur le physique, le caractère et les centres d'intérêts, ainsi que sur le contexte familial.
Si le lexique de la description physique est nouveau, il sera aisé pour l'élève d'en induire le sens grâce aux

mots transparents et au support visuel. Seul l'adjectif *schlank* constitue une entrave que l'on n'hésitera pas à lever par le mime.
Lors de la restitution, on classera les informations dans un tableau sur le modèle de celui reproduit dans le cahier d'activités page 76.

• **2** Puis l'on demandera aux élèves de repérer l'hypothèse formulée par le professeur de Fabian (*Es kann sein, dass die Theateraufführung in drei Wochen ihn stresst*) qui fournira un modèle pour en émettre d'autres. Notons que la rubrique *Vokabeln* du cahier d'activités est plus étoffée que celle du manuel et fournira des idées sous forme de groupes verbaux à l'infinitif.
Pour éviter néanmoins que l'activité ne prenne une tournure assez répétitive et artificielle qui consisterait à utiliser chaque groupe verbal de la rubrique *Vokabeln* et à faire émettre des hypothèses indépendamment du sens, nous suggérons de reproduire les groupes verbaux sur des cartes (on pourra en ajouter autant qu'on veut) parmi lesquelles les élèves piocheront. Ils formuleront l'hypothèse à voix haute et les autres devront prendre position après avoir cherché des indices permettant de l'infirmer ou de la confirmer.

Énoncés possibles

A: Ich glaube, dass er in die Schweiz gefahren ist.
B: Ja, es kann sein. Sein Vater arbeitet in der Schweiz. Vielleicht wollte er ihn sehen.

A: Es kann sein, dass er Stress mit der Mutter hat.
B: Warum nicht? Der Kommissar schreibt, dass er allein mit seiner Mutter lebt.
C: Ja, es kann sein, dass sie seine Freundin nicht mag.

A: Vielleicht hat er die Schule geschwänzt.
B: Nein, das glaube ich nicht. Er hat noch nie die Schule geschwänzt.
C: Das stimmt, aber er hatte eine Klassenarbeit in Englisch. Vielleicht hatte er Angst gehabt.
D: Aber er ist gut in der Schule.

A: Ich glaube, dass er Probleme mit seiner Freundin hat.
B: Ja, es kann sein. Er hat in der Pause mit ihr gesprochen und war komisch.

A: Es kann auch sein, dass er einen Unfall hatte.
B: Nein, ich glaube nicht, dass er einen Unfall hatte, weil er in der Schule war. Nach der Pause hatte er Englisch.

A: Es kann sein, dass jemand ihn gekidnappt hat.
B: Vielleicht, aber niemand hat den Kidnapper gesehen.

Corrigés du cahier d'activités (p. 76)

a. Informationen über Fabian

Aussehen	Charakter / Interessen	Persönlichen Kontext
– hat blonde Haare – hat grüne Augen – ist 1,70 m groß – ist schlank – ist sportlich	– ist kreativ, mag Theater – hat gute Noten, hat nie die Schule geschwänzt – war in letzter Zeit gestresst	– Er lebt allein mit seiner Mutter. – Sein Vater arbeitet in der Schweiz. – Fabian ist Einzelkind. – Seine Freundin ist Sängerin in einer Rockband.

Fabians Augen sind grün: Richtig
Er ist blond: Richtig
Er ist groß und schlank: Richtig
Er lebt bei seinem Vater: Falsch
Er hat keine Geschwister: Richtig
Er ist gut in der Schule: Richtig
Seine Klasse fährt im Juni auf Klassenfahrt in die Schweiz: Falsch
Er will nicht mitfahren: Falsch
Er ist Single: Falsch

b. **Proposition de corrigé**
Ich glaube, dass er in die Schweiz gefahren ist, weil er seinen Vater sehen wollte. Aber es kann ja auch sein, dass er Probleme mit seiner Freundin hat. Er hat in der Pause mit ihr gesprochen und war komisch.

Sprechtraining

(manuel p. 90, cahier d'activités p. 77)

■ La diphtongue [au̯]

Script du Sprechtraining
(CD Classe 2 piste 17)
blau – groß – vielleicht – Augen – Haare – glauben – braun – schauen – grau – rot

Corrigés du Sprechtraining (cahier d'activités p. 77)

	[au̯]	0
1	×	
2		×
3		×
4	×	
5		×
6	×	
7	×	
8	×	
9	×	
10		×

2 Wer ist es? (p. 91)

Activité langagière
Parler avec quelqu'un

Objectif linguistique
Cette activité, conçue sur le principe du jeu *Wer ist es?*, est destinée à faire manipuler le lexique de la description physique.

Mise en œuvre en classe

L'activité pourra aisément être contextualisée en précisant qu'un élève va jouer le rôle de témoin oculaire dans le cadre d'une enquête policière. Celui-ci choisit alors parmi les six photos d'identité un personnage qu'il doit faire retrouver au reste de la classe. Les élèves enquêteurs ont le droit de lui poser exclusivement des questions globales auxquelles il répondra par *Ja* ou *Nein*. Par élimination, la classe ne devrait pas tarder à identifier le coupable. On précisera avant de commencer qu'il est obligatoire de poser une question avant d'émettre une hypothèse sur l'identité. Le premier à avoir deviné prend le relais et devient à son tour témoin.

Énoncés attendus
A: Ist es ein Mann? / Ja.
B: Ist er groß? / Ja.
C: Hat er lange blonde Haare? / Nein.
C: Ich glaube, dass es der Mann auf Bild 5 ist. / Ja!

3 Rate mal! (p. 91)

Activité langagière
Parler en continu

Objectifs linguistiques
a. Fait de langue : la subordonnée introduite par *dass*
b. Lexique : le vocabulaire de la description physique/l'émission d'hypothèses

Nous avons choisi ce tableau du peintre berlinois Edward B. Gordon (http://www.gordon.de/Edward_B._Gordon/Home.html) pour son caractère énigmatique qui devrait susciter l'émission d'hypothèses de la part des élèves. En outre, le personnage n'est pas sans rappeler le protagoniste principal de notre histoire, ce qui permettra éventuellement de faire des parallèles et de réactiver les acquis de la page de gauche.

Mise en œuvre en classe

Les élèves sont invités à décrire l'illustration et à répondre aux questions suggérées dans le manuel en formulant le cas échéant des hypothèses. La grille proposée dans le cahier d'activités page 77 s'avèrera utile pour l'élève qui n'aura qu'à choisir parmi plusieurs propositions celle qui lui semble la plus plausible. Si l'activité est conçue au départ pour s'exprimer oralement en continu, il est néanmoins probable que la formulation d'hypothèses engendre des échanges au sein de la classe. Les élèves auront l'occasion de réagir en indiquant notamment s'ils sont d'accord ou non et en donnant leur avis.

Énoncés possibles
Ich glaube, dass die Szene an einer Bushaltestelle spielt.
Es kann sein, dass der Junge in die Schule fährt.
Er ist groß und schlank und sieht jung aus. Ich glaube, dass er 17 Jahre alt ist.
Er trägt eine Jeans und ein T-Shirt. Wir können seinen Kopf nicht sehen, aber ich glaube, dass er blonde Haare und blaue Augen hat.

Zwischenstation

(manuel p. 91, cahier d'activités p. 77)

Activité langagière
Parler en continu

Mise en œuvre en classe

L'activité consiste à se créer un avatar et à le décrire à la classe. Pour information, sur Internet et dans les jeux vidéo, un avatar est un personnage représentant un utilisateur. Il peut se réduire à un portrait, comme sur un forum ou dans une messagerie instantanée, ou encore être un véritable acteur interactif, contrôlé par l'utilisateur, comme dans les jeux vidéo.

Si les élèves peuvent réaliser l'activité en se contentant de dessiner leur avatar sur une feuille de papier, on pourra leur suggérer, dans cette phase de préparation qui sera effectuée à la maison, de recourir à un logiciel permettant de le créer en ligne, par exemple *Voki*. (cf. tutoriel p. 181 du livre du professeur) http://www.voki.com/create.php (notons que l'interface du site en anglais pourrait engendrer un travail en commun avec le collègue d'anglais pour les élèves de classes bilangues ou LV2).

Puis, en classe, chaque élève sera invité à décrire son personnage virtuel. Pour capter l'attention de tous les élèves, on pourra accrocher plusieurs avatars au tableau, les numéroter et demander au reste de la classe d'identifier celui qui vient d'être décrit.

L'avatar pourra être sauvegardé et utilisé ultérieurement dans le cadre d'activités d'expression orale en continu. Il est en effet possible de le faire parler en enregistrant un texte. Notons qu'un système de synthèse vocale s'avèrera très pratique pour des élèves en situation de handicap.

> Énoncés possibles
> Mein Avatar hat blaue Augen und kurze braune Haare. Er ist groß und schlank. Sein T-Shirt ist rot, ...

Prolongements

Le quiz *Wie gut kennst du deine Mitschüler?* proposé dans le cahier d'activités à la page 78 permettra de manipuler de nouveau ces structures dans un contexte davantage centré sur l'élève, ce qui devrait susciter son intérêt.

Dans la même optique, on pourra envisager, en classe, de mettre en place un jeu avec un parcours ressemblant à celui d'un jeu de l'oie dont on aura numéroté chaque case. Par commodité, nous conseillons de le projeter au mur à l'aide d'un rétro- ou d'un vidéoprojecteur. Puis l'on préparera deux jeux de cartes. Sur chaque carte du premier paquet, on aura pris soin de reporter le prénom d'un élève. Sur les autres figureront des questions (ex.: *Was macht er/sie gern? / Was ist sein/ihr Lieblingssänger? ...*) qu'il sera intéressant de faire rédiger par les élèves.

Le jeu peut alors commencer ! Nous vous conseillons de constituer deux équipes en divisant la classe en deux. Un joueur de l'équipe 1 pioche une carte dans le premier paquet afin de découvrir la personne sur laquelle il va devoir apporter une information. Puis il pioche une carte question qu'il lit à voix haute. L'élève concerné note rapidement sa réponse tandis que le joueur 1 tente d'y répondre en émettant une hypothèse que l'on compare avec la réponse inscrite. S'il a vu juste, le joueur lance un dé, puis avance son pion d'autant de cases que de points indiqués par le dé.

Modèle de plateau de jeu qui pourra être agrandi et projeté à l'aide d'un rétro- ou d'un vidéoprojecteur :

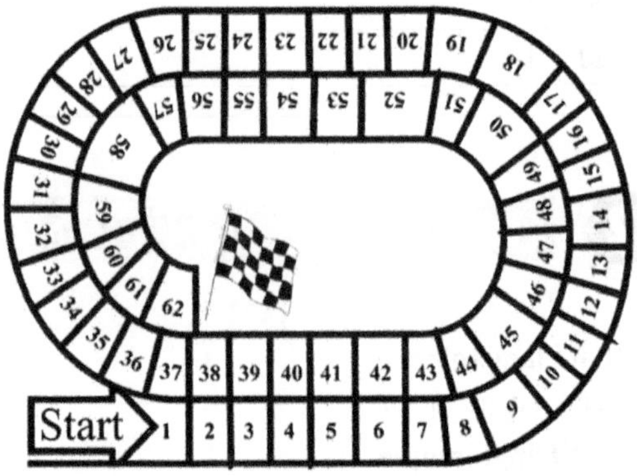

Station 3
Ende gut, alles gut

➲ Manuel pp. 92-93

1 Was steht in der Zeitung? (p. 92)

Activités langagières
– Lire
– Parler en continu

Objectifs linguistiques
– les formes particulières du participe II (verbes à préverbe séparable et verbes non accentués sur la première syllabe)
– l'auxiliaire *sein*

Objectifs culturels
– la lecture d'une page de journal
– la Formule 1, Nico Rosberg

Mise en œuvre en classe

L'énigme de la disparition de Fabian va trouver sa résolution dans l'un des articles (*Film-Casting*) de la page de journal présentée. Cette dernière étape fait appel à des qualités de déduction logique et requiert une lecture assez détaillée des trois articles. La rubrique *Vokabeln* met les élèves sur la voie : il s'agit de prêter une attention particulière au temps de chaque article, car c'est là que l'élève trouvera la clé. La page de journal est en effet trouvée dans la chambre de Fabian le jour de sa disparition. Les faits relatés dans les articles *TV-Superstar* et *Formel 1* sont passés alors que l'article *Film-Casting* évoque un casting sur deux jours. On sait, en outre que Fabian aime le théâtre. L'élève a donc les éléments pour conclure lui-même l'enquête et faire des hypothèses qu'il vérifiera par la suite.

Énoncés possibles

Fabian wollte bestimmt beim Casting mitmachen / er hat beim Casting mitgemacht. Er spielt gern Theater und wollte in Kai Wessels Film spielen.

Corrigés du cahier d'activités (p. 79)

	Was ist passiert?	Wo?	Wann?
TV-Superstar	Der Kandidat Alex Mender hat beim DSDS-Finale gewonnen.	In Köln.	Gestern.
Formel 1	Das William-Team hat neue Rennwagen getestet.	Auf dem Nürburgring.	Letzte Woche.
Film-Casting	Das Casting für Kai Wessels neuen Film hat angefangen.	In Köln.	- Heute. -Morgen.

2 Und zu Hause bei Fabian? (p. 92)

Activités langagières

– Écouter

– Parler en continu

Objectifs linguistiques

Les formes particulières du participe II (verbes à préverbe séparable et verbes non accentués sur la première syllabe)

Script

(CD Élève piste 18, CD Classe 2 piste 18, manuel p. 100)

Hi Mama! Hier ist Fabian. Ich hoffe, du hast dir keine Sorgen gemacht. Ich war den ganzen Nachmittag in Köln, ich habe bei einem Film-Casting mitgemacht, und mich hab'n sie genommen! Ich werde im neuen Film von Kai Wessel mitspielen. Tschüs, Mama. Ich ruf' dich später noch mal an.

Mise en œuvre en classe

• **1** L'écoute du message laissé sur le répondeur fournit la possibilité de confirmer ou d'infirmer les hypothèses émises à la suite de l'activité précédente. Le texte à compléter après l'écoute, dans le cahier d'activités page 79, met en relief les mots-clés à sélectionner pour bien vérifier l'hypothèse (*Köln, Film-Casting, genommen et mitspielen*).

• **2** Pour faciliter la mise en œuvre de la partie grammaticale, nous suggérons de repartir des articles et de demander aux élèves de relever les verbes au parfait. Si le professeur travaille avec le manuel vidéoprojetable, il pourra surligner les auxiliaires et les participes II de différentes couleurs au fur et à mesure que les élèves les relèveront. Les nouveautés se trouvent dans tous les articles. Les remarques des élèves sur le choix de l'auxiliaire et la formation du participe II seront guidées par une maïeutique serrée du professeur : quel est le nouvel auxiliaire du passé rencontré ? Avec quels verbes est-il utilisé ici ? Quel sens *fahren* et *kommen* ont-ils en commun ? Où est placé le *ge-* dans *angefangen* et *mitgemacht* ? Pourquoi d'après vous ? Qu'y a-t-il de surprenant dans les participes II suivants : *erklärt, organisiert, gewonnen* ? Pourquoi faut-il un *ge-* au participe II de *mitmachen* ou de *anfangen* et pas à celui de *erklären, gewinnen, organisieren...* ? Ce questionnement pourrait aboutir à des conclusions proches de celles contenues dans le post-it grammatical à la page 95 du manuel. Les exercices d'application qui l'accompagnent sont essentiels à la fixation de ce fait de langue difficile. Les activités de la page 81 du cahier d'activités peuvent être faites à la maison à condition que l'on lise avec les élèves l'interrogatoire de l'exercice 1, long et difficile, et qu'on les aide éventuellement à repérer les participes II pour faciliter le choix de l'auxiliaire.

Énoncés possibles

Ich glaube, dass Fabian nach Köln gefahren ist. Er wollte bestimmt die Hauptrolle in Kai Wessels Film bekommen und hat beim Casting mitgemacht.

Corrigés du cahier d'activités (p. 79)

Fabian ist heute Nachmittag nach **Köln** gefahren und hat bei einem **Film-Casting** für Kai Wessels neuen Film mitgemacht, und ihn haben sie **genommen**. Er wird im neuen Film von Kai Wessel **mitspielen**.

Sprechtraining

(manuel p. 92, cahier d'activités p. 80)

■ **[eː] ou [ɛ]**

Script du Sprechtraining
(CD Classe 2 piste 19)
gestern – Elke – zehn – Rennwagen – mehr – helfen – Lehrer – zuletzt – Eltern – Problem

Corrigés du Sprechtraining (cahier d'activités p. 80)

	[eː]	[ɛ]
gestern		×
Elke		×
zehn	×	
Rennwagen		×
mehr	×	
helfen		×
Lehrer	×	
zuletzt		×
Eltern		×
Problem	×	

3 Ein voller Tag! (p. 93)

Activités langagières
– Lire
– Parler en continu

Objectifs linguistiques
– le réemploi de verbes au parfait dont le participe II a une forme particulière
– l'auxiliaire *sein*

Mise en œuvre en classe
Les élèves ont une nouvelle fois à résoudre un problème : la tâche consiste à retracer le parcours de Elke pour savoir quelle fut sa dernière étape et retrouver ainsi le porte-monnaie perdu. Afin que les élèves abordent ces documents de façon efficace et ciblée, il faut qu'ils aient en tête ou qu'on leur fournisse une grille de lecture (*Wohin ist Elke gegangen / gefahren? Was hat sie gemacht? Um wie viel Uhr?*) La version vidéoprojetable de cette activité permettra au professeur de surligner de couleurs différentes les informations relevées et d'inscrire à côté de chaque ticket le verbe à l'infinitif qui convient à l'activité.

Énoncés attendus
Zuerst hat Elke im Supermarkt eingekauft. Um halb 12 ist sie dann in die Buchhandlung gegangen. Sie wollte / hat ein Taschenbuch und einen Roman kaufen / gekauft. Dann hat sie Tennis gespielt. Am Nachmittag ist sie mit dem Auto in die Stadt gefahren. Sie hat einen Film im Kino gesehen. Sie hat ihr Auto am Karlsplatz geparkt und hat es um halb 7 abgeholt. Da hat sie bezahlt und ihr Portemonnaie verloren.

Corrigés du cahier d'activités (p. 80)

Am Vormittag: Um 9 Uhr 56 hat sie im Supermarkt eingekauft, und um 11 Uhr 37 hat sie ein Buch gekauft.
Zu Mittag: Um 12 Uhr 05 hat sie Tennis gespielt.
Am Nachmittag: Um 15 Uhr 30 ist sie ins Kino gegangen. Um 18 Uhr 32 hat sie ihr Auto vom Parkplatz geholt.

Zwischenstation

(manuel p. 93, cahier d'activités p. 80)

Activité langagière
Écrire

Mise en œuvre en classe
La rédaction de ce mail est une tâche assez libre, puisque le récit demandé concerne l'emploi du temps du week-end. Elle peut être préparée à la maison si l'on demande aux élèves de faire la liste de leurs activités et des lieux dans lesquels ils se sont rendus. Ils auront ensuite à rédiger le mail pour leurs correspondants en classe en se servant de la capture d'écran reproduite dans le cahier d'activités page 80.

Sprache aktiv

➲ Manuel pp. 94-95

Sprache aktiv Station 1

Corrigés du manuel (p. 94)

1

a. Gestern Nachmittag **habe** ich am Computer **gearbeitet**.
b. Zuerst **habe** ich Dokumente für mein Referat **gesucht**.
c. Dann **habe** ich Texte **geschrieben**.
d. Um 16 Uhr **habe** ich mit Freunden **gechattet**.
e. Ich **habe** noch eine Stunde **gespielt** und dann einen Film **gesehen**.

2

a. Ich **konnte** die Allianz-Arena nicht sehen, ich **hatte** keine Zeit.
b. Er **wollte** nicht, er **war** müde.
c. Wir **konnten** den neuen Opel nicht kaufen, wir **hatten** nicht genug Geld.
d. Er **konnte** nicht, er **hatte** keinen Hunger.

Corrigés du cahier d'activités (p. 75)

Exercice 1

a.

Hallo Sofie!
Ich habe am Wochenende meinen Geburtstag bei mir zu Hause gefeiert. Am Samstag waren alle meine Freunde auf der Party, nur du warst nicht da! Was hattest du? Schade, das war richtig toll! Wir haben Musik gehört, getanzt (Ferdinand nicht!), Spiele gemacht (Ferdi und Theo wollten unbedingt meine Videospiele ausprobieren!). Am Sonntag habe ich lange geschlafen, und zu Mittag hat mein Vater extra für mich gekocht: mein Lieblingsessen und seine Spezialität, Spaghetti alla Carbonara! Und du, wann kommst du zu mir? Wann schreibst du mir? Wann rufst du an?
Dein Timm

b.	**auxiliaires et participes II**	**infinitifs**
Verbes faibles : ***ge-* + radical + *(e)t***	habe ... gefeiert, haben ... gehört, haben ... getanzt, haben...gemacht hat ... gekocht,	feiern, hören, tanzen, kochen, machen
Verbes forts : ***ge-* + radical + *-en***	habe geschlafen	schlafen

Exercice 2

Lieber Daniel!
Ich bin mit meinen Eltern seit 3 Tagen in Bayern. Vorgestern **haben** wir das Schloss Neuschwanstein **gesehen**. Meine Mutter **hat** das natürlich sehr romantisch **gefunden**! Ich **habe** mich ein bisschen **gelangweilt**. Aber gestern **hatten** wir einen Supertag. Das Wetter **war** toll und wir **haben** eine Wanderung am Königssee **gemacht**.
Tschüs
Deine Nina

Sprache aktiv Station 2

Corrigés du manuel (p. 94)

3

a. Julia glaubt, dass seine Freundin Schluss gemacht hat.
b. Kilian glaubt, dass er Probleme zu Hause hat.
c. Miriam glaubt, dass er schlecht geschlafen hat.
d. Sven glaubt, dass er eine schlechte Note bekommen hat.
e. Verena glaubt, dass er einfach müde war.

4

a. Er schreibt, dass er 14 Jahre alt ist.
b. Er schreibt, dass er blonde Haare und grüne Augen hat.
c. Er schreibt, dass er gern Handball spielt.
d. Er schreibt, dass seine Lieblingsmusik Metal ist.
e. Er schreibt, dass er im Juni nach Stuttgart fährt.

Sprache aktiv Station 3

Corrigés du manuel (p. 95)

5

a. Hast du in Rom viel **fotografiert**?
b. Hat der Lehrer den Text **vorgelesen**?
c. Hat Herr Bauer dem Kommissar die ganze Geschichte **erzählt**?
d. Habt ihr das Handy zu Hause **vergessen**?
e. Haben die Kinder den ganzen Tag **ferngesehen**?
f. Hat Klaus das Auto schon **repariert**?
g. Hast du deine Freundin **angerufen**?

6

a. Um 8 Uhr ist er ins Bad gegangen / Er ist...
b. Er hat um 8 Uhr 25 gefrühstückt. Er hat Brötchen gegessen, Kaffee getrunken und Zeitung gelesen.
c. Er ist um 9 Uhr 15 zu Sonja gefahren.

d. Er ist von 10 bis 11 Uhr bei ihr geblieben.
e. Er hat um 11 Uhr 15 Susanne besucht.
f. Er ist um 12 Uhr nach Hause gekommen und hat Anna angerufen.

Corrigés du cahier d'activités (p. 81)

Exercice 1

Kommissar Braun: Was **haben** Sie heute gemacht, Herr Ruder?
Rudi Ruder: Wie jeden Tag, Herr Kommissar. Ich **bin** um 8 Uhr aufgestanden, ich **habe** dann gefrühstückt und Radio gehört. Um halb 9 **bin** ich dann unter die Dusche gegangen. Ich war um zehn vor neun fertig.
Kommissar Braun: Herr Ruder, Sie **haben** erklärt, dass sie um 9 Uhr zur Arbeit gefahren **sind**. Das stimmt nicht, Ihr Auto ist kaputt. Mein Kollege **hat** es getestet.
Rudi Ruder: Ich **bin** nicht mit dem Auto gefahren, ich **habe** den Bus genommen.
Kommissar Braun: Das stimmt nicht, die Busse der Linie 43 **sind** an diesem Tag nicht gefahren. Herr Ruder, Sie **sind** nicht um 9 Uhr zur Arbeit gefahren, Sie **sind** zu ihrer Nachbarin Susanne gegangen. Sie hatten den Hausschlüssel. Susanne war nicht da. Sie **haben** das Gemälde genommen und **sind** dann nach Hause gegangen. Wo ist jetzt das Gemälde?
Rudi Ruder: Ich **habe** es verkauft, Herr Kommissar.

Exercice 2

Ich **bin** 30 Kilometer Rad **gefahren**.
Wie bitte? Können Sie wiederholen? Ich **habe** Sie nicht **verstanden**.
Ihr Auto? Ich **habe** es noch nicht **repariert**!

Vokabeln aktiv

Corrigés du cahier d'activités (p. 82)

Exercice 1

Du hast gesucht, ich habe gefunden.
Er hat gekocht, wir haben gegessen.
Sie hat gefragt, er hat geantwortet.

Exercice 2
Propositions de corrigés

„Basics": heißen, wohnen, 14 Jahre alt sein, Single sein
Eigenschaften: offen sein, witzig sein, kreativ sein, schüchtern sein
Aussehen: groß / klein sein, schlank / dick sein, blaue Augen haben, braune Haare haben
Interessen: gern Tennis spielen, Sport mögen, Musik lieben, Rock gut finden

Endstation

Darüber spricht man in der Presse

➲ Manuel pp. 96-97

La *Endstation* de ce chapitre consacré au récit a pour objectif de sensibiliser les élèves à l'importance de la presse écrite en Allemagne. Rappelons qu'il se vend outre-Rhin deux fois plus d'exemplaires de quotidiens et d'hebdomadaires qu'en France. L'introduction met en exergue leur diversité, et l'on ne manquera pas de souligner la présence de journaux locaux, reflet du fédéralisme politique et culturel. On n'hésitera pas à se procurer quelques exemplaires de journaux et magazines pour les montrer aux élèves.
Puis il conviendra de leur faire repérer dans chaque article proposé la thématique générale, le lieu, les informations temporelles et de leur faire dégager l'information principale en citant la phrase clé du texte. On pourra à cet égard soumettre aux élèves une grille de lecture sur le modèle suivant :

	Rubrik?	Wann?	Wo?	Wer?	Was?
Artikel 1					
...					

On pourra proposer aux élèves de retrouver parmi trois dépêches en français du correspondant en Allemagne de l'Agence Presse, celle qui correspond aux informations données dans l'article allemand.

Pour l'article 1, par exemple :
– Le musée d'art de Hambourg vient de faire l'acquisition d'un tableau de Caspar David Friedrich pour un montant de 250 000 euros.
– Un tableau de Caspar David Friedrich vient d'être volé, les voleurs exigent une rançon de 250 000 euros.
– Un tableau de Caspar David Friedrich vient d'être restitué au musée de Hambourg contre une rançon de 250 000 euros.

Corrigés du manuel (p. 97)

Alles klar?

1.

Artikel 1: Kunst
Artikel 2: Wissenschaft
Artikel 3: Unterhaltung
Artikel 4 : Unterhaltung / Kultur

2.	**Artikel 1**	**Artikel 2**	**Artikel 3**	**Artikel 4**
Wann?	9 Jahre nach dem Raub des Gemäldes (2003)	Zum 150-jährigen Jubiläum der Entdeckung des Neandertalers (2006)	Am Samstag (Dezember 2008)	Am Donnerstag (November 2008)
Wo?	In Hamburg	In Herne	In München	In Offenburg
Wer?	Der Maler Caspar David Friedrich	Der Neandertaler	Derrick	Cornelia Funke
Was?	Das Gemälde die „Nebelschwaden" hängt wieder in der Hamburger Kunsthalle.	Das Museum für Archäologie organisiert eine Ausstellung.	Der Kult-Inspektor ist gestorben.	Die deutsche Autorin hat den BAMBI in der Kategorie Kultur erhalten.

Unser Projekt

Eine Kurznachricht schreiben

(p. 97)

Mise en œuvre en classe

Les élèves doivent à présent rédiger une brève et l'illustrer par une photo. Pour les aider, on leur suggèrera de se rendre sur des sites allemands pour éviter qu'ils ne cherchent à traduire en utilisant notamment un traducteur en ligne. Nous vous recommandons deux sites qui s'adressent à un jeune public et seront par conséquent plus accessibles à nos élèves. Dans l'article retenu, ils auront à repérer les informations essentielles en répondant aux questions *Wann?*, *Wo?*, *Wer?* et *Was?*

http://www.tivi.de/fernsehen/logo/start/

http://www.lilipuz.de/nachrichten

Les élèves seront invités à présenter leur travail sur un document *Word* ou *OpenOffice* (cf. tutoriel p. 175). Lors de la présentation à la classe, on demandera aux élèves de renseigner une grille d'écoute sur le modèle de celle proposée plus haut.

Par la suite, cette activité pourrait devenir un rituel de classe. Une alternative consisterait à mettre en place un quiz hebdomadaire autour des actualités pour entraîner à la compréhension de l'écrit. Le site des *Logo!-Nachrichten sur ZDF tivi* et celui de la *Deutsche Welle* proposent une galerie de photos légendées reprenant des faits marquants de la semaine. On pourrait créer une activité de compréhension de l'écrit en insérant dans un document *Word* (ou *Open Office*) les images et les courts textes dans le désordre. Les élèves devraient alors les associer en recherchant les mots-clés. Puis l'on pourrait prévoir deux ou trois questions de compréhension plus détaillée.

Jetzt kannst du's!

➔ Manuel pp. 98-99

1 Na, wie war's? (p. 98)

Activité langagière
Écouter

Objectifs
– Comprendre des actions passées
– Comprendre une description physique

Script
(CD Classe 2 piste 20)

Sarah: Erzähl mal! Wie war's gestern mit Stefan?

Lisa: Ganz toll! Wir sind am Nachmittag in den Zoo gegangen. Und am Abend haben wir im italienischen Restaurant gegessen. Danach wollten wir noch ins Kino, aber wir hatten kein Geld mehr, so haben wir uns zu Hause einen Film auf DVD angesehen.

Sarah: Nicht schlecht, und wie sieht er aus? Hast du ein Foto?

Lisa: Leider nicht, aber er ist so süß... Er ist nicht sehr groß, aber sportlich. Und er hat schöne blaue Augen und lange braune Haare.

Corrigés du cahier d'activités (p. 83)

1.
– am Nachmittag Lisa mit Stefan in den Zoo gehen.
– am Abend sie italienischen Restaurant essen.
– kein Geld für das Kino
– sich zu Hause einen Film auf DVD ansehen.

2.
– sehr süß. nicht groß, sportlich.
– blaue Augen, lange braune Haare.

2 Haben Sie ein Alibi? (p. 98)

Activité langagière
Parler en continu

Objectifs
– décrire une personne
– raconter une action située dans le passé

Énoncés attendus

1. Herr Wiesel ist klein. Er ist 1,62 m groß und 70 Kilo schwer. Er ist vielleicht 40 Jahre alt. Er hat braune Haare und blaue Augen.
Lars Riemann ist groß und schlank: er ist 1,84 m groß und 74 Kilo schwer. Er ist jung. Er hat braune Haare und braune Augen.
2. Herr Wiesel war bis 14 Uhr im Büro. Um 15 Uhr hat er Tennis gespielt. Und am Abend hat er mit Freunden gegessen.
Lars Riemann ist um 10 Uhr ins Kino gegangen. Er hat am Nachmittag eingekauft. Und am Abend ist er wieder ins Kino gegangen.

3 Mitfahrer/In gesucht (p. 99)

Activité langagière
Lire

Objectif
Comprendre les temps d'un récit

Corrigés du cahier d'activités (p. 84)

1. Erik wollte im September mit einem Freund eine Radtour an der Donau machen.
2. Der Freund kann im September nicht mitkommen.
3. Er hat schon zwei Fahrkarten gekauft und die Räder reserviert.
4. Er sucht für die Donautour einen Mitfahrer oder eine Mitfahrerin.

4 Du bist der Journalist (p. 99)

Activité langagière
Écrire

Objectifs linguistiques
Rédiger un bref récit au passé.

Énoncés possibles

Proposition de corrigé

Eine Klassenfahrt nach Berlin
Vom 9.05 bis zum 12.05.09 ist die Klasse 9c mit dem Deutschlehrer und der Geschichtslehrerin nach Berlin gefahren.
Vor der Reise haben zwei Schüler (Marco und Leo) Internetrecherchen über Berlin gemacht. Jeliz und Anna haben mit den Lehrern die Reise geplant. Matthias und Jörg haben das Hotel reserviert.
In Berlin hat die Klasse super Wetter gehabt. Sie hat also viele Sehenswürdigkeiten gesehen. Sie hat auch eine Führung im Parlament gemacht.
Alle haben die Reise schön gefunden. Die Klassensprecherin sagt, dass die Klasse viel Spaß hatte und dass Frau Lang und Herr Brücke toll waren. Die Geschichtslehrerin, Frau Lang, sagt, dass die Schüler in Berlin ein Stück Geschichte erleben konnten.

KAPITEL 7 Und am Ende ...

Descripteurs du Cadre européen

Écouter
- **A1/A2** Comprendre des indications sur les repas.
- **A2** Comprendre des renseignements dans une agence de voyages.
- **A2** Comprendre des appréciations et des sentiments.

Lire
- **A1/A2** Comprendre des recettes simples.
- **A2** Comprendre le programme d'un séjour à l'étranger.

Parler en continu
- **A2** Comparer deux propositions.
- **A2** Exprimer une préférence.
- **A2** Dire où l'on aimerait aller en vacances.

Parler avec quelqu'un
- **A2** Donner son opinion sur des problèmes pratiques.
- **A2** Discuter d'un programme, faire quelques suggestions et réagir à des propositions simples.

Écrire
- **A2** Raconter ce qui est arrivé dans un passé proche.
- **A2** Relier des phrases avec des mots tels que « d'abord », « ensuite », « enfin ».

L'entrée dans le dernier chapitre du manuel se fera comme à l'accoutumée par l'exploration de la page introductive. La photographie, présentant des jeunes saluant à l'arrière d'un minibus, sera l'objet d'un questionnement : ces jeunes sont-ils sur le point de quitter leur environnement familier pour aller vers l'inconnu ou bien rentrent-ils chez eux après un voyage ? Le titre du chapitre se prête également à deux interprétations : *Und am Ende ...* évoque la fin de l'année scolaire, la fin d'un parcours, mais aussi le début d'autre chose. L'illustration comme le titre sont tournés à la fois vers le passé et l'avenir.

Rappelons encore une fois l'importance de la démarche : il s'agit de donner du sens aux apprentissages. L'élève doit comprendre l'économie du chapitre et réfléchir aux moyens langagiers nécessaires pour aborder les différentes thématiques. L'encadré *Je vais apprendre à...* doit idéalement émaner de sa propre réflexion afin de susciter son adhésion.

Mise en œuvre en classe

Le professeur pourra tracer une ligne au tableau pour représenter l'axe du temps. Un point, ou une date au milieu, matérialisera l'instant présent, c'est-à-dire la fin de l'année scolaire.

Nous suggérons de commencer par demander aux élèves d'imaginer ce qui peut venir après ce point. Les vacances et les voyages seront, nous n'en doutons pas, immédiatement évoqués. Les élèves ont maintenant l'habitude de réfléchir à leurs apprentissages et le professeur, s'il utilise le manuel vidéoprojetable, pourra découvrir au fur et à mesure les descripteurs figurant dans l'encadré sous la photographie (« dire où j'aimerais aller en vacances », « parler de projets de voyage » ...).

Il conviendra ensuite de se tourner vers le passé pour faire émerger l'idée de bilan. Les élèves auront sans doute besoin d'être davantage guidés par le professeur, car les adolescents sont résolument tournés vers l'avenir – *a fortiori* des élèves plus jeunes de 6e ou de 5e. Selon le profil de la classe, on pourra les mettre sur la piste en situant sur l'axe du temps un événement qui a marqué l'année scolaire (un voyage, une sortie...). Les élèves, mis en confiance, continueront d'eux-mêmes et émettront très certainement des avis sur les différents événements. Le professeur pourra découvrir les descripteurs correspondants (« faire le bilan d'un projet » ...).

Enfin, recentrés sur le présent, sur la fin de l'année scolaire, les élèves évoqueront certainement la fête de fin d'année : l'organisation de l'événement et le choix des boissons, des aliments, de la musique, l'expression des préférences de chacun s'imposeront d'eux-mêmes.

Les élèves prendront pour finir connaissance de la tâche finale – l'organisation d'un week-end dans une ville de langue allemande – qui les mettra en situation d'activité et de responsabilité.

Station 1
Habt ihr eine bessere Idee?

➔ Manuel pp. 102-103

1 Endlich Sommerferien! (p. 102)

Activités langagières
– Écouter
– Parler en continu

Objectifs
a. Fait de langue : le comparatif de supériorité
b. Lexique :
– l'élargissement du champ lexical de l'alimentation
– l'expression des sentiments

Script
(CD Élève piste 19, CD Classe 2 piste 21, manuel p. 114)
Tim: Bald sind Sommerferien, das muss man feiern – aber wo?
Jonas: In unserem Hobbyraum! Oder habt ihr eine bessere Idee?
Tim: Ich finde, im Sommer ist es draußen lustiger.
Antje: Na, dann feiern wir hier im Garten. Der ist größer – und wir können grillen!
Tim: Gut! Wer bringt was mit?
Jonas: Ich bring' das Grillfleisch mit.
Antje: Würstchen sind billiger als Grillfleisch!
Tim: (*notiert*) Jonas … Würstchen.
Antje: Ich mache einen Nudelsalat.
Tim: Ich finde, Kartoffelsalat passt besser zu den Würstchen.
Antje: Nudelsalat ist einfacher und macht weniger Arbeit. Aber gut, ich mache beide Salate.
Jonas: Und dann noch Eis?
Antje: Nein, Obstsalat, das ist gesünder!
Jonas: Die Dame will schlank bleiben.
Tim: Meine Mama macht den Obstsalat. Der ist lecker! Und ich bringe die Getränke mit: Cola, Apfelsaft.
Karin: Und ich die Chips und einen super Cocktail – ohne Alkohol. Ich habe da ein Rezept: Pfirsichsaft, Erdbeeren, Mineralwasser ...
Jonas: Ach, du sagst endlich auch etwas. Was ist los? Du siehst gar nicht fröhlich aus!
Karin: Das ist, weil …, weil die Theater-AG zu Ende ist. Ich hab' so gern gespielt.
Antje: Und du warst wirklich toll! Aber sei nicht traurig: Nächstes Jahr geht es weiter!

Mise en œuvre en classe

• **1** Les élèves seront tout d'abord invités à commenter le document iconographique : quatre jeunes dans un jardin semblent sur le point d'organiser quelque chose. Si le document se prête à de nombreux rebrassages (météo, mobilier...), il ne faut cependant pas perdre de vue la finalité de cette étape : il s'agit bien de préparer l'écoute et non de décrire ou de « situer le scénario ».
Afin d'aider les élèves, surtout les plus jeunes, à correctement décrypter le document, le professeur pourra, grâce à l'outil « zoom » du manuel vidéoprojetable, cibler plus précisément certaines parties du visuel. Il pourra tout d'abord zoomer sur Antje, le personnage de droite, puis sur Tim, le personnage de gauche : il s'agira d'amener les élèves à imaginer le sujet de la conversation et ce que note Tim dans son calepin. Le lexique de l'alimentation déjà connu sera utilement réactivé (*Limo, Cola, Apfelsaft, Nudelsalat, Wurst*), le professeur zoomera à ce moment sur l'encadré lexical et introduira le lexique nouveau (*Kartoffelsalat, Obstsalat, Würstchen, lecker, gut schmecken, gesund, einfach*).
Le professeur zoomera ensuite sur les deux personnages situés au centre de l'image, Karin à gauche, qui ne semble pas aussi gaie que ses amis et Jonas à droite. Le professeur introduira à cette occasion l'adjectif *traurig* et encouragera les élèves à formuler des hypothèses sur les raisons de sa tristesse.

Énoncés attendus
Die Freunde sind im Garten. Es ist Sommer, es ist warm; Antje trägt ein Kleid, Tim, Antje und Jonas tragen T-Shirts und Sandalen. Vielleicht wollen sie ein Fest organisieren, Tim hört zu und schreibt. Vielleicht notiert er die Einkaufsliste – Cola, Limo...
Ich glaube, dass Karin ein Problem hat: sie sieht traurig aus. Vielleicht kann sie nicht kommen?

• **2** Les élèves seront alors prêts à écouter le dialogue. Nous suggérons de procéder en trois ou quatre étapes, selon le profil des élèves. Le cahier d'activités page 85 propose tout d'abord un QCM de compréhension globale (question b.).
Au moment de la correction, le professeur fera remarquer que Karin ne parle qu'à la fin du dialogue. Cette remarque est importante dans la mesure où dans la question c. l'élève sera amené à endosser le rôle de Tim et à prendre des notes. Le professeur fera écouter le dialogue autant

de fois que nécessaire car l'exercice est assez difficile : il s'agit d'un véritable entraînement de compréhension et non d'une dictée, l'élève devra éliminer les suggestions qui ne sont pas retenues par les quatre amis et noter ce qui figurera réellement sur la liste. Le professeur s'assurera de la compréhension de la consigne c. par tous les élèves. Puis il proposera une nouvelle écoute du dialogue et veillera bien entendu à ménager des pauses pour leur laisser le temps d'écrire.

Après la mise en commun des réponses, le professeur pourra demander pourquoi les autres propositions ont été écartées ; il pourra écrire au tableau les mots *Fleisch* et *Würstchen*, indiquer deux prix différents et proposer *Würstchen sind billiger als Fleisch!* Le professeur s'assurera de la compréhension avant de proposer la dernière question du cahier d'activités, où l'élève devra associer des aliments ou recettes évoqués dans le dialogue aux avantages ou inconvénients qu'ils présentent.

À la fin de cette activité, après la correction, le professeur pourra procéder à une ultime écoute en projetant le script du dialogue. Il pourra demander aux élèves de repérer les autres comparatifs de supériorité du dialogue. Il attirera l'attention sur les formes particulières du comparatif et pourra se reporter ensuite à la page 108 du manuel. L'utilisation du vidéoprojecteur permettra de laisser les élèves compléter oralement la règle en découvrant petit à petit les premières lignes de l'encadré grammatical.

Notons que l'exercice 2 page 108 gagnera à être d'abord fait à l'oral en classe, puis repris à la maison dans le cadre du travail personnel de l'élève. Les exercices des rubriques *Sprache aktiv* proposés dans le cahier d'activités à la page 87 consolideront les acquis et pourront être donnés à faire à la maison.

Corrigés du cahier d'activités (p. 85)

b. 1. die Sommerferien.
2. eine Grillparty im Garten.
3. Weil die Theater-AG zu Ende ist.
c. Jonas: Würstchen.
Antje: Nudelsalat + Kartoffelsalat.
Tim: Obstsalat + Getränke (Cola, Apfelsaft).
Karin: die Chips + einen super Cocktail (ohne Alkohol).

Würstchen sind billiger
Nudelsalat ist einfacher und macht weniger Arbeit
Grillfleisch (détracteur)
Obstsalat ist gesünder

Sprechtraining

(manuel p. 102, cahier d'activités p. 86)

■ [ŋ] ou [ŋk]

Script du Sprechtraining
(CD Classe 2 piste 22)
bringen – schlank – anfangen – jung – Getränke – die Jungen – Kreuzung – Fußgänger – Onkel – Frankreich

Corrigés du Sprechtraining (cahier d'activités p. 86)

	1	2	3	4	5	6	7	8	9	10
[ŋ]	×		×	×		×	×	×		
[ŋk]		×			×				×	×

2 Zwei Rezepte (p. 103)

Activité langagière
– Lire
– Parler en continu

Objectifs
a. Fait de langue : le comparatif de supériorité
b. Lexique :
– élargissement du lexique des aliments
– quelques verbes usuels lors de la préparation d'un repas.

Mise en œuvre en classe

Selon le profil des élèves, l'activité pourra être faite individuellement ou à deux. Il s'agit tout d'abord de comprendre les deux recettes proposées, puis de les comparer. La compréhension est soutenue par l'encadré lexical et par la rubrique *Hier und dort*. Le professeur veillera cependant, avant de lancer l'activité, à s'assurer de la compréhension des pictogrammes figurant en haut à droite de chaque recette, tous nos élèves n'étant pas familiers des livres de recettes ! Ces pictogrammes figurent avec leur transcription dans le tableau du cahier d'activités page 86.

Dans un premier temps, l'élève reportera dans ce tableau le nombre de toques, de pendules, de porte-monnaies, afin de visualiser les différences entre les deux recettes, puis il devra lire les recettes pour renseigner le nombre d'ingrédients.

Nous lui proposons ensuite quelques adjectifs qu'il attribuera à chaque recette (partie b.) avant de les comparer. Il pourra ensuite procéder à la comparaison des deux recettes et rédiger quelques phrases.
Les élèves rendront compte à l'oral de la comparaison des deux recettes. Le professeur pourra les encourager à justifier leur opinion (*Grillsalat ist gesünder, weil man keine Mayonnaise braucht.*)
La grille de mots croisés proposée dans le cahier d'activités page 94 pourra être donnée à faire à la maison.

<u>Corrigés du cahier d'activités</u> (p. 86)

a.

Wie viele...	Zutaten?	Uhren?	Koch-mützen?	Geld-beutel?
Kartoffelsalat	8	3	2	2
Grillsalat	7	1	1	1

b. Kartoffelsalat: gut, fett, lecker
Grillsalat: gut, gesund, billig, einfach, lecker
c. Grillsalat ist billiger und gesünder als Kartoffelsalat. Kartoffelsalat ist nicht gesund, schmeckt aber bestimmt besser als Grillsalat.

Zwischenstation

(manuel p. 103, cahier d'activités p. 86)

Activité langagière
Parler avec quelqu'un

Mise en œuvre en classe

Véritables acteurs sociaux impliqués dans la réalisation d'un projet commun, les élèves devront mobiliser les connaissances lexicales et grammaticales acquises dans la *Station* pour réaliser cette tâche. Il s'agira en effet pour eux d'organiser une fête entre amis et de choisir ensemble le lieu, le nombre de participants, les boissons, les aliments, et bien sûr la musique.
Les élèves travailleront par groupes de trois ou quatre et pourront s'aider au besoin de la grille proposée dans le cahier d'activités page 86. Le professeur circulera dans la classe et s'assurera de l'implication de chacun dans le projet (cf. grilles de validation des compétences transversales des piliers 6 et 7 du Socle Commun de Connaissances et de Compétences proposées à la page 167 de ce livre du professeur) et de la réutilisation des faits de langue étudiés.

En prolongement, on pourra demander à un, deux, voire trois groupes de désigner un rapporteur qui fera part au reste de la classe de l'organisation choisie par ses camarades. Le professeur, attentif lors de son passage dans les différents groupes, désignera si possible des groupes aux choix différents afin d'éviter l'écueil de la répétition.

Station 2
Wie war's?

➲ **Manuel pp. 104-105**

1 Schüleraustausch (p. 104)

Activités langagières
– Lire
– Parler en continu
Objectifs linguistiques
a. Faits de langue :
– réactivation du prétérit (pour les verbes *sein* et *haben*) et du parfait
– réutilisation de groupes prépositionnels en fonction de compléments circonstanciels de temps
– quelques adverbes de temps (*zuerst, dann*)
– les conjonctions de coordination
b. Lexique :
– les activités lors d'un échange scolaire
– les adjectifs permettant d'exprimer un avis positif ou négatif

Édité par certains établissements scolaires allemands, le *Jahrbuch / Jahresbericht* présente, entre autres, les actions menées par les élèves et leurs professeurs durant l'année qui vient de s'écouler. Une partie de ce fascicule est consacrée aux échanges qui ont été organisés avec des écoles du monde entier. On y trouve des témoignages d'élèves et des articles rédigés par les enseignants eux-mêmes. Le texte reproduit à la page 104 du manuel s'inspire d'un extrait d'un de ces livrets. Il retrace le séjour d'adolescents allemands en région parisienne, mentionne différentes activités effectuées lors de l'échange et fournit quelques informations sur le ressenti des élèves. En somme, si la situation présentée dans cette *Station* 2 est nouvelle sur le plan thématique, elle ne permet pas d'aborder de faits de langue ni de lexique totalement inconnus (les compléments de temps ont fait l'objet d'un entraînement spécifique dans le chapitre 4, l'expression de l'opinion a été largement traitée dans l'unité 5 et les temps du passé ont été introduits dans le chapitre 6), mais bien plutôt de rebrasser ceux–ci dans un autre contexte tout en les approfondissant. Cette *Station* constitue donc en quelque sorte une pause dans l'apprentissage.

Mise en œuvre en classe

Si le substantif *Austausch* a déjà été évoqué dans la *Endstation* du chapitre 4, il ne sera néanmoins pas inutile de préciser à nouveau son sens avant de commencer la lecture du texte écrit. Le professeur s'attardera sur l'intitulé de l'article pour expliquer le nom propre « Chelles » (ville de Seine-et-Marne).

Le dispositif d'aide à la lecture figurant dans le cahier d'activités à la page 88 reprend les questions posées dans le manuel à la page 104 tout en proposant des amorces de réponses (cf. tableau). Il a, par conséquent, été pensé dans la perspective d'accompagner les élèves les moins autonomes. Pour approfondir la compréhension du ressenti des élèves allemands, le professeur pourra faire relever les énoncés se rapportant aux impressions éprouvées (*„Nach sieben Stunden Fahrt waren wir sehr froh, aber auch gespannt" / Sie waren am Ende „traurig"*).

La partie a. dans le cahier d'activités va cependant au-delà d'une simple aide dans la recherche de réponses à la question b. posée dans le manuel. Elle contient, en effet, des expressions qui certes faciliteront la restitution des informations (groupes verbaux à l'infinitif et compléments de temps), mais inciteront également les élèves à reformuler et non tout bonnement à répéter tel quel ce qui figure dans le texte initial. Elle obligera ainsi les élèves à réactiver leurs connaissances au sujet de la formation du parfait.

La partie b. du cahier d'activités, quant à elle, met en relief certains éléments structurant le discours. Elle constituera donc le point de départ d'une observation concernant l'enchaînement des énoncés dans le texte. Pour ce faire, le professeur prendra appui sur le compte rendu du séjour à la page 104 du manuel. S'il travaille avec la version numérique vidéoprojetable, il n'hésitera pas à faire souligner les mots de liaison présents dans cette production et il effectuera à partir de ce relevé un bilan notamment sur les conjonctions de coordination. Les exercices 3 page 108 du manuel et 1 page 90 dans le cahier d'activités marqueront un premier pas vers une utilisation consciente de ces mots de liaison.

Corrigés du cahier d'activités (p. 88)

Wo?	Die deutschen Schüler waren in Chelles. Chelles liegt in Frankreich.	
Wann?	Sie waren dort vom Freitag, dem 11. April bis zum Freitag, dem 18. April.	
Wie? Reaktionen über	den Austausch	– „Unser Austausch war ein Erfolg." – „allen Schülern hat die Reise gut gefallen."
	die Aktivitäten	– Das Kajakfahren war lustig. – Die Video–Interviews waren super. – Das Bowling war nett.

a.

– am Montag → nach Paris fahren → Am Montag sind die Schüler nach Paris gefahren.

– am Donnerstagabend → Bowling spielen → Am Donnerstagabend haben sie Bowling gespielt.

– am Donnerstag → picknicken → Am Donnerstag haben sie gepicknickt.

– am Samstagvormittag → in der Schule mit den Franzosen spielen. → Am Samstagvormittag haben sie in der Schule mit den Franzosen gespielt.

– am Freitag, dem 11. → in Chelles ankommen → Am Freitag, dem 11., sind sie in Chelles angekommen.

– am Mittwochnachmittag → am Film-Projekt arbeiten → Am Mittwochnachmittag haben sie am Film-Projekt gearbeitet.

– am Samstagnachmittag → mit der Gastfamilie etwas unternehmen → Am Samstagnachmittag haben sie mit der Gastfamilie etwas unternommen.

– am Donnerstagnachmittag → Leute filmen und interviewen → Am Donnerstagnachmittag haben sie Leute gefilmt und interviewt.

– am Freitag, dem 18. → nach Deutschland zurückfahren → Am Freitag, dem 18., sind sie nach Deutschland zurückgefahren.

– am Mittwochvormittag → den Unterricht besuchen → Am Mittwochvormittag haben sie den Unterricht besucht.

b.

3. eine Party machen   2. Kajak fahren

1. in der Schule sein

1. Zuerst waren die Schüler in der Schule.
2. Dann sind sie Kajak gefahren.
3. Am Ende haben sie eine Party gemacht.

Prolongement

Le texte ci-dessous proche dans son contenu lexical de celui qui a été étudié en classe pourrait servir à un entraînement supplémentaire ou à une évaluation formative.

China-Austausch

In diesem Jahr sind zwölf Schülerinnen und Schüler nach Tianjin gefahren. Sie haben vom 6. Mai bis zum 21. Mai in einer chinesischen Familie gelebt und so erlebt, was „China" ist. Die deutschen Schüler haben in dieser Zeit oft über das chinesische Essen gesprochen: Dieses war für sie „mysteriös". Die Schule war auch ein Hauptthema. Bei einem speziellen Unterricht haben die Deutschen ein paar Wörter auf Chinesisch gelernt. Sie haben auch Sport getrieben, einen Roboter programmiert und musiziert. „Es war echt toll, aber ich hab's schrecklich gefunden, dass unsere chinesischen Partner von 8 bis 19 Uhr Unterricht hatten", meint Samantha.

Neben der Schule hat die deutsche Gruppe viele Ausflüge gemacht. Sie ist zum Beispiel am Pan Shan gewandert und hat anschließend den faszinierenden Tempel in Jixian besichtigt. Sehr schön war auch der Besuch der Großen Mauer sowie für manche Schüler das Shopping in der Heping Lu (Golden Street) und in der Seidenstraße in Beijing.

„Der Austausch hat mir wirklich gefallen", sagt Moritz. Im Juli kommt der Gegenbesuch aus Tianjin. Wir freuen uns sehr, unsere chinesischen Freunde wiederzusehen.

Peter Maier

Sprechtraining

(manuel p. 104, cahier d'activités p. 89)

■ [b] ou [p], [d] ou [t], [g] ou [k]

Ce n'est pas tant la réalisation des sons qui pose ici problème que la prononciation des consonnes *b*, *d* et *g* selon leur position dans le mot. *b*, *d* et *g* se prononcent [b], [d] et [g] si elles se trouvent au début ou à l'intérieur d'un mot. Elles sont, en revanche, assourdies lorsqu'elles se situent à la fin d'un mot ([p], [t], [k]). Les élèves ayant tendance à neutraliser cette opposition, on les entraînera régulièrement à faire la distinction entre les deux types de prononciation.

Script du Sprechtraining

(CD Classe 2 piste 23)

1. Club – 2. besuchen – 3. aber – 4. Bowling – 5. bleiben – 6. Dienstag – 7. sind – 8. bald – 9. Abend – 10. die – 11. Erfolg – 12. genial – 13. Freitag – 14. organisieren – 15. Gruppe

Corrigés du Sprechtraining (cahier d'activités p. 89)

	[b]	[p]
1		×
2	×	
3	×	
4	×	
5	×	

	[d]	[t]
6	×	
7		×
8		×
9		×
10	×	

	[g]	[k]
11		×
12	×	
13		×
14	×	
15	×	

2 Jahreschronik (p. 105)

Activité langagière

Parler avec quelqu'un

Objectifs linguistiques

a. Faits de langue :
- rebrassage du prétérit et du parfait
- réemploi de compléments circonstanciels de temps (groupes prépositionnels)

b. Lexique :
- quelques activités effectuées à l'école / avec l'école
- l'expression de la date

Objectifs culturels

- la vie d'un établissement scolaire allemand (actions et projets durant l'année)
- le calendrier d'une école (dates probables des vacances)

Mise en œuvre en classe

Cette activité de type lacunaire devra être précédée d'une préparation en trois temps.

• **1** Les échanges d'informations reposant sur la maîtrise de l'expression de la date, le professeur devra veiller à ce que ce dernier point ne représente pas une pierre d'achoppement pour les élèves (notons que la date a normalement été vue dans la *Station* 2 du chapitre 4 et qu'elle fait communément partie intégrante des rituels du cours de langue). Le cas échéant, il leur proposera une rapide révision tant en expression qu'en réception.

• **2** L'interaction amènera les élèves à formuler des énoncés non contenus dans la *Jahreschronik*. Il faudra donc apporter l'aide nécessaire à la transformation des groupes nominaux présents dans le support écrit avant même de penser à vérifier que les élèves connaissent la forme du participe II des verbes qu'ils sont censés utiliser. Il est par conséquent conseillé, avant de lancer l'activité, de faire constituer aux élèves des groupes verbaux en leur faisant associer des noms (qui auront fonction de compléments d'objet dans le groupe) à des verbes (*eine Party ... organisieren / ein Konzert ... geben / ein Buch ... vorlesen / einen Film ... sehen, usw.*).

• **3** Pour que l'activité se déroule dans les meilleures conditions, le professeur s'assurera de la bonne prononciation des noms propres contenus dans ce calendrier (*Gabriele Beyerlein, Lindau, Istanbul...*).

Ce *Wechselspiel* aboutira à un bilan concernant les groupes prépositionnels utilisés en tant que compléments de temps. Les exercices 4 page 108 du manuel et 2 page 90 du cahier d'activités permettront de revoir l'utilisation de ces prépositions.

Énoncés attendus

Gruppe 1	Gruppe 2
Was haben die Schüler der 9. Klassen / die Neuntklässler / die 9. Klassen am 23. November gemacht?	Sie haben einen Film gesehen / Sie haben den Film „Klima und Energie" gesehen / Sie haben sich den Film „Klima und Energie" angeschaut.
Was ist am 20. Februar geschehen? / Was war am Tag der offenen Tür?	Am 20. Februar / Am Tag der offenen Tür haben die Schüler im Musiksaal ein Konzert gegeben.
Wann haben die 7. Klassen am Englisch-Wettbewerb „Big Challenge" teilgenommen?	Am 6. Mai.
Was ist vom 23. Juli bis zum 25. Juli im Goethe-Gymnasium geschehen?	Die Lehrer und die Schüler haben drei Projekttage zum Thema „Unsere Schule" organisiert.
Die Schüler haben ein Weihnachtskonzert gegeben.	Was ist am 20. Dezember geschehen?
Am 5. März.	Wann hat die English Drama Group das Theaterstück „Fighting Hamlet" aufgeführt?
Gabriele Beyerlein hat ein Buch vorgelesen. (Gabriele Beyerlein schreibt Bücher / Sie ist Autorin.)	Was haben die 8. Klassen am 30. April gemacht? / Was war am 30. April in der Bibliothek für die 8. Klassen?
Am 5. Juni war die Vernissage zur Ausstellung der Kunst-AG.	Was war am 5. Juni?
Die Austauschschüler sind am 11. Juni in Lindau angekommen. / Sie waren vom 11. Juni bis zum 18. Juni in Lindau.	Wann sind die Austauschschüler aus Istanbul in Lindau angekommen? / Von wann bis wann waren die Schüler aus Istanbul in Lindau?

3 Klassenfahrten (p. 105)

Activité langagière
– Écouter
– Parler en continu

Objectifs linguistiques
a. Fait de langue : la justification à l'aide de la conjonction de coordination *denn*
b. Lexique : rebrassage des adjectifs permettant d'exprimer un avis positif ou négatif

Script
(CD Classe 2 piste 24)

1. Wir von der 7a hatten eine super Woche mit viel Schnee und viel Spaß! Wir sind jeden Nachmittag Ski gelaufen. Das Abendprogramm war auch ganz nett.

2. Ich habe mich sehr gefreut, einen Einblick in die politische Praxis bekommen zu können. Die Führung durch das Parlament war für mich auch sehr interessant.

3. Die Busfahrt war etwas turbulent, ansonsten war's super. Ich habe zum ersten Mal den Eiffelturm gesehen und die Besichtigung der Opéra Garnier hat mir auch sehr gut gefallen.

4. Die 7a hatte viel Schnee, habe ich gehört. Für uns von der 7c war's ganz anders. Fast kein Schnee, drum herum alles grün. Wir waren am Anfang alle traurig und hatten keine Lust, Ski zu laufen.

5. Ich hatte die Chance, in diesem Jahr den Bayrischen Landtag in München zu besuchen. Wir durften eine Plenardebatte der bayrischen Legislative mitverfolgen. Das war echt toll.

6. Die Diskussion im Plenarsaal über Agrarpolitik fand ich ein wenig langweilig, weil nicht besonders strukturiert. Die Abgeordneten sind nicht diszipliniert, finde ich.

7. Das war für mich sehr anstrengend! So sportlich bin ich doch nicht! Und schon am ersten Tag haben wir die Champs-Elysées und Notre Dame gesehen, und dies nicht via Metro, nein, diese Citytour haben wir zu Fuß gemacht!!! Ich war danach nicht müde, sondern völlig k.o.

Mise en œuvre en classe

• **1** Pour faciliter l'accès au sens des documents sonores, il conviendra de faire observer les photos illustrant les trois lieux dans lesquels les élèves se sont rendus avec leur classe. L'image située à l'extrême droite sur la page 105 du manuel (*Klassenfahrt nach Bayern*) sera certainement la moins aisée à analyser. Afin de préparer les interviews et d'anticiper leur contenu, l'enseignant pourra alors demander aux élèves de lister tous les mots qui leur viennent à l'esprit à la vue des visuels. Il pourra à la rigueur envisager avec des élèves moins autonomes de faire classer des mots qu'il aura lui-même donnés (*Ski, Sport, Schnee, die Alpen / besichtigen, fotografieren, der Triumphbogen, die Touristen / die Politik, das Parlament*). Il ne faudrait toutefois pas accorder trop d'importance à ce travail préliminaire qui pourra parfaitement se limiter à la prise de connaissance des trois clichés.

• **2** Lors de l'écoute des interviews, on entraînera les élèves :
– à repérer les mots leur permettant de déduire dans quel endroit les jeunes Allemands étaient (ces mots sont soit transparents soit connus depuis longtemps),
– à s'intéresser au type d'énoncés utilisés pour comprendre si l'appréciation exprimée est positive ou négative (présence ou non d'une négation),
– à garder en mémoire les formulations employées pour porter un jugement sur le séjour effectué.

On pourra proposer deux écoutes de chaque interview, la première écoute permettant à l'élève de se concentrer sur le lieu évoqué, ainsi que sur l'avis positif ou négatif au sujet du voyage, la seconde lui donnant la possibilité de vérifier ce qu'il a déjà entendu et d'en noter l'élément justificatif. Le nombre important d'interviews laissera tout loisir à l'enseignant d'envisager une évaluation formative sur certains d'entre eux.

Corrigés du cahier d'activités (p. 89)

Interviews	Die Schüler waren...			Sie haben die Klassenfahrt...		denn sie sagen:
	in Paris.	in Bayern.	in Österreich.	toll gefunden,	schlecht gefunden,	
1			×	×		– „Wir hatten eine super Woche" – „das Abendprogramm war ganz nett"
2		×		×		– „Die Führung war sehr interessant" – „ich habe mich gefreut"
3	×			×	×	– „Die Busfahrt war turbulent" – „Die Besichtigung der Opéra Garnier hat mir sehr gut gefallen."
4			×		×	– „Wir waren alle traurig". – „wir hatten keine Lust, Ski zu laufen."
5		×		×		– „Ich hatte die Chance" – „das war echt toll"
6		×			×	– Die Leute waren „nicht diszipliniert" – die Diskussion war „nicht strukturiert" und „langweilig"
7	×				×	– „Das war sehr anstrengend" – „ich war völlig k.o."

Zwischenstation

(manuel p. 105)

Activité langagière
Écrire

Mise en œuvre en classe

Bien que cette production puisse être envisagée comme un travail personnel à effectuer à la maison (les élèves disposent en effet de tous les éléments requis pour mener à bien le travail demandé), nous conseillons de faire rédiger en classe cet article destiné à paraître dans le journal de l'école afin de mettre en place un certain nombre de stratégies. La compétence de l'expression écrite n'est pas chose innée, elle repose au même titre que les activités de réception sur la construction progressive de savoir-faire. On pourra donc profiter de l'occasion qui nous est ici offerte pour faire le point sur la méthode à adopter afin de parvenir à écrire un texte structuré sur un sujet devenu familier. Au début de la séance que l'on consacrera à cet entraînement, on indiquera clairement aux élèves les étapes à suivre pour élaborer sans trop de peine un texte écrit :

– Analyser la consigne donnée pour définir l'objectif visé.
– Bannir l'idée de rédiger d'abord son texte en français pour n'avoir plus qu'à le traduire par la suite. Le professeur en profitera ici pour prévenir du danger que peuvent représenter le dictionnaire et les traducteurs en ligne.
– Mobiliser ses connaissances lexicales – Noter en vrac ses idées sous la forme de groupes nominaux / verbaux, d'expressions mémorisées...
– Agencer ses idées – Les numéroter par ordre chronologique.
– Formuler à l'aide des groupes nominaux / verbaux consignés et classés des énoncés contenant au moins un verbe conjugué, un sujet et un complément.
– Renforcer la cohérence de son texte en ajoutant dès que possible des mots de liaison, des conjonctions de coordination.
– Une fois le texte élaboré, s'auto-corriger en vérifiant que :
• tous les énoncés comprennent un verbe conjugué avec son sujet à un temps verbal adéquat,
• que l'ensemble des verbes occupent la bonne position dans la phrase...

Cette auto-correction ne se cantonnera pas uniquement à des vérifications d'ordre syntaxique et grammatical. Ces dernières toucheront également au domaine orthographique et lexical (richesse du vocabulaire employé).
Au terme de cette activité, il sera opportun, notamment avec un public de 6e / 5e, de procéder à la « toilette » d'un texte produit par un élève de la classe. L'objectif premier sera de faire prendre conscience aux élèves des erreurs qu'ils peuvent commettre et de les amener à rechercher des solutions à leur portée. Cet exercice ne présentera aucun danger si l'enseignant prend le temps d'expliquer avant de commencer à l'ensemble des élèves le but recherché. Il ne s'agira pas de dévaloriser ni de détruire le travail fourni par l'élève dont le texte aura été sélectionné (le professeur aura bien évidemment pris soin de choisir auparavant une production ni trop lacunaire ni trop sophistiquée), mais au contraire de parfaire, voire d'enrichir cette expression. L'enseignant précisera également que ce type d'activité sera réitéré à d'autres moments de l'apprentissage et qu'il ne concernera donc pas uniquement l'expression d'une seule personne. L'aspect ludique de l'activité fera en outre rapidement oublier aux élèves l'auteur du texte présentant quelques déficits.
Après avoir recopié le texte au tableau tel qu'il a été conçu par l'élève (solution certes fort classique mais présentant plusieurs avantages), ces derniers se mettront au travail en éliminant ensemble toutes les erreurs d'ordre grammatical, syntaxique et orthographique contenues dans le texte. Une fois cette première étape réalisée, il s'agira d'améliorer le texte en agençant les idées différemment si la structure présente des incohérences et en ajoutant des mots de liaison pour renforcer la logique de l'expression.

Énoncés possibles

In diesem Jahr ist im *Collège* schon einiges geschehen.
Die Lehrer und die Schüler haben vom 23. März bis zum 27. März eine Projektwoche zum Thema „Wasser" organisiert. Wir waren sehr froh, denn wir hatten keinen normalen Unterricht. In dieser Woche haben wir z. B. getanzt. Das war ganz lustig. Wir sind auch nach Paris gefahren, und wir haben im *Pavillon de l'eau* eine Ausstellung über das Thema „Wasser" gesehen. Das hat mir sehr gut gefallen, weil wir Spiele gespielt haben, und weil die Führerin auch ganz nett war. Am Donnerstagnachmittag sind wir angeln gegangen. Eine andere Gruppe hatte am Montag, dem 23. März, im *Bois de Boulogn*e geangelt, und sie hatte schönes Wetter. Bei uns war's ganz anders. Kein Fisch, nur Regen. Das habe ich langweilig gefunden! Wir haben in dieser Woche auch Musik gespielt. Wir haben zuerst mit der Musiklehrerin und mit der Mutter von Samy (sie arbeitet in einer Musikschule) Musikinstrumente gebastelt. Dann haben wir ein Wasser-Konzert gegeben. Das war super!

Am Tag der offenen Tür (am 16. Mai) haben Schüler gesungen. Das war sehr schön. Wir haben auch ein Theaterstück aufgeführt. Das war ein Erfolg!
Ich glaube, dass die 8. Klassen in diesem Jahr am Englisch-Wettbewerb „Big Challenge" teilgenommen haben. Die 9. Klassen sind im Mai nach Großbritannien gefahren. Mein Bruder hat mir gesagt, die Fahrt war anstrengend, aber es war genial, und sie wollten am Ende nicht mehr zurückkommen.
Bald sind Sommerferien. Ich freue mich schon!
Caroline

Station 3

Wohin jetzt?

➲ Manuel pp. 106-107

1 Wohin geht die nächste Ferienreise? (p. 106)

Activité langagière
Écouter
Objectifs linguistiques
a. Faits de langue :
– l'opposition locatif / directif pour les noms géographiques
– le mode conditionnel
b. Lexique : les activités auxquelles on peut s'adonner durant les vacances
Objectif culturel
Savoir où les Allemands aiment passer leurs vacances

Script
(CD Élève piste 20, CD Classe 2 piste 25, manuel p. 114)
Vater: Also Kinder, wir müssen diskutieren: Wohin geht die nächste Ferienreise?
Mutter: Ich möchte gern ins Allgäu fahren. Ich habe da einen Prospekt: „Ferien auf dem Bauernhof".
Anke: Ins Allgäu? Da regnet es doch immer! Meine Freundin Angela fährt mit ihren Eltern nach Spanien, nach Ibiza. Da scheint immer die Sonne! Das ist bestimmt viel lustiger! /
Christian: Vierzehn Tage am Strand? Nein danke, das ist mir zu langweilig. Ich würde lieber nach Afrika fliegen und dort eine Safari machen!
Vater: Safari? Du spinnst wohl! Das ist viel zu teuer. / Tiere kannst du auf dem Bauernhof sehen, und die Ferien dort sind viel billiger. /
Mutter: Also Anke, ich weiß nicht, den ganzen Tag in der Sonne liegen... / Du wanderst doch gern. Das ist viel gesünder! /
Anke: Aber am Strand kann man andere Jungen und Mädchen treffen, zusammen Beach-Volley spielen, im Meer baden, diskutieren.../
Mutter: Ich habe eine Idee. Neben dem Bauernhof ist ein Reiterhof, da könnt ihr mit anderen Jugendlichen reiten lernen!
Anke: Ja, das würde ich gern machen.
Vater: Und du, Christian? Es ist besser, wenn alle einverstanden sind!
Christian: Na gut, auf ins Allgäu. Aber wenn ich groß bin, reise ich nach Afrika!

Mise en œuvre en classe

Nous préconisons de préparer de façon progressive le document sonore retraçant la discussion de la famille Schumann au sujet des prochaines vacances d'été. Pour ce faire, nous suggérons d'utiliser et d'exploiter pas à pas le document mis à disposition à la page 106 du manuel.

• **1** Il conviendra dans un premier temps de se concentrer uniquement sur les photos et les titres inscrits en rouge à droite des visuels. La partie concernant l'Espagne étant certainement la plus facile d'accès, il est recommandé de commencer par là le travail d'approche (pour les heureux utilisateurs de la version numérique du manuel, se servir de la fonction « spot » pour n'afficher que l'article promotionnel relatif à l'Espagne, puis de la fonction « cache » afin de masquer le texte donnant, entre autres, des informations sur le budget à prévoir pour un séjour d'une semaine à Ibiza). L'enseignant plantera directement le décor en indiquant dès le départ la thématique de cette double page (*In dieser Station geht es um Ferien / um Sommerferien, es geht also um Aktivitäten, die wir in den Ferien machen können, und um die Länder / um die Regionen, wohin wir in den Ferien fahren können...*). Puis, il demandera aux élèves de réagir par rapport au document présenté (*Wo kann man Ferien machen? – Was kann man in Spanien machen?*). Nous conseillons ici au professeur de lister les idées que les élèves auront avancées tout en affinant du point de vue lexical ces quelques réflexions. Ainsi, à partir d'une formulation du type *In Spanien kann man schwimmen*, le professeur pourra introduire le verbe baden, plus adéquat dans ce contexte (*In Spanien kann man im Meer baden*). Il n'aura d'autre part aucun scrupule à donner du vocabulaire supplémentaire si l'élève lui en fait la demande (*sich sonnen, in der Sonne bräunen, am Strand entspannen...*). À cette occasion, il le renverra à la rubrique *Vokabeln*.

• **2** Le document se rapportant aux vacances en Bavière pourra être traité de façon similaire. L'Allgäu étant une région cependant moins connue des élèves que l'Espagne, le professeur lèvera d'abord cette entrave en ne cachant dans le texte écrit que la partie contenant les indications chiffrées (*Ab 76 EUR für 4 Personen*). Il devra, en outre, s'assurer de la bonne compréhension du terme *Bauernhof* sans lequel certaines activités ne pourraient être évoquées.

• **3** Une fois les différentes activités possibles répertoriées, le professeur pourra désactiver les fonctions de la version vidéoprojetable auxquelles il aura fait appel jusqu'à présent. Il invitera alors les élèves à s'intéresser aux prix affichés en bleu. Il s'ensuivra naturellement une comparaison du coût des deux séjours (bien que les informations données, il est vrai, ne permettent pas une véritable mise en parallèle).
À la vue des prix, les élèves exprimeront spontanément leur désir de se rendre dans une région plutôt que dans une autre. Le professeur les priera, à ce moment précis, de faire part de leur point de vue (en allemand !), puis de le justifier. Dans cette phase d'approche, l'enseignant ne s'évertuera pas à faire exprimer déjà la préférence puisque l'introduction de ce fait de langue est prévue lors de la restitution des informations à relever dans le document sonore.

Les consignes d'écoute du dialogue reprennent en totalité le contenu des étapes consignées ci–dessus. L'ordre envisagé durant la préparation est néanmoins ici quelque peu renversé (cf. cahier d'activités p. 91). Il s'agit tout d'abord de savoir où chacun voudrait se rendre avant de repérer les activités possibles dans les contrées citées.

• **1** Après une mise en situation de la part du professeur (*Herr und Frau Schumann haben zwei Kinder: Anke und Christian. Der Vater, die Mutter, der Sohn und die Tochter diskutieren über die nächste Ferienreise.*), les élèves se concentreront lors de la première écoute sur les destinations de voyage évoquées afin de déterminer où chaque membre de la famille Schumann souhaiterait aller et de découvrir la destination finalement retenue (se référer aux deux premières étapes mentionnées par des puces dans le cahier d'activités).

• **2** La seconde écoute sera réservée à une compréhension plus approfondie. Les élèves listeront les activités dont il est question selon la destination mentionnée et ils noteront la façon dont les destinations sont qualifiées. Afin de faciliter la prise de notes, on pourra scinder cette deuxième écoute (les endroits les plus appropriés pour interrompre l'enregistrement sont signalés dans le script par une barre oblique).

• **3** Au terme de cette activité de compréhension de l'oral, les élèves seront conviés à récapituler pour tous les membres de la famille Schumann les renseignements entendus. Ils s'appuieront sur les informations qu'ils auront écrites auparavant et leur bilan suivra la trame proposée à la fin de la page 91 du cahier d'activités. Ce résumé pourra alors constituer un bon support à l'observation de la formation du conditionnel et à l'utilisation de ce mode. L'enseignant trouvera à la page 109 du manuel un premier exercice d'application de ce nouveau fait de langue.

Corrigés du cahier d'activités (p. 91)

b.
• Frau Schumann möchte ins Allgäu (nach Bayern) fahren.
Anke würde lieber nach Ibiza (nach Spanien) fahren.
Christian würde lieber nach Afrika reisen.
Der Vater würde gern ins Allgäu (nach Bayern) fahren.
• In den nächsten Ferien fährt Familie Schumann ins Allgäu (nach Bayern).
• In Afrika kann man: eine Safari machen.
In Spanien kann man:
– sich sonnen,
– am Strand entspannen,
– am Strand Jungen und Mädchen treffen,
– Beach-Volley spielen,
– im Meer baden.
In Bayern kann man:
– Tiere auf dem Bauernhof sehen,
– mit Jugendlichen reiten lernen,
– wandern.
• In Afrika sind die Ferien bestimmt sehr interessant (aber auch sehr teuer).
In Spanien sind die Ferien bestimmt lustig.
In Bayern sind die Ferien billig.

Herr und Frau Schumann möchten ins Allgäu fahren, weil die Ferien dort billiger sind.
Anke würde lieber nach Ibiza fahren, weil die Sonne dort scheint und sie am Strand mit anderen Jungen und Mädchen Beach-Volley spielen möchte.
Christian würde lieber nach Afrika reisen, weil er eine Safari machen möchte.

Sprechtraining

(manuel p. 106, cahier d'activités p. 92)

■ [an] ou [aŋ]

Il s'agira ici d'une première sensibilisation à la différence existant entre la nasale vélaire [aŋ] et l'association sonore [an]. S'il lui faut tendre à longue échéance vers une bonne prononciation de la nasale vélaire [aŋ], l'élève devra en tout premier lieu saisir que la prononciation des lettres *an* ne peut être en allemand calquée sur celle du digramme français. Le professeur aura donc soin de corriger l'élève dès qu'il oubliera que la voyelle nasale [ã] est une particularité de la langue française.

Script du Sprechtraining
(CD Classe 2 piste 26)
1. Christian – 2. Angela – 3. danke – 4. Strand – 5. einverstanden – 6. langweilig – 7. wandern – 8. anders – 9. Anke – 10. ganz

Corrigés du Sprechtraining (cahier d'activités p. 92)

	[an]	[aŋ]
1	×	
2		×
3		×
4	×	
5	×	
6		×
7	×	
8	×	
9		×
10	×	

2 Reiseprospekte (p. 107)

Activités langagières
– Lire
– Parler avec quelqu'un
– Parler en continu

Objectifs linguistiques
a. Faits de langue :
– l'opposition locatif / directif pour les noms géographiques
– l'expression de la préférence avec l'utilisation du conditionnel

b. Lexique : rebrassage et approfondissement du champ sémantique concernant les activités que l'on peut effectuer durant les vacances

Objectif culturel
Zoom sur deux pays touristiques dont l'histoire est liée à celle de l'Allemagne

Mise en œuvre en classe

L'activité suivante repose sur la compréhension de deux prospectus touristiques. Le type de renseignements à trouver dans ces deux écrits étant à peu de chose près identique, le professeur constituera dans la classe deux groupes et indiquera à chacun d'eux le document sur lequel il devra travailler. On notera cependant que la démarche à adopter pour parvenir à une restitution correcte des informations demandées différera légèrement d'un document à l'autre. S'il paraît dans sa présentation plus adapté à un public rétif à la compréhension de l'écrit (énumération d'activités), le prospectus concernant la Turquie s'avérera en phase d'expression moins aisé toutefois à exploiter. À l'inverse, le document sur la Namibie, plus compact à première vue, représentera par la suite une aide puisqu'il est constitué essentiellement d'énoncés verbaux et contient moins d'informations que le premier prospectus. Il serait donc préférable d'attribuer le document sur la Turquie à des élèves disposant de davantage de facilités. En tout état de cause, l'exploitation de ces deux documents pourra faire l'objet d'une approche différenciée.

• **1** Ce n'est pas tant le repérage des activités qui représentera des difficultés que le passage d'un style elliptique basé sur des groupes nominaux (*eine Disco-Meile*) à une expression s'appuyant sur des groupes verbaux (*in Discos tanzen*).

Pour bien faire comprendre les transformations à effectuer en expression, le professeur pourra avec des élèves à l'aise et autonomes, partir des activités énumérées lors de la compréhension du document sonore de la page 106 du manuel. Il inscrira quelques groupes nominaux au tableau (à titre d'exemples : *Beach-Volley, Safari, Tiere*) et incitera les élèves à dire ce que l'on peut faire à Ibiza, en Afrique et dans l'Allgäu (*In Spanien kann man Beach-Volley spielen. In Afrika kann man eine Safari machen, und im Allgäu kann man Tiere auf dem Bauernhof sehen*). Il mettra alors en relation les verbes utilisés avec les groupes nominaux auxquels ils se rapportent et marquera, par là-même, l'importance de leur présence dans une expression construite. À l'issue d'une brève explication, il donnera une série de verbes à l'infinitif (*besichtigen, essen, fahren, machen, sehen, spielen, tanzen…*) dans laquelle les élèves pourront piocher pour élaborer des énoncés cohérents. À un public moins demandeur de défis ou tout simplement plus jeune, le professeur pourra remettre une grille à deux entrées, la première se rapportant aux pays dont il est question (*in der Türkei, in Namibia*), la seconde se référant aux activités (*Fischspezialitäten essen, eine berühmte Kirche besichtigen...*). Les élèves auront alors à cocher ce qui correspond à leur document tout en apportant des précisions si besoin (*In Namibia, präziser gesagt in Windhoek, kann man eine berühmte Kirche besichtigen. Das ist die Christuskirche*). Lors de la restitution des informations à l'autre groupe, la compréhension des activités sera d'autant plus facilitée.

• **2** L'expression orale en continu, préconisée à la fin, est basée non seulement sur l'avis personnel de l'élève, mais également sur le contenu des deux prospectus étudiés auparavant. Elle est donc l'aboutissement de ce travail de compréhension et permet une appropriation du vocabulaire et des formulations rencontrés alors.

• **3** Si les indications spatiales n'ont pas représenté l'objectif prioritaire de cette activité, elles ont été en revanche employées à chacune de ses étapes. Cela rendra possible un bilan qui fera ressortir, d'une part, l'opposition entre le locatif et le directif (*In der Türkei kann man... / Ich würde lieber in die Türkei reisen...*), d'autre part, la distinction entre les noms géographiques ayant un déterminant (*die Türkei*) et ceux fonctionnant sans (*Namibia*). Avant d'envisager une consolidation concernant l'opposition locatif / directif, il sera opportun de se pencher sur les deux types de noms géographiques. Pour cela, on abordera l'activité numéro 3 de la page 107 du manuel.

Énoncés possibles

Gruppe 1: In der Türkei kann man sich am Strand sonnen, im blauen Meer baden, in Hamams entspannen / in Hamams gehen, sich Ruinen des antiken Termemoss anschauen, Überreste der antiken Angora sehen, tanzen gehen, Sport treiben, segeln, eine Raftingtour machen / raften, tauchen, Wasserski laufen, windsurfen, Beachvolleyball spielen, leckere Fischgerichte probieren / Fischspezialitäten essen und Mocca trinken.

Gruppe2: In Namibia kann man die Diamantenstadt Kolmanskop besichtigen, in Windhoek die Christuskirche und den Tintenpalast sehen, im Etoscha-Nationalpark eine Safari machen und Tiere wie Löwen und Giraffen sehen. Man kann auch Sport machen wie z.B. Kanu fahren, Wasserski laufen, Golf spielen und reiten.

Ich würde lieber in die Türkei fahren, weil man dort Ruinen sehen und raften kann...

Prolongement

Une promenade pédagogique

Afin d'assurer un rebrassage actif du vocabulaire des activités rencontrées jusqu'à maintenant (lexique contenu aussi bien dans le document sonore de la page 106 que dans les prospectus de la page 107) et de faire utiliser encore davantage les formes du conditionnel, on pourra organiser au sein de la classe une « promenade pédagogique ». Le professeur remettra aux élèves une feuille sur laquelle figureront des énoncés dépourvus de sujets (*... würde gern heute im Meer baden, ... würde gern heute eine Safari machen*). Après avoir exposé aux élèves le but recherché par le biais de cette activité (répéter aussi souvent que possible les formulations afin de les mémoriser durablement), l'enseignant les invitera à se déplacer à travers la salle et à interroger leurs camarades pour connaître ce que chacun d'eux aimerait faire à présent (*Würdest du gern heute im Meer baden? / Würdest du gern eine Safari machen?...*). Les élèves devront s'adresser à un maximum de personnes en un temps limité. La personne qui aura gagné est celle qui aura complété le plus grand nombre d'énoncés durant le laps de temps donné. Une restitution en plénière permettrait d'élargir le champ sémantique traité aux destinations de voyage. Les personnes souhaitant par exemple voir des animaux de la brousse seraient en effet susceptibles de vouloir se rendre en Namibie plutôt qu'en Bavière (*Séverine würde gern nach Namibia reisen, weil sie Löwen und Giraffen sehen möchte*).

3 Im Reisebüro (p. 107)

Activités langagières
– Ecouter
– Parler en continu

Objectifs linguistiques
a. Faits de langue :
– le directif pour les noms géographiques
– l'expression d'un souhait au conditionnel
b. Lexique : les noms de pays et de régions

Dans le contexte envisagé dans cette *Station* (préparation d'un voyage), la relation directive est étroitement liée à l'expression du souhait et à l'emploi du conditionnel. Elle a donc déjà été rencontrée dans cette double page à maintes reprises sans toutefois faire jusqu'à présent l'objet d'un véritable entraînement. L'activité préconisée ici a donc pour but de familiariser l'élève avec ce nouveau fait de langue tout en le sensibilisant à la différence qui existe entre les noms géographiques fonctionnant avec ou sans déterminant. Elle permet en outre un rebrassage du conditionnel.

Script
(CD Classe 2 piste 27)
1.
„Reisebüro Sommer, Ernst Fischbach, guten Tag, was kann ich für Sie tun? ... Guten Morgen, Frau Schluckenbier... Ja, Ihre Flugtickets nach Argentinien sind bereit. Sie können sie gleich abholen."
2.
Angestellte A: Ich glaub', ich werd' wahnsinnig!
Angestellte B: Was ist denn los?
Angestellte A: Ich habe gerade Fahrkarten ausgedruckt und finde sie nicht mehr.
Angestellte B: „Fahrkarten" hast du gesagt?
Angestellte A: Ja, nach Italien / Venedig.
Angestellte B: Suchst du vielleicht die Fahrkarten von Herrn Gramer? Sie liegen neben der Kaffeemaschine.
Angestellte A: Oh Danke!
3.
„Wie war nochmal Ihr Name? ... Gut, Herr Krämer. Warten Sie bitte einen Augenblick... Sie wollen also nicht mehr am 24. in die Schweiz? ... Wie bitte? ... Schon am 22. ... Gut. Alles klar. Auf Wiederhören, Herr Krämer!"
4.
Angestellter: Guten Tag, Frau Doktor Broselow. Nehmen Sie bitte Platz!
Frau Broselow: Danke, aber ich hab's eilig.
Angestellter: Haben Sie schon wieder ein Kolloquium?
Frau Broselow: Ja, aber nicht in der Schweiz wie das letzte Mal, sondern in den USA.
Angestellter: Aha, und wann wollen Sie dorthin?
Frau Broselow: Ich muss spätestens am Mittwoch in Chicago sein.
5.
Andrea: Hallo, Julia!
Julia: Grüß dich, Andrea. Wie geht's dir denn?
Andrea: Nicht besonders gut. Ich bin müde. Bei der Arbeit habe ich viel Stress. Ich brauch' dringend Urlaub.
Julia: Wie wär's mit einer kleinen Reise nach Finnland? Dort könntest du dich erholen, Ski laufen, in die Sauna gehen...
Andrea: Nein! Ich möchte lieber in den Süden. Ich brauch' Sonne, verstehst du? Ich würde gern zum Beispiel in die Türkei fahren.
6.
Angestellte: 986 € bitte.
Mutter: Niklas, meine Tasche bitte.
Niklas: Hier Mama.
Niklas: Wenn ich groß bin, reise ich nach Afrika.
Angestellte: Ach ja, und wohin würdest du gerne reisen?
Niklas: Ich möchte in die Sahara. Ich möchte auch nach Ägypten.
Angestellte: Wegen der Pyramiden?
Niklas: ... Ja ... Ich möchte auch auf Safari nach Kenia und ich möchte nach Ecuador.
Angestellte: Ecuador liegt aber nicht in Afrika ...

Mise en œuvre en classe

La réflexion grammaticale au sujet du directif aura eu lieu en amont. L'activité sera conçue comme une première étape vers la fixation de ce fait de langue. Elle fait, en effet, ressortir ce qui différencie les noms géographiques dépourvus d'un déterminant de ceux qui en ont un. Elle ne permet cependant pas d'entrer plus avant dans l'utilisation de l'accusatif pour les noms prenant un déterminant puisque les destinations retenues sont soit de genre féminin (*die Sahara, die Schweiz, die Türkei*) soit utilisées au pluriel (*die USA*).
Avant l'écoute des enregistrements, le professeur fera répéter les noms de pays et de régions figurant en haut de la page 92 du cahier d'activités. Il préparera ainsi les élèves à une compréhension ciblée des documents sonores, mettra en évidence les deux types de noms géographiques et permettra aux élèves, lors de la restitution, de ne pas buter sur la prononciation ni sur l'accentuation de ces noms propres.
Au terme de cette activité en plénière, les élèves devraient être capables de réaliser seuls la partie b. de l'exercice 1 page 93 dans le cahier d'activités. Il sera ensuite nécessaire que la partie a. soit effectuée sous la conduite du professeur. Les élèves quelque peu conditionnés par ce qu'ils auront fait précédemment ne distingueront en effet certainement pas dans l'immédiat ce qui oppose les deux parties de cet exercice. Le professeur ne manquera donc pas de le leur faire remarquer. Il leur demandera de repérer les verbes utilisés et soulignera ainsi l'opposition directif / locatif. Il invitera les élèves à réexploiter cette technique d'approche dans l'exercice 5 page 109 du manuel.

Prolongement

Pour approfondir le travail sur l'opposition directif / locatif, le professeur pourrait distribuer une carte du monde légendée (mentionnant les noms de pays avec, le cas échéant, un déterminant) ou une carte représentant seulement une partie du monde. Les élèves seraient priés de colorier en vert les pays dans lesquels ils souhaiteraient se rendre et en rouge, par exemple, les pays dans lesquels ils ont déjà été. Les cartes seraient ramassées (les élèves n'auraient pas inscrit leur nom sur leur carte, mais devraient être en mesure de la reconnaître), puis redistribuées de façon aléatoire. Il faudrait alors que les élèves retrouvent le propriétaire de la carte que le professeur leur aurait confiée en posant aux personnes qu'ils rencontrent des questions (*Warst du schon in der Schweiz? / Würdest du gern in die Türkei fliegen? / Wo warst du schon? / Wohin würdest du gern reisen?...*).

Corrigés du cahier d'activités (p. 92)

a.

1. Frau Schluckenbier fliegt nach Argentinien.
2. Herr Gramer fährt nach Italien (nach Venedig).
3. Herr Krämer fährt in die Schweiz.
4. Frau Doktor Broselow fliegt in die USA (nach Chicago).

b.

5. Andrea würde gern in die Türkei reisen.
6. Niklas würde gern nach Afrika reisen, in die Sahara, nach Ägypten und nach Kenia. Er möchte auch nach Ecuador.

Zwischenstation

(manuel p. 107, cahier d'activités p. 92)

Activité langagière
Parler avec quelqu'un

Mise en œuvre en classe

La première partie de cette tâche intermédiaire est une étape essentielle dans la préparation du dialogue suggéré dans le b. Parce qu'elle repose sur une réactivation de ce qui a été traité au cours de la *Station* (activités envisageables, utilisation du conditionnel, du directif...), elle pourra être effectuée sans aucune difficulté à la maison. Comme les destinations de voyage choisies par les élèves se limitent rarement à celles généralement vues en classe pour des raisons grammaticales ou culturelles, nous proposons à la page 92 du cahier d'activités une liste de noms de pays supplémentaire dont les élèves pourront largement se servir et qu'ils compléteront si besoin. Durant cette phase préparatoire, les élèves devront également répondre aux questions concernant les dates et le lieu de leur séjour.

Il est conseillé au professeur d'apporter quelques précisions quant au contenu du dialogue se déroulant dans l'agence de voyage avant que les différentes situations imaginées par les élèves ne soient mises en scène. Il ne s'agit ici aucunement d'empiéter sur la spontanéité des interventions, mais de parer à d'éventuels blocages dus à une disproportion du temps de parole de l'un des protagonistes. Si le client arrive à l'agence en exposant tout son projet de voyage sans laisser la possiblité à l'employé de lui proposer quoi que ce soit, que restera-t-il donc à l'employé d'autre à faire que de lui en indiquer le prix et de prendre congé de lui ? Le professeur veillera donc à une répartition équilibrée des informations à communiquer (l'employé demandera par exemple au client ce qu'il aime faire durant ses vacances, il lui soumettra automatiquement un autre lieu de villégiature afin que celui-ci puisse indiquer la destination qu'il préfèrerait retenir...).

Énoncés attendus

Schüler A: Guten Tag, nehmen Sie bitte Platz!
Schüler B: Guten Tag.
A: Was kann ich für Sie tun?
B: Ich möchte in den Sommerferien reisen, aber ich weiß noch nicht wohin, vielleicht in die Türkei...
A: Was würden Sie gern in den Sommerferien machen? Möchten Sie entspannen, Städte besichtigen...?
B: Ich brauch' Sonne, und ich würde gern Sport treiben, z.B. tauchen ...
A: Sie können nach Ägypten oder in die Türkei, oder...
B: In die Türkei! Ich möchte in die Türkei. Es ist bestimmt billiger!
A: Gut. Wann möchten Sie in die Türkei? Im Juli?
B: Nein, ich würde lieber im August dorthin fahren, vom 10. bis zum 18. August.
A: ... Wo möchten Sie schlafen? Im Hotel? In der Jugenherberge oder auf dem Campingplatz?
B: In einem Hotel am Strand!
A: Okay. Möchten Sie im Hotel essen?
B: Warum nicht? Wie viel kostet es?
A: Moment bitte... Ich weiß nicht genau, aber die Woche kostet 226 Euro pro Person.
B: Wow! Das gefällt mir!
A: Möchten Sie in diesem Hotel ein Zimmer reservieren?
B: Ja bitte....

Sprache aktiv

Sprache aktiv Station 1

➔ Manuel pp. 108-109

Corrigés du manuel (p. 108)

1

a. Im Hobbyraum ist es lustig, aber im Garten ist es noch **lustiger**.
b. Grillfleisch ist billig, aber Würstchen sind noch **billiger**.
c. Kartoffelsalat schmeckt gut, aber Nudelsalat schmeckt noch **besser**.
d. Eis ist nicht so gesund. Obstsalat ist **gesünder**.

2

a. Tina ist **älter** als Jan.
b. Die Jeans sind **teurer** als das T-Shirt.
c. Orangensaft ist **gesünder** als Cola.
d. Stefan ist **größer** als Laura.
e. In Spanien ist es **wärmer** als in Deutschland.

Corrigés du cahier d'activités (p. 87)

Exercice 1

Ich bin gut angekommen, aber etwas **später** als geplant, weil ich den Zug verpasst
habe. So ein Stress!
Jetzt bin ich im Garten und ruhe mich aus. Unser Garten ist schön, aber Omas Garten ist viel **schöner**, mit Blick auf die Berge. Und auch viel **größer**.
Oma hat mir einen Apfelkuchen gebacken. Hier schmeckt wirklich alles **besser**,
vielleicht weil Oma nur Bio–Produkte kauft.
Und nun das Wetter: Hier ist es viel **wärmer**! Morgen treffe ich mich mit meinen
Freundinnen Chrissy und Lara, wir gehen dann ins Freibad. Die Eintrittskarte ist hier
billiger, sie kostet nur 2,50 Euro.
Das Leben in der Stadt gefällt mir gut, aber hier auf dem Lande gefällt es mir wirklich **besser**. Vielleicht auch weil ich nicht zur Schule gehen muss. Das ist ja viel **lustiger**!

Exercice 2
Propositions de corrigés

Sigrid ist kleiner als Chrissy, aber größer als Lara. Lara ist kleiner als Chrissy und Sigrid. Chrissy hat längere Haare als Sigrid und Lara. Sigrid ist schlanker als Lara. Sigrids Rock ist kürzer als Chrissys Rock. Chrissy ist älter als Lara. Chrissys T-Shirt ist länger als Sigrids T-Shirt. Lara ist jünger als Sigrid und Chrissy ...

Chrissy sieht älter aus als Sigrid und Lara. Chrissy und Sigrid sind beide schlank. Lara ist jünger als Sigrid und Chrissy, ...

Sprache aktiv Station 2

Corrigés du manuel (p. 108)

3

a. Die Schüler haben die deutsche Gruppe abgeholt **und** sind dann zur Schule gefahren.
b. Wir möchten mit den deutschen Schülern am Projekt arbeiten, **aber** wir sprechen Französisch.
c. Ich möchte gern eine Pizza **und** ein Eis essen.
d. Das Kajakfahren war super, **denn** das Wetter war gut.

4

a. In Berlin haben die Schüler **vom** 15.7. **bis zum** 28.8. Sommerferien.
b. **Im** Jahre 2012 wird mein Opa 70.
c. Sie haben **von** 10 Uhr bis 10.30 Uhr eine Pause gemacht.
d. **Am** Sonntagvormittag sind wir ins Kino gegangen.
e. Wir treffen uns **um** 8.30 vor der Schule.
f. Du kannst mich **bis (um)** 23 Uhr anrufen. Danach gehe ich ins Bett.

Corrigés du cahier d'activités (p. 90)

Exercice 1

a. Sie sind mit der Metro gefahren, **denn** es hat geregnet.
b. Sie sind zum Kajakclub gefahren, **oder / und** sie sind ins Schwimmbad gegangen.
c. Der Austausch war sehr schön, **und** die Schüler wollten nicht mehr nach Hause zurückfahren.
d. Ich war müde, **aber** ich bin weiter Ski gelaufen.
e. Hast du dich amüsiert, **oder** hat es keinen Spaß gemacht?

Exercice 2

a. Im Sommer ist unser Laden von Dienstag bis Freitag geöffnet, von 9 Uhr bis 12.30 Uhr und von 14.30 Uhr bis 19 Uhr.
Am Samstag ist unser Laden von 9 Uhr bis 14 Uhr geöffnet.
Am Sonntag ist er von 9 Uhr bis 12 Uhr geöffnet.
Wir sind am Montag geschlossen.
b. Wir machen vom 5. bis zum 31. Juli 2010 Betriebsurlaub.
c. Wir haben am 7. Juli 2010 wieder offen.

Sprache aktiv Station 3

Corrigés du manuel (p. 109)

5

a. Wann fliegt ihr **nach** Spanien?
b. Sie bleiben eine Woche **im** Allgäu.
c. Wohin fahren Sie? **In** die Bretagne oder **nach** Toulouse?
d. Ich würde gern **nach** Indien reisen.
e. Wir sind zur Zeit **in** Tunesien und sonnen uns am Strand.
f. Er würde lieber **nach** Lateinamerika reisen, **nach** Chile zum Beispiel.
g. In den Ferien wollen wir diesmal **nach** Dänemark.

6

a. Wir möchten Rafting betreiben.
b. Die Kinder würden gern am Strand spielen.
c. Würdest du wieder nach Deutschland fahren?
d. Mein Cousin möchte zu seinem Geburtstag eine Party organisieren.
e. Ich möchte Urlaub in Marokko machen.
f. Würdet ihr gern die Ausstellung über C.D. Friedrich besuchen?

Corrigés du cahier d'activités (p. 93)

Exercice 1

a. Herr Specht war schon in Frankreich, in Deutschland, in Österreich, in Namibia und in der Schweiz.
b. Herr Specht würde gern in die USA fliegen. Er möchte auch in die Türkei und nach Spanien reisen.

Exercice 2

Lara möchte vielleicht Fußball spielen. Sie möchte auch vielleicht im Meer baden. Sie würde bestimmt gern in der Sonne liegen und ein Eis essen. Lara möchte vielleicht Ski laufen. Sie würde gern mit Freunden ins Kino gehen.

Prolongement

Jeu linguistique possible en guise de bilan annuel : « la vente aux enchères »

La classe se transforme, le temps de l'activité, en salle des ventes, le professeur endosse le rôle du commissaire-priseur / crieur et les élèves celui des enchérisseurs. Les objets de la vente à venir ne sont autres que des énoncés plus ou moins complexes pouvant contenir des erreurs (il peut s'agir de toutes sortes de fautes syntaxiques, grammaticales et orthographiques).

Le professeur remet aux élèves une somme fictive bien précise et prévient ces derniers qu'une fois cet argent dépensé, ils ne pourront plus obtenir de la banque de fonds supplémentaires. Puis, il distribue la liste des objets mis en vente sans toutefois renseigner les élèves sur la valeur exacte de ces objets. Il invite les élèves à prendre connaissance des énoncés contenus dans la liste et à déterminer ceux qu'ils souhaiteraient acheter, l'objectif étant de devenir propriétaire d'un maximum d'énoncés justes pour la somme la plus modique possible.

Après la mise à prix laissée à l'appréciation du professeur commissaire–priseur, les élèves désireux de participer à la vente annoncent à voix haute leur montant. L'objet est adjugé au dernier enchérisseur.

Les élèves se prennent très rapidement au jeu notamment si le professeur s'efforce de mettre en scène la vente aux enchères (débit de paroles rapide, intonation et emphase, utilisation d'un petit marteau...). Ils sont curieux de savoir à l'issue de la vente quelles phrases étaient correctes et ont, alors, plaisir à les corriger si celles–ci ne s'avéraient pas justes.

Vokabeln aktiv

À la fin de l'année scolaire où il est parfois difficile de mobiliser l'attention des élèves, on pourra proposer d'effectuer un bilan lexical sous la forme d'une course de relais.

Pour des raisons de commodité, nous conseillons d'organiser cette épreuve sportive dans la cour de récréation. On constituera au départ deux groupes. On veillera naturellement à constituer deux équipes de niveau linguistique similaire. On disposera deux tables à équidistance des élèves. On y collera une feuille sur laquelle on aura inscrit à la verticale les 26 lettres de l'alphabet (ou moins, selon la thématique retenue).

Le but du jeu consistera à trouver pour chaque lettre un mot en relation avec le chapitre étudié. Pour des groupes disposant d'un bagage lexical plutôt réduit, on pourra envisager d'élargir l'activité à l'ensemble du vocabulaire introduit au cours de l'année. Le professeur précisera avant de commencer s'il accepte tout type de mots ou s'il convient de restreindre la recherche à certaines catégories seulement (les prépositions, les déterminants et les conjonctions pourraient, à ce titre, ne pas être pris en compte). Les membres d'une même équipe auront le droit de se consulter durant tout le temps de l'épreuve (mais non, évidemment, de coopérer avec les élèves de l'équipe adverse !). Chaque élève ira, son tour venu, inscrire un mot sur la feuille de son équipe (faire bien en sorte que ce ne soient pas toujours les mêmes qui courent ni les mêmes qui

réfléchissent !). L'enchaînement entre les élèves se fera par la transmission d'un stylo. À chaque fois qu'un mot sera couché sur le papier, il sera nécessairement validé ou non par le professeur jouant le rôle de jury lors de cette activité. Dans le cas où le mot serait dénaturé (mal orthographié par exemple), il serait tout simplement annulé. Le relayeur devrait alors retourner vers son équipe qui se mettrait à la recherche d'un autre mot commençant par la même lettre.
Pour rendre la course la plus stimulante possible, le professeur ne manquera pas d'indiquer très clairement au fur et à mesure l'avancement des deux équipes, sans toutefois dévoiler les mots choisis par chacune d'elles. L'équipe gagnante sera celle qui aura été la plus rapide. Au terme de la course, il sera possible de faire sélectionner à chacune des deux équipes une dizaine de mots figurant sur la feuille de l'autre groupe puis de demander à ce que chaque groupe écrive une petite histoire à partir des mots choisis par l'équipe adverse.

Corrigés du cahier d'activités (p. 94)

Exercice 1

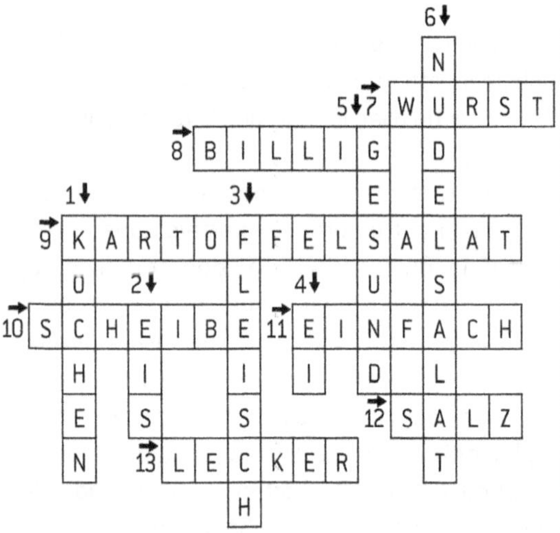

Exercice 2

a. langweilig
b. sich sonnen
c. wandern
d. die Ferien
e. traurig sein
f. soit Namibia (car la Namibie est le seul pays situé sur le continent africain) soit Schweiz (car c'est le seul nom géographique qui fonctionne avec un déterminant)
g. essen
h. Pfirsich.

Exercice 3
Proposition de corrigé
Le professeur ne manquera pas de noter que le modèle fourni à la page 94 du cahier d'activités contient sur le plan lexical un nom de pays (*die Türkei*), une activité (*tauchen*), ainsi qu'un adjectif permettant d'apprécier ce qui a été énoncé juste auparavant (*genial*). On remarquera également la présence d'une forme verbale au conditionnel (*ich möchte*) et l'utilisation du directif (*ich fahre in die Türkei*).

Endstation

Berlin, Berlin, wir fahren nach Berlin!

➲ Manuel pp. 110-111

Le dernière *Endstation* du manuel conduit les élèves à Berlin. Ils y découvriront quelques lieux marquants et seront amenés, dans la perspective d'un court séjour, à choisir un programme de visites, un lieu d'hébergement et un mode de restauration.
• **1** Après avoir situé la capitale sur la carte, le professeur zoomera sur l'ours de Berlin et demandera aux élèves d'imaginer pourquoi un ours représente la ville. Il pourra les mettre sur la piste en recourant si besoin à l'anglais pour les classes bilangues ou les grands débutants (*bear/Bär*) et jouera sur les sonorités.
Les élèves curieux pourront se rendre sur le site suivant et regarder la vidéo de l'émission de Karambolage (03.02.08) consacrée à l'ours de Berlin (durée : 4 minutes) : http://www.france-allemagne.fr/Le-symbole-L-ours-de-Berlin-3,3023.html
En cliquant sur le drapeau allemand en haut à gauche de l'écran, ils pourront accéder à la version en langue allemande.
Le professeur lira ensuite avec les élèves le chapeau introductif. Contrairement à la Endstation du chapitre 5, qui présentait différentes facettes de la ville de Munich, cette Endstation incite l'élève à opérer des choix : *Was möchtest du sehen? Was möchtest du essen?* Il devra donc comparer les propositions et envisager différents scénarios (météo, somme d'argent disponible, éloignement par exemple).
• **2** On commencera par zoomer sur les quatre illustrations de la page de gauche en nommant les différents lieux ou monuments. Les élèves travailleront de préférence à deux ou par groupes de trois, liront les encadrés informatifs et répondront aux questions de la rubrique *Alles klar?*

Corrigés du manuel (p. 111)
Alles klar?
1. Zwei Symbole von Berlin: der Alexanderplatz; das Brandenburger Tor (der Berliner Bär).
2. Berlin ist seit 1990 wieder Bundeshauptstadt.
3. In Berlin kann man im Kadewe oder am Ku-Damm shoppen gehen.

• **3** Après la mise en commun, le professeur zoomera sur les photographies de la page de droite et reformulera les questions du chapeau introductif : *Wo möchtet ihr lieber schlafen? Was möchtet ihr gerne essen?* Les élèves liront dans un premier temps les encadrés informatifs puis compareront les propositions. (Exemples : *In der Jugenherberge ist es lustiger, weil die Zimmer größer sind, wir können zusammen bleiben...Das Hotel ist besser, weil es direkt am Alexanderplatz liegt! Ja, aber die Jugendherberge ist billiger!*) Le professeur ira de groupe en groupe et écoutera les différents arguments. Il vérifiera que les nombres sont correctement lus et corrigera au besoin.

• **4** Les élèves seront ensuite amenés à organiser leur propre week-end : pour éviter l'écueil de la monotonie, le professeur pourra distribuer une enveloppe à chaque équipe, dans laquelle il aura placé des contraintes budgétaires et météorologiques différentes. Les élèves disposeront d'environ vingt minutes pour établir leur programme.

À l'issue de ce travail de groupe, chaque équipe désignera un rapporteur qui présentera son projet au reste de la classe. Cette présentation d'environ deux ou trois minutes pourra faire l'objet d'une évaluation formative. Les critères retenus seront la clarté de l'exposé, la cohérence, la correction linguistique et l'argumentation. Le professeur distribuera utilement une grille d'écoute au reste de la classe pour encourager l'écoute attentive et la coévaluation.

Exemple de production attendue
Wir sind drei Mädchen und haben 100 Euro . Das Wetter ist schlecht: am Samstag regnet es, am Sonntag scheint die Sonne. Wir möchten also lieber im KaDeWe shoppen. Dann wollen wir einen Döner mit Salat essen, das kostet nur drei Euro pro Person. Wir kaufen auch Getränke, eine Cola kostet vielleicht zwei Euro. Das macht fünf Euro. Wir schlafen in einer Jugendherberge: das ist billiger (15 Euro pro Person) und praktischer, weil die Jugendherberge mitten im Zentrum ist. Wir brauchen kein Geld für die U-Bahn oder für den Bus. Am Sonntag gehen wir zum Brandenburger Tor, weil es ein Muss ist! Zu Mittag essen wir eine Bratwurst mit Pommes,. das ist auch billig, und trinken eine Apfelschorle. Dann flanieren wir auf dem Ku–Damm. Wir haben noch ein bisschen Geld für ein Eis und ein Souvenir..

Unser Projekt
Ein Wochenende organisieren (p. 111)

Prenant appui sur la démarche mise en œuvre dans la *Endstation*, les élèves pourront à présent réaliser la tâche finale : organiser un week-end dans une ville allemande. Nous proposons trois villes (Vienne, Cologne et Hambourg), le professeur pourra bien entendu proposer une autre ville. Il conviendra cependant de s'assurer au préalable de l'accessibilité des informations.
Le projet sera présenté à la classe et pourra faire cette fois l'objet d'une évaluation sommative. La classe, entraînée lors du travail effectué en amont lors de la *Endstation*, remplira une grille d'évaluation enrichie du critère « intérêt, agrément » : les élèves pourront attribuer une, deux ou trois étoiles au projet présenté. À l'issue des présentations, on pourra procéder au dépouillement et remettre un diplôme *Organisationstalent* à l'équipe qui aura recueilli le plus de suffrages.

Jetzt kannst du's!

➲ **Manuel pp. 112-113**

1 Wie war die Klassenfahrt nach Istanbul? (p. 112)

Activité langagière
Écouter
Objectif
Comprendre comment un séjour s'est déroulé

Script
(CD Classe 2 piste 28)
Mutter: Ist alles gut verlaufen, Frau Gruber?
Lehrerin: Ja, guten Tag Frau Falter, das war eine ganz nette Gruppe.
Mutter: Schön. Es freut mich.

Kyra: Tschüs Frau Gruber! Komm, Mama, ich will jetzt nach Hause.
Lehrerin : Auf Wiedersehen Kyra.
Mutter: Auf Wiedersehen, Frau Gruber, und danke!
Mutter: Müde?
Kyra: Ja. Wir sind heute früh um 5 Uhr losgefahren... Und es ist so kalt hier! In Istanbul waren wir in T-Shirts unterwegs.
Kyra: Ich hab' dir was vom Ägyptischen Bazar mitgebracht.
Mutter: Ah, ah. Ihr hattet also Zeit zum Shoppen?
Kyra: Ja, aber wir haben nicht nur Shopping gemacht. Wir haben auch den Unterricht besucht. Den fand ich übrigens gut, ... besser als bei uns! Und wir haben das Hotel Pera Palas besichtigt.
Mutter: Interessant! Und deine Austauschpartnerin? Hast du dich gut mit ihr verstanden?
Kyra: Sehr gut. Und mit ihrer Familie auch. Ganz lustige Leute! Schade, dass Ayten und die anderen bis 15 Uhr Unterricht hatten und nicht immer mitkommen durften!

Énoncés possibles (cahier d'activités p. 95)
1. – Sie haben den Unterricht besucht.
– Sie waren im Ägyptischen Bazar. Sie haben dort Shopping gemacht.
– Sie haben auch das Hotel Pera Palas besichtigt.
2. – Es war eine ganz nette Gruppe.
– Der Unterricht in der Türkei war gut, sogar besser als in Deutschland.
– Kyra hat sich mit der Austauschpartnerin und mit ihrer Familie sehr gut verstanden.
– Die Familie von Ayten ist lustig.
3. Die Schüler in Istanbul hatten bis 15 Uhr Unterricht. Sie durften nicht immer mitkommen.

2 Was würdest du lieber essen? (p. 112)

Activités langagières
Parler en continu
Objectifs
Présenter des menus simples et les comparer

Énoncés attendus (cahier d'activités p. 95)
1. Im 1. Menü können wir Orangensaft oder Apfelschorle trinken. Wir können Gemüse und Obst essen.
2. Das 2. Menü kostet 12,30 €. Ich kann Fleisch essen. Ich kann Cola oder Limo trinken.
3. Das Menü 1 ist gesünder als das Menü 2.
4. Das Menü 2 ist teurer als das Menü 1. / Das Menü 1 ist billiger als das Menü 2.
5. Ich würde lieber das Menü 1 nehmen, weil Obstsalat gesünder ist als Eis / weil ich kein Fleisch esse / weil ich Würstchen nicht mag, usw.
Ich würde lieber das Menü 2 nehmen. Es schmeckt lecker.

3 Vom Reisebüro Red (p. 113)

Activités langagières
Lire
Objectifs
Comprendre des destinations de voyage et des activités à faire sur place

Corrigés du cahier d'activités (p. 96)
1. Brasilien, Chile, Argentinien.
2. den Karneval erleben, historische Städte besuchen, viele Tiere sehen (Brasilien); an idyllischen Stränden entspannen, Tango lernen (Argentinien).

4 Was wollt ihr Sonntag machen? (p. 113)

Activités langagières
Écrire
Objectifs
Savoir exprimer un choix, une préférence et justifier

Corrigés du cahier d'activités (p. 96)
Propositions de corrigés
1. Am Vormittag möchte ich einen Spaziergang im Wald machen.
Zum Mittagessen möchte ich lieber picknicken.
Am Nachmittag möchte ich gern Rad fahren.
Am Abend gehe ich gern zur Open-Air-Theateraufführung.
2. Ich mag draußen Sport treiben, weil es gesund ist. Es ist auch billiger und viel schöner.
3. Zum Mittagessen bleibe ich lieber draußen, weil es gemütlicher und billiger ist.

Frohe Weihnachten!

➲ Manuel pp. 116-117

Activités langagières
– Lire
– Parler en continu
– Parler avec quelqu'un
– Écrire

Objectifs linguistiques

a. Faits de langue :
  – rebrassage de quelques mots interrogatifs
  – structure des questions globales et partielles
  – la conjugaison du verbe *können*

b. Lexique :
  – les mots composés relatifs à la période de Noël
  – des verbes d'action simples
  – quelques activités
  – lexique de la nourriture
  – la date (en compréhension)

c. Prosodie : l'intonation de la phrase interrogative et déclarative

Objectif culturel
La découverte des traditions liées à la fête de Noël en Allemagne

Les pages *Feiertage und Feste* sont conçues dans une perspective actionnelle sur le modèle des *Endstationen*. Elles comportent ainsi une courte introduction, une partie documentaire avec des textes informatifs accompagnée d'un dispositif de compréhension, puis un projet final à réaliser. La double page consacrée à la période de Noël ne déroge pas à la règle : elle est construite d'après cette structure.

Mise en œuvre en classe

Le texte introductif en rouge comporte plusieurs occurrences du terme *Weihnacht-* dans différentes compositions de mots. Ce substantif est aussi présent dans le titre. Il conviendra donc de bien s'assurer de sa compréhension en l'associant, tout simplement, à la date du 25 décembre. Une frise chronologique succincte s'avèrera également utile et fera apparaître les dates clés suivantes : 1er, 6 décembre, 24 et 25 décembre. Ces dates seront légendées au fur et à mesure de l'avancée du travail de compréhension de cette double page. Les mots *Advent, Weihnachtszeit, Weihnachtsabend* pourront ainsi y être reportés. Les questions *Was machen die Deutschen in der Weihnachtszeit? / Was ist zu Weihnachten in Deutschland Tradition?* permettront enfin de sélectionner *den Weihnachtsbaum dekorieren, auf den Weihnachtsmarkt gehen, backen* (que l'on mettra immédiatement en relation avec le mot *Rezept*) et *Weihnachtslieder hören und singen* et de terminer la compréhension de l'introduction.
Le calendrier de l'Avent reproduit en page de gauche assure la fonction traditionnellement dévolue dans notre manuel à la rubrique *Alles klar?* située dans les *Endstationen*. Y figurent, sur des cartons de couleur, les questions de compréhension qui portent sur les textes de la page de droite. Les élèves seront donc invités à lire les textes et à opérer une compréhension sélective qui leur permettra de répondre aux questions du calendrier de l'Avent. Le professeur peut faire faire ce travail de façon individuelle ou bien en petits groupes ou en binômes. Cette tâche de compréhension peut aussi, avec une classe moins rapide, être effectuée en trois groupes, chacun responsable d'une couleur. La correction se fait en classe plénière.
Le texte sur les marchés de Noël peut, de prime abord, sembler dense et difficile. Il est structuré de la façon suivante : définition de l'Avent, puis que peut-on boire, manger et acheter sur le marché de Noël ? Le vocabulaire de la nourriture qui y est employé a été travaillé dans le chapitre 2 qui aura, à cette période de l'année, probablement été vu en classe. C'est donc l'occasion d'un rebrassage pour *Apfelsaft*, *Wurst* et *Kartoffeln*. Le mot *Leckereien* est à rapprocher de l'expression *das ist lecker* (qui, dite avec conviction, ton et gestes sera rapidement comprise des élèves !), le terme *Lebkuchen* sera facilement illustré au moyen des deux figurines situées en haut de la couverture du manuel. Seul le mot *Glühwein* devra demander une explication particulière, voire une traduction.
Le professeur disposant du manuel vidéoprojetable pourra zoomer sur les photos accompagnant les textes et illustrer ainsi des termes non transparents comme *Verkaufsstände, der Nikolaus, Plätzchen*. La recette devra certainement faire l'objet d'une lecture particulièrement précise, car, bien que très simplifiée, elle n'en comporte pas moins des termes peu transparents et demandant une traduction. La liste des ingrédients faisant l'objet d'une question dans le calendrier de l'Avent donnera au professeur l'occasion d'en assurer la compréhension en passant au besoin, répétons-le, par une traduction.

Pour prolonger cette activité de compréhension et faire travailler les élèves en production, le professeur peut demander à chaque groupe d'inventer d'autres questions sur les textes que celles situées dans le calendrier de l'Avent et de les soumettre au reste de la classe.

Énoncés attendus

Die Zeit vom 1. bis zum 24. Dezember ist die Adventszeit.
Am 6. Dezember kommt der Nikolaus. Er bringt Geschenke und Bonbons.
Auf dem Weihnachtsmarkt kann man Leckereien kaufen und essen (wie zum Beispiel Plätzchen, Lebkuchen, Schokoladenfiguren, Maronen, Wurst und Ofenkartoffeln).
Man kann einen heißen Apfelsaft oder einen Glühwein trinken.
Ich brauche Mandeln, Salz, Butter, Zimt, Eier, Mehl, Vanillezucker und Puderzucker.

Unser Projekt

Einen Adventskalender für die Klasse basteln

(p. 117)

La tâche consiste à réaliser (de préférence en binômes ou en groupes de trois élèves) un calendrier de l'Avent plus ou moins traditionnel dont chaque fenêtre laisse paraître une question formulée en allemand et portant sur les acquis lexicaux, grammaticaux et culturels des élèves. Le professeur pourra leur demander de réfléchir à une forme originale de calendrier (sacs accrochés sur une branche, petits papiers suspendus comme pour un mobile, petites boîtes d'allumettes collées et renfermant les questions, ...) et devra ensuite les aider dans la formulation correcte de leurs questions. Certaines classes, moins autonomes, auront besoin de formuler ces questions en plénière avec l'aide du professeur, mais il reste important que les élèves terminent la tâche seuls, en autonomie. La liste de questions de chaque groupe devra bien-sûr avoir été corrigée par le professeur avant d'être inscrite sur le calendrier de l'Avent de chaque groupe.
Cette formulation de questions et la mise en forme plastique de l'ensemble requièrent un certain temps. Il est donc important que le professeur fasse preuve ici de qualités d'anticipation et laisse aux élèves le délai nécessaire non seulement à la réalisation de ce travail, mais encore à l'ouverture des fenêtres qui pourrait se faire en début d'heure et ce, logiquement, durant les trois semaines qui précèdent les vacances de Noël.

Questions possibles

Wer ist Muttis Schwester?
Was macht Thomas Vanek gern?
Wie sagst du *school* auf Deutsch?
Kannst du mir drei Musikinstrumente nennen?
Wie alt bist du?
Was machen die Schüler in der Rap-AG?
Kannst du mir das Verb *können* konjugieren?
Was machst du gern in der Freizeit?
Kannst du mir fünf W-Wörter nennen?
...

Karneval, Fasching oder Fastnacht?

➲ Manuel pp. 118-119

Activités langagières
– Lire
– Parler en continu
– Parler avec quelqu'un

Objectifs linguistiques
a. Lexique : vocabulaire propre aux événements festifs
b. Phonologie / prosodie : rebrassage des points abordés dans les premiers chapitres du manuel

Objectif culturel
La découverte de certaines traditions carnavalesques en Allemagne, en Autriche et en Suisse

Comme le titre tripartite et la variété des visuels figurant sur cette double page l'attestent, l'objectif ici consistera à sensibiliser les élèves à la richesse des traditions carnavalesques dans les pays germanophones. Le travail effectué sur les documents écrits donnera également l'occasion de revenir sur les points phonologiques abordés jusqu'à présent et d'insister une nouvelle fois sur l'importance d'une bonne prononciation et accentuation des mots.

Unser Projekt

Ein Memory-Spiel über Karneval basteln

(p. 119)

Mise en œuvre en classe

Dans la version classique, le jeu de *memory*, constitué d'un nombre pair de cartes, est basé sur l'association de deux dessins identiques en tout point. Parmi les cartes retournées sur le plateau, les joueurs doivent, en effet, retrouver en un temps record les séries d'images qui se correspondent. Dans la version proposée ici, le jeu de *memory* reposera sur l'assemblage de deux cartes au contenu comparable mais non parfaitement semblable. Il marquera ainsi les similitudes existant dans les pays germaniques entre les diverses coutumes festives de cette période de l'année.

Pour réaliser ce *memory* ayant pour thème le carnaval, les élèves devront tout d'abord se mettre à la recherche des paires de mots à former. Les informations à repérer lors de la lecture des documents des pages 118 et 119 (textes et frise chronologique) les orienteront largement dans ce travail préliminaire. Par souci de clarté, nous conseillons de faire récapituler aux élèves le relevé effectué sous la forme d'un tableau (voir ci-après). Une fois l'exactitude des renseignements vérifiée, ces derniers seront reportés sur des cartes que l'on pourra plastifier.

L'enseignant pourra alors se pencher sur la prononciation et l'accentuation des mots ou groupes de mots notés sur lesdites cartes. Il s'arrêtera notamment sur les points phonologiques et prosodiques qu'il aura jusqu'alors traités dans les différentes *Stationen* des chapitres abordés. La répétition des mots pourra s'organiser selon plusieurs principes :
– faire prononcer les mots classés en fonction du son qu'ils représentent (à titre d'exemple, l'inflexion de la voyelle : *Tirol / Köln, Österreich; rufen / München, Kostüm; Straße / Räppli, Männer*),
– faire accentuer d'abord les mots d'origine étrangère, puis ceux du fonds germanique (*Krawatte, Konfetti, Bonbons, Gardeoffiziere, Kostüm... / Wagen, Faschingskrapfen, ...*),
– faire prononcer les mots en les regroupant selon leur sens (*Basel, Mainz, Köln, ...*),
– faire prononcer et accentuer les mots de façon individuelle ou en chœur, par l'ensemble de la classe ou une partie du groupe.

Le professeur distribuera ensuite de façon aléatoire à chaque élève une carte du jeu de société. Les élèves devront retenir le contenu de la carte, puis se lever et trouver le plus rapidement possible celui ou celle ayant obtenu une carte au contenu similaire (l'élève qui a reçu la carte *Fastnacht* devra chercher celui qui est en possession de la carte *Karneval* par exemple).

Après cette phase préparatoire, les élèves, idéalement répartis par groupe de huit maximum, pourront jouer au *memory* qu'ils auront eux-mêmes fabriqué. À chaque fois qu'ils retourneront une carte, ils en liront systématiquement le contenu à voix haute. Si l'on souhaite corser les règles du jeu et inciter par ce biais les élèves à soigner leur prononciation et leur accentuation, on pourra leur indiquer qu'ils n'entreront en possession des paires qu'ils auront trouvés que si la lecture des mots figurant sur les deux cartes est irréprochable. Dans le cas contraire, le joueur passera son tour et remettra les cartes sur le plateau, face cachée.

Prolongement

Il est probable qu'à cette époque de l'année on ait déjà abordé le chapitre 4. Afin d'assurer la liaison entre le contenu de cette double page et les points traités dans l'unité 4, nous préconisons de mettre en place un jeu supplémentaire, celui de « la phrase vivante ». Tandis qu'un groupe (groupe 1) sort de la salle l'espace de quelques secondes, un autre groupe se voit confier par le professeur un énoncé dont il faudra se répartir le contenu (chaque participant est responsable d'un mot). De retour dans la classe, chacun des élèves du premier groupe écoute l'ensemble des mots prononcés par les élèves du second groupe et doit, à partir de ce qu'il entend, élaborer une phrase correcte sur le plan syntaxique en plaçant les élèves dans l'ordre qui convient. Au terme de cette activité, les élèves du groupe 1 doivent indiquer si l'énoncé, juste syntaxiquement parlant, l'est également sur le plan sémantique. On veillera naturellement à proposer des énoncés en relation avec la thématique du carnaval.

Exemples :

In Mainz hört man in den Straßen „alaaf!". [Das stimmt nicht. In Mainz hört man in den Straßen „hellau!".] / In Basel spielen Cliquen Tambour und Flöte. [Richtig.] / Am 11.11. um 11 Uhr 11 findet das Blochziehen in Tirol statt. [Falsch. Im Jahre 2010 findet das Blochziehen in Tirol statt. Am 11.11. um 11 Uhr 11 beginnt die Karnevalszeit.]

Associations d'éléments attendues

Karnevals-metropolen	Mainz	Köln ...
Namen zum Karneval	Fasching	Fastnacht ...
Wichtige Tage in der Karnevalszeit	der Rosenmontag	der Weiberfasching ...
Daten und Uhrzeiten	am 11. November	um 11 Uhr 11
Verkleidung	als Gardeoffizier	als Clown ...
Karnevalsrufe	Alaaf!	Hellau!
Spezialitäten	Mehlsuppe	Faschings-krapfen
Wurfmaterial	Räppli (Konfetti)	Bonbons
Festivitäten	sich den Rosen-montagszug anschauen	auf einen Ball gehen ...
Eine typische Aktivität für Frauen / Männer	Die Frauen schneiden den Männern die Krawatte ab.	Die Männer ziehen durch die Straßen einen Baum, den Bloch.
Sonstiges	die Karnevalisten	die Fastnachtler
	Tambour und Flöte spielen	dekorierte Wagen zeigen...

Gänsespiel

➜ Manuel pp. 120-121

Activités langagières
– Lire
– Parler avec quelqu'un
Objectifs linguistiques
– Les questions partielles
– L'impératif
Objectifs culturels
– Jouer à un jeu de société
– Rebrassage et découverte de traditions et de fêtes des pays germanophones

Nous proposons sur cette double page un plateau de jeu de l'oie dont les questions portent sur les traditions et fêtes dans les pays germanophones. Pour y répondre, les élèves feront appel aux connaissances acquises dans les doubles pages précédentes consacrées à Noël et au carnaval et consulteront les encarts informatifs disséminés autour du jeu. Ces derniers pourront d'ailleurs être découverts au cours de l'année au rythme des fêtes calendaires.

Mise en œuvre en classe

Nous vous recommandons, en fonction du nombre d'élèves dans la classe, de constituer deux ou trois groupes qui se verront chacun attribuer un pion de couleur différente. On procèdera à un tirage au sort pour déterminer le groupe qui commence. Puis un joueur lancera le dé et jouera le rôle de rapporteur (notons que l'on peut se procurer dans un magasin de jouets un gros dé en mousse très pratique pour des activités au sein de la classe). Comme dans le jeu de l'oie traditionnel, si le joueur répond correctement à la question, il avance son pion du nombre de cases indiqué par le dé. Il pourra se faire aider par ses camarades, mais la réponse qu'il donnera sera définitive. On veillera à ce que les échanges au sein du groupe aient lieu en allemand (*Wer kann mir helfen? / Ich glaube, dass … / Nein, das stimmt nicht! …*).

Chaque groupe pourra avancer son pion individuellement, mais la version vidéoprojetable du manuel permettrait à chacun de visualiser l'avancée des adversaires. Certaines cases ont été insérées pour tantôt pénaliser un groupe, tantôt l'avantager. Le premier groupe à atteindre exactement la case arrivée (*Ziel*) remportera la partie. Le joueur qui obtiendra un nombre supérieur au nombre de cases dont il a besoin pour terminer devra faire reculer son pion d'autant de cases qu'il a de points en trop !

Réponses attendues

2. der Osterhase
3. Johann Strauß
4. am 11. November um 11 Uhr 11
6. am 11. November
8. Fasching / Fastnacht
10. Advent
11. Elektro-Musik
12. am Faschingsdienstag
13. Caspar, Melchior und Balthasar
14. Osterbaum
16. den Tag der Deutschen Einheit / die Vereinigung von der BRD und der DDR
17. in Süddeutschland und in Österreich
20. einen Glühwein oder einen heißen Apfelsaft
22. Köln / München / Fiss / Basel
24. Eier
25. Sie gehen von Haus zu Haus, singen Lieder und sammeln Geld für arme Kinder.
27. am 1. August
28. am 3. Oktober
31. Sie schneiden den Männern die Krawatte ab.
33. „Laterne, Laterne, Sonne, Mond und Sterne. Brenne auf, mein Licht (x 2), aber nur meine liebe Laterne nicht!"
36. Laternen
37. Plätzchen / Lebkuchen / Schokoladenfiguren / heiße Maronen / Wurst / Ofenkartoffeln
38. der Nikolaus

TEST 1

Name: ....

Datum: ....

1 Hörverstehen

Classe

Auf dem Pausenhof

Zwei Jugendliche stellen sich vor. Hör dir das Gespräch an und kreuze an, was stimmt.
Den Dialog hörst du insgesamt zweimal.

• **1** Wie heißt die Schule?

❑ Thomas-Mann-Gesamtschule ❑ Albert-Schweitzer-Realschule ❑ Freiherr-vom-Stein-Gymnasium

• **2** Wie alt ist Karen?

❑ 13 ❑ 14 ❑ 15

• **3** Und Lukas?

❑ 13 ❑ 14 ❑ 15

• **4** Wo wohnen sie?

❑ in Garmisch ❑ in Freiburg ❑ in Hamburg

• **5** Woher kommt Lukas?

❑ aus Garmisch ❑ aus Freiburg ❑ aus Hamburg

• **6** Was kann Lukas?

❑ skaten ❑ Fußball spielen ❑ Ski fahren

• **7** Was machen Karen und Lukas gern? Assoziiere.

 •

• 

Karen

 •

• 

Lukas

 •

• 

2 Leseverstehen

Auf einer Website findest du drei Anzeigen und vier Profile. Welche Personen passen zusammen? Achtung! Ein Profil bleibt übrig.

Die Anzeige Nr.	1	2	3
passt zum Profil ...			

Anzeigen

1.

Stefan (13) aus Leipzig

schreibt am Mittwoch, 17. März 2009 um 14:06 Uhr:

Nette Mailfreunde gesucht!!!
Ich suche coole Mailfreunde zwischen 11 und 13 Jahren. Meine Hobbys: lesen, Rad fahren und reiten. Wenn ihr Lust habt mir zu schreiben, dann meldet euch einfach!!!!
Tschüs!!!! ;-)
Stefan

2.

Tobias (11) aus München

schreibt am Mittwoch, 17. März 2009 um 16:32 Uhr:

Hallo zusammen!
Wie geht's? Ich heiße Tobias und komme aus München. Ich spiele Elektrogitarre in einer Band. Meine Hobbys sind skaten und Musik hören. Ich bin auch ein Fan des FC Bayern. :+)
TOBIAS

3.

Lisa (12) aus Basel (Schweiz)

schreibt am Dienstag, 16. März 2009 um 19:22 Uhr:

Suche Mädchen zum Mailen!
Hi! Ich bin Lisa, 12, aus Basel. Ich habe zwei Ponys, eine Katze und Fische. Ich höre gern Musik und tanze gern! Magst du Poprock? Hast du eine E-mail-Adresse? Ich schon! Schreib mir mal, OK? Lisa.ritter@gmx.ch
Tschüs Lisa

Profile

A	B	C	D
Niklas (12) Mangas - Sport	Katrin (14) reiten - Musik	Timo (10) Rad fahren - tanzen	Kai (13) Schlagzeug - Fußball

3 Zusammenhängend sprechen

Wähle einen Steckbrief aus und stell den Promi vor (Name, Alter, Wohnort, Sportart und Hobbys).

<u>Steckbrief 1</u>
Name: Podolski Lukas
Geburtsdatum: 4.6.1986
Wohnort: Bergheim
Sportart: Fußball
Hobbys: Computer, Musik hören und Freunde treffen

<u>Steckbrief 3</u>
Name: Jan Frodeno
Geburtsdatum: 18.8.1981
Wohnort: Saarbrücken
Sportart: Triathlon
Hobbys: Beachvolleyball, surfen und lesen

<u>Steckbrief 2</u>
Name: Britta Steffen
Geburtsdatum: 16.11.1983
Wohnort: Berlin
Sportart: schwimmen
Hobbys: lesen und joggen

<u>Steckbrief 4</u>
Name: Ole Bischof
Geburtsdatum: 27.8.1979
Wohnort: Köln
Sportart: Judo
Hobbys: Freunde treffen, Rugby und lesen

4 An Gesprächen teilnehmen

Auf einer Party lernst du neue Leute kennen. Wähle eine Karte und spielt einen Dialog zu zweit (Fragen und Antworten).

Schülerin 1
Vorname: Katrin
Alter: 12
Wohnort: Halle
Hobbys: lesen – Fußball spielen

Schülerin 2
Vorname: Jessica
Alter: 14
Wohnort: Bern
Hobbys: Freunde treffen – Klavier spielen

Schülerin 3
Vorname: Tina
Alter: 16
Wohnort: Wien
Hobbys: zeichnen – tanzen

Schüler 4
Vorname: Marko
Alter: 11
Wohnort: Frankfurt
Hobbys: Rad fahren – Musik hören

Schüler 5
Vorname: Jonas
Alter: 13
Wohnort: München
Hobbys: klettern – Actionfilme sehen

Schüler 6
Vorname: Uwe
Alter: 15
Wohnort: Koblenz
Hobbys: schwimmen – reiten

5 Schriftliche Kommunikation

Du suchst einen Brieffreund / eine Brieffreundin und schreibst einen kurzen Text in der Rubrik „Mailfreunde gesucht". Stell dich vor (Vorname, Alter, Wohnort, Hobbys ...) und stell mindestens 2 Fragen.

....

....

....

....

....

....

....

....

....

....

TEST 2

Name: ....

Datum: ....

1 Hörverstehen

Teil 1

Positiv oder negativ?

Du hörst fünf Antworten. Sind sie positiv oder negativ? Kreuze an.

	Positive Antwort	Negative Antwort
• 1		
• 2		
• 3		
• 4		
• 5		

Teil 2

Dialog zwischen Anna und Leonie

Hör dir das Gespräch an. Lies folgende Aussagen. Sind sie richtig oder falsch? Kreuze an.

	Richtig	Falsch
• **1** Leonie möchte am Samstag mit Anna etwas unternehmen.		
• **2** Anna hat Lust, aber sie hat keine Zeit.		
• **3** Wiesmanns haben Besuch aus Kanada.		
• **4** Kerstin ist Annas Schwester.		
• **5** Sie hat keine Kinder.		
• **6** Anna findet Kerstin uninteressant.		
• **7** Kerstin ist aktiv.		
• **8** Anna geht am Samstag mit Kerstin ins Schwimmbad.		
• **9** Wenn es regnet, gehen sie ins Kino.		
• **10** Leonie kommt mit.		

2 Leseverstehen

Lies den Chat.

Andi: Hallo Sonja! Schön, dass du Thomas' Geburtstagsparty bei dir zu Hause organisierst ! Brauchst du Hilfe?

Sonja: Hi, Andi! Ja, danke. Kannst du deine Stereoanlage mitbringen? Thomas' Bruder leiht seine CD's. Schade er kann nicht mitkommen.

Andi: Kein Problem.

Toni: Hi! Ich kann auch CDs mitbringen.

Sonja: Gut, danke, Toni. Aber bitte nicht nur Rap ...

Andi: Und ich kaufe die Getränke. Meine Schwester bringt auch was zu essen mit.

Sonja: Super! Tanja möchte auch zur Party kommen. Seid ihr einverstanden?

Andi: Tanja? Ich finde sie überhaupt nicht lustig.

Toni: Ach, warum nicht? Sie ist ein bisschen schüchtern, ich finde sie doch eigentlich ganz nett.

Sonja: Ja, das stimmt.

Andi: Also, gut. Einverstanden!

Sonja: Martin, Lea, Svenja und Goran kommen auch, sie wollen einen neuen Song spielen. Toll oder?

Toni: Hmmm ... aber bitte nicht zu lange!!!

• 1 Wer kommt zur Geburtstagsparty? Kreuze an.

	kommt	kommt nicht
Andi		
Goran		
Lea		
Martin		
Thomas' Bruder		
Svenja		
Toni		
Andis Schwester		
Sonja		

• 2 Wer macht was? Schreib die Vornamen in die Liste.

Musik (CDs): ....

Musik (Live): ....

Apfelkuchen: ....

Limo und Orangensaft : ....

Stereoanlage: ....

3 Zusammenhängend sprechen

Wer sind Thomas und seine Freunde? Wähle eine Karte und stell die Jugendlichen vor.

1 Andreas Becker (Andi)
Alter : 14
Humor
♥ Schule, Sport (Handball-AG)
✗ Stress

2 Lea Wiesmann
1 Bruder: Jan
♥ Rockmusik, Rad fahren
Charakter: temperamentvoll, kreativ + eine sehr gute Freundin
✗ Rap-Musik

3 Tonio Bonanno (Toni)
Leipzig
Vater und Mutter: aus Italien
♥ Rap + Kino + Bratwurst
Charakter: tolerant, nett + viele mögen ihn

4 Sonja Seeman
♥ organisieren, den anderen helfen.
Charakter: spontan
✗ Sport

5 Thomas Renz
14 Jahre alt
Eltern:
Mutter: Klavierlehrerin
Vater: Ingenieur
Fußballfan
♥ Tiere, Kino + Schlittschuh laufen + Filme
✗ Shopping mit Freundinnen, Videospiele

6 Goran Savic
Vater aus Serbien
1 kleine Schwester: Laura (9 Jahre alt)
♥ Rockmusik (Bassgitarre in einer Band)
✗ Sport

7 Martin Heiser
13 Jahre alt
1 Schwester (Anna, 3 Jahre alt)
♥ singen, Musik + Fantasy-Bücher + Computerspiele

4 An Gesprächen teilnehmen

Du willst Thomas etwas zum Geburtstag schenken. Hier ist sein Profil und mehrere Geschenkideen.
- **1 Sieh dir Thomas' Profil und die Ideen an.**
- **2 Ihr habt 75 Euro. Diskutiert zu zweit, was ihr kauft und sagt, warum.**

Thomas
- ist 14 Jahre alt
- seine Eltern:
die Mutter ist Klavierlehrerin
der Vater ist Ingenieur
- ist Fußballfan
- macht bei der Natur-AG in der Schule mit
- mag: Tiere, Kino
- läuft gern Schlittschuh
- mag keine Videospiele

Geschenkideen:
- ein T-Shirt: 18 Euro
- ein Fahrrad: 124 Euro
- DVDs: 22 Euro
- ein Videospiel: 46 Euro
- ein Fußball: 25 Euro
- neue Schlittschuhe: 75 Euro
- eine Konzertkarte: 31 Euro
- ein Kinoabonnement: 43 Euro
- eine Eintrittskarte für den Zoo: 7 Euro

5 Schriftliche Kommunikation

Du bist Journalist. Schreib einen kurzen Artikel zum Thema: Eltern und Kinder, wie versteht ihr euch? Zitiere Melanies Beispiel.

Melanie Reuter:
14 Jahre alt
eine Schwester: Miriam (16)
sportlich aktiv (spielt Handball, reitet)

Eltern:
die Mutter (Sabine) und der Vater (Uwe)
tolerant, offen
Sabine: kann zuhören
Uwe: macht viele Aktivitäten mit Melanie und Miriam

....

....

....

....

....

....

....

....

....

....

TEST 3

Name: ....

Datum: ....

1 Hörverstehen

Interview mit Frau Robert

Du hörst ein Interview mit Frau Robert. Sie ist neu an der Konrad-Adenauer-Realschule. Kreuze beim Hören an, was stimmt. Den Text hörst du insgesamt zweimal.

• **1** Frau Robert lebt zur Zeit ...

❑ in Südfrankreich.
❑ in Süddeutschland.
❑ auf La Réunion.
❑ auf Madagaskar.

• **2** Die Wohnung von Frau Robert liegt ...

❑ in der Auguststraße 2.
❑ fünf Minuten von einer Bushaltestelle entfernt.
❑ im Stadtzentrum.
❑ am Marienplatz.

• **3** Frau Robert ist ...

❑ Deutschlehrerin.
❑ Englischlehrerin.
❑ Französischlehrerin.
❑ Sportlehrerin.

• **4** Die Schule von Frau Robert ist ...

❑ modern.
❑ praktisch.
❑ groß.
❑ klasse.

• **5** An der Konrad-Adenauer-Realschule beginnt der Unterricht um ...

❑ 7:15 Uhr ❑ 7:30 Uhr ❑ 8:00 Uhr ❑ 8:30 Uhr

• **6** In der Konrad-Adenauer-Realschule dürfen die Schüler ...

❑ 

❑ 

❑ 

❑ 

2 Leseverstehen

Teil 1

• 1 Lies zuerst folgende Liste:

A. Bibliothek
B. Cafeteria
C. Lehrerzimmer
D. Museum
E. Schlafzimmer
F. Straße
G. Wohnzimmer

• 2 Lies nun folgende Regieanweisungen (*didascalies*) aus fünf Theaterstücken (1-5). Wo spielt jedesmal die Szene (A-G)?
Achtung! Zwei Buchstaben bleiben übrig!

1. ....
2. ....
3. ....
4. ....
5. ....

1. Es ist Mittagspause. Es kommen Leute mit einem Tablett aus den Kulissen. Max sitzt schon mit Kollegen am Tisch. Er isst mit viel Appetit ein Kotelett und trinkt ein Bier.

2. Der Lehrer zieht Schuhe und Hose aus und legt sich gleich ins Bett.
Sechs Stunden später, der gleiche Raum. Der Wecker klingelt. Der Lehrer steht auf und geht duschen.

3. Der Fernseher ist an. Auf dem Sofa sitzt Frau Dorn und schenkt sich Kaffee ein. Sie liest ein Buch. Auftritt Herr Dorn. Er geht zum Fenster und öffnet es. Man hört den großen Lärm von Autos.

4. In der Mitte hängt das Porträt einer jungen Dame. Von links kommt eine Führerin mit einer Gruppe Touristen. Sie bleiben vor einem Gemälde stehen, das wie *Der arme Poet* von Carl Spitzweg aussieht.

5. Ein Raum mit fünf Arbeitstischen. An jedem Arbeitstisch vier Stühle und auf jedem Tisch vier Stapel Bücher. Eine Frau benutzt den Kopierer. Ein Mann telefoniert, ohne dass man die Worte versteht. An dem Tisch ganz rechts sitzt jemand, der Klassenarbeiten korrigiert.

Teil 2

• 1 Lies folgende Mails.

Von: "Svea Roth" <svea.r@yahoo.de>
An: "Jasmina Bürger" <jaja@gmx.de>
Betreff: Samstag
Datum: Mittwoch, 17. März 2010, 15:05

Hallo Jasmina!
Wann können wir uns wiedersehen? Hast du am Samstag Zeit? Wollen wir zusammen frühstücken? Sagen wir mal, um 9 bei mir zu Hause? Oder treffen wir uns erst am Nachmittag um halb drei in der Stadt (vor dem Rathaus wie immer)? Was ist dir recht?
Bitte um Antwort!
Gruß
Svea

Von: "Jasmina Bürger" <jaja@gmx.de>
An: "Svea Roth" <svea.r@yahoo.de>
Betreff: AW: Samstag

Hallo Svea!
Danke für deine Mail. Du fragst, ob wir uns am Samstag sehen können. Das weiß ich echt nicht: Um Viertel nach neun habe ich einen Termin beim Arzt. Wenn ich pünktlich bei Doktor Jansen sein will, muss ich den Bus von 20 vor 9 nehmen. Aus dem Frühstück mit dir wird also nichts. Tut mir leid! Meine Tante ist zur Zeit zu Besuch. Sie lädt uns um elf zum Brunch ein. Es kann lange dauern, und am frühen Nachmittag treffe ich mich mit Freunden in der Stadt. Wir wollen eine kleine Shoppingtour machen und vielleicht ins Kino gehen. Hast du Lust mitzukommen? Im Cinemaxx läuft um Viertel vor vier der neue Film mit Johnny Depp. Am Abend spielt der FC Bayern gegen Werder Bremen. Wir haben Karten für das Spiel. Willst du so gegen halb acht mit uns ins Stadion gehen?
So, ich muss jetzt meine Hausaufgaben machen.
Bis später
Jasmina

• 2 Was ist Jasminas Programm am Samstag? Füll ihren Kalender aus.
(? = Ich weiß es nicht.)

Samstag, 20. März 2010
.... Bus nehmen
9^{00} ....
9^{15} ....
11^{00} ....
14^{00} ....
15^{30} ....
15^{45} ....
19^{30} ....

3 Zusammenhängend sprechen

Was machst du jeden Montag Vormittag / jeden Dienstag Nachmittag ...? Erzähle.

4 An Gesprächen teilnehmen

• 1 Schüler A stellt Schüler B fünf Fragen zu seinem Zimmer. Schüler B antwortet.

• 2 Schüler A, ein deutscher Austauschschüler, stellt seinem französischen Partner (Schüler B) fünf Fragen zu seiner Schule. Schüler B antwortet.

Spielt einen der beiden Dialoge.

5 Schriftliche Kommunikation

• 1 Beschreibe deinem Austauschpartner den Weg vom Bahnhof zur Kirche.

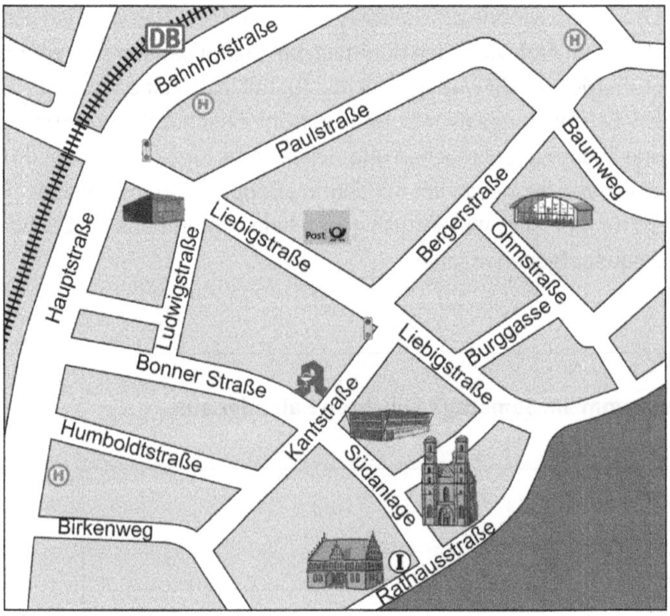

....

....

....

....

....

....

• 2 Was darfst du und was darfst du nicht im Museum machen? Liste drei Regeln auf.

....

....

....

....

TEST 4

Name: ....

Datum: ....

1 Hörverstehen

Teil 1

Was ist ihr Beruf?

Fünf Personnen sprechen über ihren Beruf. Hör zu und notiere wer spricht.

Nummer	Beruf
1	
2	
3	
4	
5	

A. Kommissar / Kommissarin
B. Koch / Köchin
C. Journalist / Journalistin
D. Archäologe / Archäologin
E. Buchhändler / Buchhändlerin
F. Lehrer / Lehrerin

Teil 2

Interview mit Frau Wallner

Du hörst ein Interview mit Frau Wallner. Sie ist Reiseführerin und spricht von ihrem Beruf. Lies zuerst die Aussagen. Hör dir dann das Interview an und kreuze die richtige Antwort an.
Danach hörst du das Interview noch einmal.

- **1** Frau Wallner ist

❑ 43 ❑ 44 ❑ 34 Jahre alt.

- **2** Sie hat

❑ 2 ❑ 3 ❑ 5 Kinder.

- **3** Sie arbeitet

❑ mit älteren Touristen. ❑ mit Kindern / mit Jugendlichen.

- **4** Ihre Reisen dauern

❑ eine Woche. ❑ 45 Tage. ❑ ein paar Tage.

- **5** Sie fährt

❑ nach Frankreich und nach Italien. ❑ nach Italien. ❑ nach Frankreich.

- **6** Sie spricht

❑ kein Französisch. ❑ ein wenig Französisch. ❑ gut Französisch.

2 Leseverstehen

Lies den Text.

Gülhan

Im Sommer war ich in der Türkei. Ich bin im Juli abgefahren, am 12. glaube ich. Die Schule war noch nicht aus, das Ticket ist aber bis Mitte Juli billiger. Leider habe ich die große Party für das Schulende verpasst, meine Freundinnen haben Fotos gemacht und die haben sie mir per MMS geschickt.
Ich bin in der Türkei geboren, ich lebe seit neun Jahren in Deutschland, ich bin jetzt dreizehn. Ich habe zwei Brüder, sie sind fünfzehn und achtzehn, und eine jüngere Schwester, die ist elf. Ich fahre nicht jedes Jahr in die Türkei; letztes Jahr sind meine Brüder hingefahren, dieses Jahr waren die Mädchen dran. Meine Mutter ist mitgekommen, mein Vater ist in Deutschland geblieben, mit den Jungs.
In der Türkei wohnen wir bei einer Tante, nicht weit vom Meer. Ich langweile mich nie – ich habe viele Cousins und Cousinen, wir haben immer viel zu erzählen. Ich gehe auch oft baden, eine ältere Cousine begleitet uns, denn meine Mutter liegt nicht so gerne den ganzen Tag in der Sonne. Dieses Jahr habe ich am Strand eine neue Freundin kennen gelernt, sie heißt Yasemin und ist auch 13. Sie ist immer lustig und wir haben uns richtig amüsiert.
Ich habe keine Probleme mit der Sprache, zu Hause sprechen wir Deutsch oder Türkisch.
In Deutschland besuche ich am Dienstag Nachmittag und am Freitag Nachmittag eine türkische Schule, denn ich will die Sprache auch lesen und schreiben können. Ich glaube, dass es sehr wichtig ist, und es gefällt mir auch ganz gut.
Das waren wirklich schöne Ferien. Ich würde natürlich gerne jedes Jahr meine Freunde und meine Familie besuchen, aber das geht nicht. Ich bin immer ein bisschen traurig, wenn ich nach Deutschland zurückfliege.

Lies folgende Aussagen. Richtig oder falsch? Kreuze die richtige Antwort an und begründe deine Antwort mit einem Zitat.

	Richtig	Falsch
• **1** Nach dem 15. Juli ist das Ticket teurer.	❑	❑
Zitat		
• **2** Gülhan hat mit den Freunden gefeiert.	❑	❑
Zitat		
• **3** Gülhan hat ältere und jüngere Brüder.	❑	❑
Zitat		
• **4** Gülhan ist mit ihrer Schwester und ihrer Mutter in die Türkei gefahren.	❑	❑
Zitat		
• **5** Gülhan kann nur Deutsch.	❑	❑
Zitat		
• **6** Türkisch lesen und schreiben ist langweilig.	❑	❑
Zitat		
• **7** Gülhan möchte jeden Sommer ihre Familie in der Türkei besuchen.	❑	❑
Zitat		

3 Zusammenhängend sprechen

Du bist in München. Dein(e) Austauschpartner(in) möchte mit dir zum Jugendzentrum gehen. Wähle eine Doppelkarte und erkläre, wohin du lieber gehen würdest!

1	**Jugendtreff Neuhausen** Hanebergstraße 14 80637 München - Neuhausen für Kinder und Jugendliche bis 18 Fitnesstraining, Keramikkurse, Livemusik-Programm, Teeniedisco	**Spielecasino** Augustenstraße 47 80333 München - Maxvorstadt für Kinder von 6-12 Video- und Computerspiele, Tischtennis, Internet ...
2	**Jugendzentrum West** Cerveteristraße 8 82256 Fürstenfeldbruck - 08141/348741 Sport - Spiele - Internet - Disco, usw. für Jugendliche von 12 bis 21 Jahren	**EineWeltHaus** Kunstwerkstatt Schwanthaler Straße 80 80336 München - Zentrum NEU! Theatergruppe, Musik, Rhythmik, künstlerisches Gestalten. (für Kinder zwischen 8 und 17 Jahren gratis)
3	**Jugendtreff Harthof** Wegenerstraße 7 80937 München - Harthof für Jugendliche ab 12 bis 17 Kreativ-Workshops, Tanzworkshops, Sportaktivitäten ...	**Kinder- und Jugendtreff Milbertshofen** Torquato-Tasso-Straße 33 80807 München - Milbertshofen Kinder- und Jugendtreff mit Half-Pipe und Skate- und Inline-Area
4	**Kinder- und Jugendtreff Wettersteinplatz** Fromundstraße 1 81547 München - Giesing Treffpunkt mit Disco, Origami-Kursen, Tischtennis, Volleyball Mittagessen für Kinder zwischen 6 und 18 Jahren	**Jugendtreff Lerchenauer See** Lasallestraße 111 80995 München - Lerchenau für Jugendliche ab 13: Disco, Sportangebote, Computerkurse, usw.

4 An Gesprächen teilnehmen

Ihr wollt die Sommerferien feiern: Organisiert zu zweit ein Picknick für eure Klasse!

5 Schriftliche Kommunikation

Eine Jugendzeitschrift hat diese Mail bekommen:

Eva (13) aus Kirchhain.

Hilfe! Meine Eltern wollen dieses Jahr in die Berge fahren, nach Marktschellenberg! Horror pur! Ich wollte doch so gern nach Italien, ans Meer! Was kann ich tun?
eva.ritter@gmx.de

Schreib Eva eine Antwort!

....

....

....

....

....

....

....

....

....

....

TEST 1 Corrigés des tests

Ce test évalue les acquis de *Willkommen* et du chapitre 1.

1 Hörverstehen

Auf dem Pausenhof

Script

(CD Classe 2 piste 29)

Karen (14) und Lukas (15) besuchen die Thomas-Mann-Gesamtschule in Hamburg.

Karen: Hi, ich bin Karen, bist du neu hier?

Lukas: Ah, ja, ich heiße Lukas und komme aus Garmisch.

Karen: Waoh, aus den Alpen. Kannst du gut Ski fahren?

Lukas: Ja, es geht so. Du auch?

Karen: Nein, ich bin nicht sehr sportlich.

Lukas: Ach ja? Und was machst du so in deiner Freizeit?

Karen: Na, ich lese gern, höre Musik und treffe mich mit meinen Freunden. Und du?

Lukas: Lesen ist nicht so mein Ding, aber ich spiele Schlagzeug in einer Band.

Karen: Klasse! Am Samstag gehen wir in ein Rock-Konzert hier in Hamburg. Du kannst ja kommen!

Lukas: Okay! Danke.

- **1** Thomas-Mann-Gesamtschule
- **2** 14
- **3** 15
- **4** in Hamburg
- **5** aus Garmisch
- **6** Ski fahren
- **7**

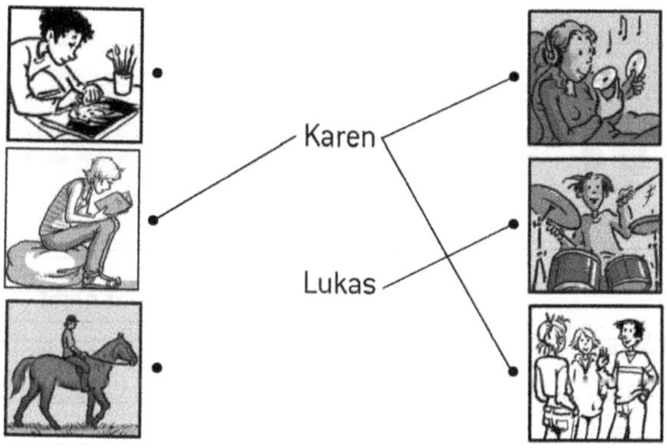

2 Leseverstehen

Die Anzeige Nr.	1	2	3
passt zum Profil ...	A	D	B

3 Zusammenhängend sprechen

Énoncés possibles

Der Promi heißt Lukas Podolski. Er ist ... Jahre alt. Er wohnt in Bergheim und spielt Fußball. In der Freizeit spielt er gern am Computer, hört Musik und trifft gern Freunde.

4 An Gesprächen teilnehmen

Énoncés possibles

A: Guten Tag! Ich bin Katrin, und wie heißt du?

B: Hallo! Ich bin Uwe. Ich bin 15 Jahre alt. Und du?

A: Ich bin 12.

B: ...

5 Schriftliche Kommunikation

Production possible

Hallo! Ich heiße Ludovic. Ich bin 12 Jahre alt und suche coole Mailfreunde aus Deutschland. Ich komme aus Avignon und mache viel Sport. Ich spiele Fußball und fahre gern Rad. Und du? Was machst du gern? Spielst du auch gern Fußball? Wer ist dein Lieblingsspieler?
Tschüs.
Dein Ludovic

TEST 2

Ce test évalue les acquis des chapitres 2 et 3.

1 Hörverstehen

Teil 1
Positiv oder negativ?

Script
(CD Classe 2 piste 30)
1. Ja, gern! Ich nehme eine warme Suppe. Bei diesen Temperaturen tut es gut!
2. Ja, ich weiß schon, Tanja ist nicht sehr gut in Englisch! Gut, ich kann ihr helfen, aber nur am Dienstag. Montag, da habe ich keine Zeit.
3. Tut mir leid! Ich gehe nicht gern mit Max ins Konzert. Ich mag keinen Rap und Max ist mir zu kompliziert.
4. Eine Radtour mit Lea und Tom? Ja, warum nicht? Ich finde Tom und Lea so nett und witzig! Schön, dass Anton nicht kommt, er ist unsportlich und hat überhaupt keinen Humor!
5. Ins Open-Air-Kino kommen? Aber das geht nicht! Bei diesem Wetter macht es keinen Spaß.

	Positive Antwort	Negative Antwort
1	x	
2	x	
3		x
4	x	
5		x

Teil 2
Dialog zwischen Anna und Leonie

Script
(CD Classe 2 piste 31)
Anna: Wiesmann.
Leonie: Hallo Anna, hier ist Leonie. Hast du Lust, mit mir am Samstag Tennis zu spielen?
Anna: Eigentlich schon, aber am Samstag kann ich nicht. Meine Schwester und ich machen eine Radtour mit meiner Tante Kerstin. Sie ist bei uns zu Besuch ...
Leonie: Ach so ... Ist Kerstin deine Tante aus Australien? Die mit den zwei Kindern?
Anna: Genau die. Meine Lieblingstante eigentlich. Immer nett, temperamentvoll und so witzig!
Leonie: Tja, du hast Glück ...
Anna: Mit Kerstin sind wir immer unterwegs. Sie trifft so gern Leute, sie will immer ausgehen! Mutti sagt, es ist anstrengend, aber ich finde es toll. Du, sag mal, möchtest du vielleicht mit uns kommen? Ich weiß, du fährst gern Rad.
Leonie: Super Idee.
Anna: Treffen wir uns Samstag bei mir?
Leonie: Ja, okay. Und wenn das Wetter schlecht ist?
Anna: Dann ... dann gehen wir ins Kino. Geht das?
Leonie: Ja, okay. Also, tschüs Anna, bis Samstag.
Anna: Tschüs, Leonie.

	Richtig	Falsch
• **1** Leonie möchte am Samstag mit Anna etwas unternehmen.	x	
• **2** Anna hat Lust, aber sie hat keine Zeit.	x	
• **3** Wiesmanns haben Besuch aus Kanada.		x
• **4** Kerstin ist Annas Schwester.		x
• **5** Sie hat keine Kinder.		x
• **6** Anna findet Kerstin uninteressant.		x
• **7** Kerstin ist aktiv.	x	
• **8** Anna geht am Samstag mit Kerstin ins Schwimmbad.		x
• **9** Wenn es regnet, gehen sie ins Kino.	x	
• **10** Leonie kommt mit.	x	

2 Leseverstehen

• **1**

	kommt	kommt nicht
Andi	x	
Goran	x	
Lea	x	
Martin	x	
Thomas' Bruder		x

Svenja	x	
Toni	x	
Andis Schwester	x	
Sonja	x	

• **2**

Musik (Cd's): Thomas' Bruder, Toni
Musik (Live): Goran, Lea, Svenja und Martin
Apfelkuchen: Andis Schwester
Limo und Orangensaft: Andi
Stereoanlage: Andi

3 Zusammenhängend sprechen

Énoncés possibles

Andreas Becker ist 14 Jahre alt. Er hat Humor. Er geht gern in die Schule (weil er gern lernt). Er ist sportlich und macht bei der Handball-AG der Schule mit. Er mag keinen Stress.

Lea Wiesmann hat einen Bruder, Jan. Sie mag Rockmusik und fährt gern Rad. Sie ist ein temperamentvolles und kreatives Mädchen. Die anderen mögen sie, weil sie eine sehr gute Freundin ist. Sie interessiert sich für Musik, aber sie mag keinen Rap.

Tonio Bonanno wird auch Toni genannt. Er wohnt in Leipzig. Seine Eltern kommen aus Italien. Er geht gern ins Kino. Seine Lieblingsmusik ist Rap. Er isst auch sehr gern Bratwurst. Er hat viele Freunde, weil er ein netter und toleranter Typ ist.

Sonja Seemann kann gut organisieren und hilft gern den anderen. Sie ist sehr spontan. Sie ist aber nicht sportlich.

Thomas Renz ist 14 Jahre alt. Seine Mutter ist Klavierlehrerin und sein Vater Ingenieur. Thomas ist ein absoluter Fußballfan. Er mag Filme, geht oft ins Kino. In der Freizeit läuft er gern Schlittschuh. Er interessiert sich für Tiere. Videospiele sind nicht sein Ding.

Gorans Vater kommt aus Serbien. Goran hat eine kleine Schwester, Laura. Sie ist 9 Jahre alt. Er spielt Bassgitarre in einer Rockgruppe. Er ist unsportlich, er treibt keinen Sport.

Martin Heiser ist 13 Jahre alt. Seine Schwester, Anna, ist 3 Jahre alt. Er singt sehr gern und interessiert sich für Musik. In der Freizeit liest er auch gern Fantasy-Bücher und spielt am Computer.

4 An Gesprächen teilnehmen

Énoncés possibles

A: Wir haben 75 Euro, das ist viel Geld!
B: Ja, aber wir können das Fahrrad nicht kaufen. Schade, Thomas fährt gern Rad.
A: Ja, aber er läuft auch sehr gern Schlittschuh. Wir können ihm neue Schlittschuhe kaufen.
B: Genau! Oder ein Kinoabonnement.
A: Das ist eine tolle Idee. Er geht so gern ins Kino! ...

5 Schriftliche Kommunikation

Production possible

Eltern und Kinder: Wie versteht ihr euch?

Melanie wohnt in Düsseldorf und hat eine Schwester, Miriam.
Sie findet ihre Eltern cool und tolerant. Sie hat keine Probleme mit den Eltern. „Meine Mutter, Sabine, kann gut zuhören“ sagt Melanie „ich finde sie auch sehr offen.“
Der Vater, Uwe, ist aktiv und geht oft mit Miriam und Melanie aus, zum Beispiel ins Kino, in den Freizeitpark, ins Konzert ...
Die ganze Familie macht auch gern Radtouren.
Eine ideale Familie? Nein, eine ganz normale Familie! Es gibt auch manchmal Probleme: „Ich bin nicht sehr gut in Deutsch und meine Schwester hilft mir nicht so gern! Das mag ich nicht. Meine Eltern sagen nichts und finden das ganz normal!“

TEST 3

Ce test évalue les acquis des chapitres 4 et 5.

1 Hörverstehen

Interview mit Frau Robert

Script

(CD Classe 2 piste 32)

Schülerin: Bonjour Madame Robert.
Frau Robert: Guten Tag!
Schülerin: Vielen Dank, dass Sie uns ein Interview geben. Wir kommen gleich zur ersten Frage. Woher kommen Sie ganz genau?
Frau Robert: Ich bin in Montpellier in Südfrankreich geboren, aber ich lebe seit 10 Jahren in Saint Louis auf La Réunion.
La Réunion ist eine Insel im indischen Ozean bei Madagaskar.
Schülerin: Wo wohnen Sie zur Zeit?
Frau Robert: Seit dem 2. August wohne ich in München. Die Wohnung ist sehr schön und ganz zentral. Mit dem Bus brauche ich nur fünf Minuten bis zum Marienplatz.
Schülerin: Was unterrichten Sie?
Frau Robert: Auf La Réunion unterrichte ich Deutsch. Ich bin nämlich Deutschlehrerin. Aber hier in Bayern unterrichte ich Französisch.
Schülerin: Und ...?
Frau Robert: Wie und ...? Ich unterrichte nur ein Fach: Französisch!
Schülerin: Unterrichten Sie aber auf La Réunion kein zweites Fach? Englisch? Sport? Ethik ...?
Frau Robert: Nein, nur Deutsch.
Schülerin: Und wie sieht Ihre Schule in Frankreich aus?
Frau Robert: Ich finde meine Schule groß und sehr praktisch eingerichtet, selbst wenn sie nicht besonders modern ist. Die Bibliothek ist klasse. Leider haben wir keinen Jugendraum wie hier in eurer Schule.
Schülerin: Gibt es noch andere Unterschiede zwi-schen Ihrer und unserer Schule?
Frau Robert: Ja, natürlich. An der Konrad-Adenauer-Schule fängt zum Beispiel der Schultag schon um 7:30 Uhr an. In Frankreich fängt er später an, meistens um 8:30 Uhr.
Schülerin: Echt?
Frau Robert: Ja. Und die Disziplin ist auch ganz anders. Hier dürfen die Schüler vieles tun, finde ich. Zum Beispiel dürfen sie im Klassenraum ihr Pausenbrot essen. Sie dürfen auch im Unterricht trinken.
Schülerin: Ist es nicht so in Frankreich?
Frau Robert: Nein.
Schülerin: Danke für dieses Interview, Frau Robert.
Frau Robert: Gern geschehen.

- **1** Frau Robert lebt zur Zeit in Süddeutschland.
- **2** Die Wohnung von Frau Robert liegt im Stadtzen-trum.
- **3** Frau Robert ist Deutschlehrerin (auf La Réunion) / Französischlehrerin (in Süddeutschland).
- **4** Die Schule von Frau Robert ist groß / praktisch.
- **5** An der Konrad-Adenauer-Realschule beginnt der Unterricht um 7:30 Uhr.
- **6** In der Konrad-Adenauer-Schule dürfen die Schüler essen / trinken.

2 Leseverstehen

Teil 1

1. B. Cafeteria
2. E. Schlafzimmer
3. G. Wohnzimmer
4. D. Museum
5. C. Lehrerzimmer

Teil 2

8^{40}: Bus nehmen
9^{00}: ?
9^{15}: Termin beim Arzt
11^{00}: Brunch mit der Tante
14^{00}: Shoppingtour mit Freunden
15^{30}: ?
15^{45}: Film mit Johnny Depp im Kino
19^{30}: Fußballspiel im Stadion

3 Zusammenhängend sprechen

Énoncés possibles

Ich stehe um halb acht auf. Zuerst frühstücke ich. Dann dusche ich. Ich fahre mit dem Fahrrad zur Schule. In der ersten Stunde habe ich Englisch. Von 9:25 Uhr bis 10:20 Uhr habe ich Kunst. Dann habe ich eine Pause. Um Viertel vor elf habe ich Physik. In der vierten Stunde esse ich ...

4 An Gesprächen teilnehmen

Énoncés possibles

• **1** Schüler A: Wo steht das Bett?
Schüler B: Es steht unter dem Fenster.
Schüler A: Hast du einen Computer?
Schüler B: Ja.
Schüler A: Wo steht er?
Schüler B: Auf dem Schreibtisch.
Schüler A: Wo sind deine Bücher?
Schüler B: Sie sind im Regal.
Schüler A: Und deine Schuhe?
Schüler B: Unter dem Bett ...

• **2** Schüler A: Wo ist die Cafeteria?
Schüler B: Sie ist neben der Bibliothek.
Schüler A: Und wann ist sie geöffnet?
Schüler B: Von 10 bis 12 Uhr und von 14 bis 16 Uhr.
Schüler A: Und wo ist der Jugendraum?
Schüler B: Im ersten Stock.
Schüler A: Gibt es eine Tischtennisplatte?
Schüler B: Ja, und Tischfußball.
Schüler A: Und wo sind die Klassenräume?
Schüler B: Im zweiten und dritten Stock.

5 Schriftliche Kommunikation

Productions possibles

• **1** Geh geradeaus bis zur Ampel. Dann gehst du links in die Liebigstraße, wieder bis zur Ampel. Dort biegst du rechts ab in die Kantstraße, dann wieder links in die Südanlage. Bis zur Kirche sind es noch drei Minuten.

• **2** Im Museum darf man nicht essen.
Im Museum darf man nicht telefonieren.
Im Museum darf man miteinander sprechen.

TEST 4

Ce test évalue les acquis des chapitres 6 et 7.

1 Hörverstehen

Teil 1

Was ist ihr Beruf?

Script
(CD Classe 2 piste 33)
1. Also, für mich ist Qualität sehr wichtig: Ich kaufe natürlich nur Bio-Produkte. Mein Lieblingsgericht? Moment mal ... Gemüseauflauf mit Hackfleisch! Ein sehr einfaches und gesundes Rezept! Sie brauchen 3 Karotten, 6 Kartoffeln ...
2. Ich arbeite für ein Wochenmagazin. Letzten Monat habe ich in Australien eine Reportage gemacht. Im Moment schreibe ich einen Artikel über die Bambi-Verleihung, übermorgen habe ich ein Interview mit einem Minister ...
3. Ich verkaufe Romane, Bestseller usw. Ich möchte aber vor allem die Jugendlichen zum Lesen motivieren: Jeden Monat organisieren wir eine Autorenlesung, im März war zum Beispiel Cornelia Funke hier. Das war ein großer Erfolg.
4. Wie die Menschen vor 2 oder 3 000 Jahren gelebt haben, das interessiert mich wirklich. Ich habe letztes Jahr die Ruinen einer alten Stadt im Yukatan entdeckt. Natürlich habe ich schon mal Skelettreste gefunden.
5. Eigentlich bin ich viel im Büro! Ich lese viele Akten, sammle Informationen, ich mache mir viele Notizen ... Ich schreibe auch immer alle Hypothesen auf, die ich dann mit den Fakten vergleiche. Meine Arbeit hat mit den Krimiserien im Fernsehen wenig zu tun!

Nummer	Beruf
1	B
2	C
3	E
4	D
5	A

Teil 2

Interview mit Frau Wallner

Script
(CD Classe 2 piste 34)
Schüler: Guten Tag, Frau Wallner. Vielen Dank, dass Sie gekommen sind – unsere Schülerzeitung möchte nämlich die Schüler über verschiedene Berufe informieren. Wir fangen gleich an ... Erzählen Sie uns aber vorerst etwas über Sie und über Ihre Familie!
Frau Wallner: Gerne! Also ... ich bin 34, ich wohne in Freiburg, bin aber in Lübeck, in Norddeutschland geboren; mein Mann ist Apotheker. Wir haben eine Tochter, Lena, die ist 5, und einen Sohn, Leo, der ist 3. Ich bin seit 10 Jahren Reiseführerin.
Schüler: Ist das nicht zu anstrengend, so mit zwei kleinen Kindern? Wie schaffen Sie das?
Frau Wallner: Wir sind vor allem sehr gut organisiert! Mein Mann hilft mir auch viel. Und ich bleibe eigentlich nie sehr lange weg, maximal vier, fünf Tage. Früher war das anders!
Schüler: Wohin sind Sie schon gefahren?
Frau Wallner: Für die Arbeit meinen Sie?
Schüler: Ja, für die Arbeit!
Frau Wallner: Also, vor allem nach Italien. Als Reiseführerin ist es besser, wenn man das Land sehr gut kennt. Nicht nur das Land, die Sprache auch, das ist sehr wichtig. Man ist sozusagen „spezialisiert". Ich bin also fünf Jahre lang nach Italien gefahren, mal nach Rom, mal nach Verona ... Ein wunderbares Land!
Schüler: Und jetzt?
Frau Wallner: Jetzt begleite ich Senioren-Gruppen ins Elsass; die Reisen sind kürzer, und Französisch kann ich auch ganz gut.
Schüler: Ist es aber nicht langweilig, so immer dieselben Städte zu besichtigen, immer dieselben Geschichten zu erzählen?
Frau Wallner: Überhaupt nicht ... Jede Gruppe ist anders ... Jede Reise ist eine neue Reise.
Schüler: Welche Charaktereigenschaften soll ein Reiseführer bzw. eine Reiseführerin haben?
Frau Wallner: Also, ich würde sagen, man muss tolerant sein, unkompliziert, offen und ... pünktlich!

Schüler: Vielen Dank für das Interview Frau Wallner! Eine letzte Frage vielleicht: Wohin geht die nächste Ferienreise?
Frau Wallner: Wir machen Urlaub auf dem Bauernhof in Österreich!

- **1** Frau Wallner ist 34 Jahre alt.
- **2** Sie hat 2 Kinder.
- **3** Sie arbeitet mit älteren Touristen.
- **4** Ihre Reisen dauern ein paar Tage.
- **5** Sie fährt nach Frankreich.
- **6** Sie spricht gut Französisch.

2 Leseverstehen

- **1** Richtig
Zitat: *Das Ticket ist bis Mitte Juli billiger.*
- **2** Falsch
Zitat: *Leider habe ich die große Party zum Schuljahresende verpasst.*
- **3** Falsch
Zitat: *Ich bin jetzt dreizehn. Ich habe zwei Brüder, sie sind fünfzehn und achtzehn.*
- **4** Richtig
Zitat: *Dieses Jahr waren die Mädchen dran. Meine Mutter ist mitgekommen.*
- **5** Falsch
Zitat: *Ich habe keine Probleme mit der Sprache, zu Hause sprechen wir Deutsch oder Türkisch.*
- **6** Falsch
Zitat: *Es gefällt mir auch ganz gut.*
- **7** Richtig
Zitat: *Ich würde natürlich gerne jedes Jahr meine Freunde und meine Familie besuchen.*

3 Zusammenhängend sprechen

Énoncés possibles

Ich möchte lieber zum Jugendtreff Neuhausen gehen, weil das Spielecasino für Kinder von 6 bis 12 ist; ich bin zwölf, aber ich will nicht mit Babys spielen. Ich finde die Disco ganz toll. Die Keramikkurse gefallen mir auch, weil ich kreativ bin. Video- und Computerspiele finde ich doof. Fitnesstraining ist interessanter als Tischtennis und Internet, das kann ich auch in meiner Schule machen. Und das Livemusik-Programm! Ich bin noch nie ins Konzert gegangen!

4 An Gesprächen teilnehmen

Énoncés possibles

Wir können in den Park gehen / Wir können den Bus nehmen und bis zum / zur ... fahren, das ist lustiger / nein, das ist nicht praktisch, im Park ist es billiger / ...

Wann wollen wir picknicken? Am Samstag Nachmittag / Nein, am Mittwoch Nachmittag ist es besser / Ja, aber wir haben auch Schule, bis 11 / Warum nicht am Sonntag? / Nein, am Sonntag fahren wir zu meiner Oma ...

Wir können uns vor der Schule treffen, um 10 Uhr / Nein, um 11, nach der Schule / wir können ein bisschen spielen und dann essen wir ...
Wir können eine Liste machen, die Jungen bringen Bälle, Getränke und Chips, die Mädchen bringen Salate und Obst. / Okay, ich mache einen Kartoffelsalat / Und du?...
Und die Lehrer? Kommen sie auch mit? / Ja, gute Idee, wir können mit den Lehrern Fußball spielen / Nein, mit den Lehrern macht es keinen Spaß.

5 Schriftliche Kommunikation

Productions possibles

- **1** Liebe Eva, in den Bergen ist es auch schön! Dort kannst du wandern, klettern, Rad fahren natürlich, das ist gesund, viel gesünder als stundenlang am Strand liegen. Vielleicht kannst du auch Rafting machen, das ist sehr lustig. Das Essen in den Bergen ist auch gut und gesund : Milch, Eier und Brot schmecken einfach besser. Und nette Freunde kannst du auch in den Bergen kennen lernen!
Alles Liebe und schöne Ferien in Marktschellenberg!
Das Redaktionsteam
- **2** Liebe Eva, du würdest gern nach Italien fahren, und deine Eltern möchten lieber in die Berge? Mit diesen Argumenten hast du bestimmt viel Erfolg:
– Sonne und Strand sind billig, die Ferien in den Bergen sind teurer (Rafting, Kajak).
– In Italien ist es wärmer und das Eis schmeckt besser.
– Dein Vater kann am Strand lange schlafen, deine Mutter kann sich sonnen, das ist nicht anstrengend.
– Du kannst mit deinen Freunden Beach-Volley spielen, oder im Meer baden, das findest du nie langweilig.
Schöne Ferien in Italien!
Das Redaktionsteam

Grilles d'évaluation

Nous évaluons très souvent le produit final d'une action [*ergebnisorientierte Bewertung*] en omettant que ce dernier est l'aboutissement d'un travail progressif reposant sur d'autres compétences que celle de la maîtrise des outils linguistiques. Les grilles qui figurent ci-après prennent également en compte les aspects sociaux [travail de groupe] et personnels [travail individuel] entrant en jeu dans la réalisation d'une tâche [*prozessorientierte Bewertung*]. Elles s'appuient sur trois des sept compétences du socle commun [pilier 2 : pratique d'une langue étrangère, pilier 6 : compétences sociales et civiques, pilier 7 : autonomie et initiative] dont l'acquisition devra être attestée pour l'obtention du diplôme national du brevet à compter de la session 2010 [cf. http://eduscol.education.fr/soclecommun].

Le socle commun est indissociable d'une exigence d'évaluation. Les grilles qui suivent ont, par conséquent, pour objectif de donner au professeur des repères concrets dans l'évaluation des acquis des élèves. Pour mener à bien le projet, l'enseignant aura soin d'expliciter dès le départ ses attentes [cf. critères d'évaluation proposés].
Le travail effectué ne fera pas nécessairement l'objet d'une évaluation chiffrée, le but étant avant tout de vérifier les progrès de chacun, de redonner aux élèves le goût de l'effort et de leur apprendre à être exigeants envers eux-mêmes. Il pourra conduire dans un premier temps à une auto-évaluation de leur part.

La réalisation des tâches proposées à la fin de chaque chapitre [*Endstationen – Unser Projekt*] permettra enfin de valider certaines compétences du brevet informatique et internet [B2i] inclus dans le socle commun de compétences et de connaissances [pilier 4 : maîtrise des techniques usuelles de l'information et de la communication]. Les enseignants n'hésiteront pas, pour ce faire, à se référer aux tutoriels mis à leur disposition aux pages 173 à 182.

Évaluation du produit final
(ergebnisorientierte Bewertung)

Évaluer l'élève en fonction des objectifs fixés en production

Pour de plus amples informations au sujet de cette évaluation, le professeur pourra se reporter aux grilles d'aide élaborées par les IPR de langue de l'académie de Créteil (http://allemand.ac-creteil.fr/valid_a2_EE_EO.pdf).

L'enseignant choisira d'évaluer les élèves selon le mode d'évaluation qui lui semble le plus adapté au profil de la classe (évaluation chiffrée reposant sur un barème bien précis ou évaluation prenant en compte le degré d'acquisition des compétences).

C = évaluation chiffrée (en fonction du barème établi par le professeur) A = acquis EA = en cours d'acquisition NA = non acquis

1. Production orale

Éléments du socle commun de connaissances et de compétences	Domaines d'évaluation retenus	Critères d'évaluation proposés	Mode d'évaluation			
			C	A	EA	NA
Pilier 7 – Savoir organiser son travail (suivre une consigne) Pilier 2 – A2 – Parler en continu – Faire un exposé sur un sujet familier (vie quotidienne, école...)	Contenu	– réalisation de la tâche, respect des consignes – richesse du contenu – pertinence du contenu (adéquation, argumentation, prise en compte des spécificités culturelles...)				
Pilier 2 – A2 – Parler en continu – Faire un exposé sur un sujet familier (vie quotidienne, école...)	Forme linguistique	– prononciation et intonation (compétence phonologique) – richesse de la langue (vocabulaire, structures) – correction linguistique				
Pilier 2 – A2 – Parler en continu – Faire un exposé sur un sujet familier (vie quotidienne, école...) Pilier 7 – Manifester créativité, curiosité, motivation à travers des activités conduites ou reconnues par l'école ou l'établissement	Présentation orale	– aisance, débit de parole – présence (parler distinctement et assez fort, regarder son public, utilisation du geste...) – recours à des éléments visuels (plan au tableau, mots clés, iconographies, présentation vidéoprojetée...) – utilisation et intégration des documents				

2. Production écrite

Éléments du socle commun de connaissances et de compétences	Domaines d'évaluation retenus	Critères d'évaluation proposés	Mode d'évaluation			
			C	A	EA	NA
Pilier 7 – Savoir organiser son travail (suivre une consigne) Pilier 2 - A1 – Écrire - Être capable de produire de manière autonome quelques phrases sur soi-même Pilier 2 - A2 - Écrire - Être capable de produire de manière autonome des phrases reliées entre elles pour évoquer des personnes, des lieux, des objets et relater des événements	Contenu	– respect des consignes concernant le contenu (points à aborder, nombre de mots, situation d'énonciation, pas de reprise intégrale d'un texte trouvé sur Internet) – cohérence / lisibilité (compétence discursive) – prise de risques – prise en compte des spécificités culturelles				
Pilier 2 – A1 – Écrire – Être capable de produire de manière autonome quelques phrases sur soi-même Pilier 2 –A2 – Écrire – Être capable de produire de manière autonome des phrases reliées entre elles pour évoquer des personnes, des lieux, des objets et relater des événements	Forme linguistique	– richesse de la langue (compétence lexicale) – correction de la langue (compétences grammaticale et orthographique)				
Pilier 2 – A1 – Écrire – Être capable de copier des textes courts Pilier 7 – Manifester créativité, curiosité, motivation à travers des activités conduites ou reconnues par l'école ou l'établissement	Mise en forme	– respect des consignes concernant la forme (format et forme de la production [A3, A4... / portrait, paysage], présence d'un titre, d'un texte, d'un tableau, de photos de bonne qualité et non déformées...) – recopier un texte sans erreur – propreté du document – mise en page adaptée (utilisation de l'espace donné, disposition appropriée des différentes parties du document, emploi de plusieurs couleurs, des fonctions de dessin [traitement de texte], présentation originale)				

Évaluation des compétences sociales
(prozessorientierte Bewertung – Teil 1)

Évaluer l'élève en fonction de son comportement en groupe

Les éléments du socle de référence consignés ci-dessous se réfèrent aux connaissances et compétences attendues en fin de cycle d'adaptation (6e) et de cycle central (4e).

C = évaluation chiffrée (en fonction du barême établi par le professeur) A = acquis EA = en cours d'acquisition NA = non acquis

Éléments du socle commun de connaissances et de compétences	Domaines d'évaluation retenus	Critères d'évaluation proposés	Mode d'évaluation			
			C	A	EA	NA
Pilier 7 – Mettre en œuvre des projets individuels ou collectifs (participer à l'élaboration d'un projet collectif et s'impliquer dans sa mise en œuvre) Pilier 6 – Participer en équipe à la réalisation d'une recherche et d'une production (réaliser une tâche précise) Pilier 6 – Participer à des actions et à des projets collectifs, travailler en équipe (aider les autres) Pilier 7 – Mettre en œuvre des projets individuels ou collectifs (aider celui qui n'a pas compris)	Aptitude à coopérer	– s'impliquer, se montrer actif au sein du groupe – se partager la tâche (ne pas attendre que les autres fassent tout le travail) – aider les autres (mettre à leur disposition ses savoirs et savoir-faire)				
Pilier 6 – Participer à des actions et à des projets collectifs, travailler en équipe (savoir écouter et communiquer) Pilier 6 – Savoir construire son opinion personnelle, faire preuve d'esprit critique (défendre son point de vue en argumentant, savoir exprimer son point de vue dans un groupe de travail) Pilier 7 – Mettre en œuvre des projets individuels ou collectifs (prendre l'avis des autres, échanger) Pilier 6 – Comprendre l'importance du respect mutuel et accepter les différences (comprendre la nécessité de la tolérance dans les relations inter-personnelles)	Aptitude à communiquer au sein du groupe	– parler uniquement avec les élèves de son groupe sans trop hausser la voix – écouter attentivement les autres, ne pas leur couper sans cesse la parole – discuter avec les autres (donner son avis sans chercher à imposer son point de vue, faire des propositions) – critiquer de façon constructive et accepter la critique				
Pilier 6 – Connaître, comprendre et respecter les règles de la vie collective (savoir débattre face à un cas de non-respect du règlement) Pilier 6 – Connaître, comprendre et respecter les règles de la vie collective (connaître et respecter les principes de civilité)	Aptitude à régler les conflits survenant dans le groupe	– être le plus objectif possible (ne pas prendre systématiquement le parti des amis dans le groupe) – veiller au langage utilisé (faire attention aux écarts de langage...)				

Évaluation des compétences individuelles
(prozessorientierte Bewertung – Teil 2)

Évaluer l'élève en fonction de son attitude face au travail personnel

Les éléments du socle de référence consignés ci-dessous se réfèrent aux connaissances et compétences attendues en fin de cycle d'adaptation (6e) et de cycle central (4e).

C = évaluation chiffrée (en fonction du barême établi par le professeur) A = acquis EA = en cours d'acquisition NA = non acquis

Éléments du socle commun de connaissances et de compétences	Domaines d'évaluation retenus	Critères d'évaluation proposés	Mode d'évaluation			
			C	A	EA	NA
Pilier 6 – Participer en équipe à la réalisation d'une recherche et d'une production (faire preuve d'efficacité) Pilier 7 – Mettre en œuvre des projets individuels ou collectifs (écouter les conseils des autres)	Persévérance	– exploiter pleinement le temps imparti (se mettre immédiatement au travail, être concentré, ne pas parler inutilement avec les autres, travailler de façon efficace) – prendre en compte les conseils donnés – s'investir dans le projet en continuant à travailler dessus en dehors du cours (recherche de documents...)				
Pilier 7 – Savoir organiser son travail : planifier, anticiper, rechercher et sélectionner des informations utiles (savoir lire les consignes avant de faire un travail) Pilier 7 – Savoir organiser son travail : planifier, anticiper, rechercher et sélectionner des informations utiles (planifier son travail) Pilier 7 – Savoir organiser son travail : planifier, anticiper, rechercher et sélectionner des informations utiles (identifier un problème et mettre au point une démarche de résolution, demander de l'aide si l'on n'a pas compris) Pilier 7 – Mettre en œuvre des projets individuels ou collectifs (prendre des décisions)	Autonomie	– prendre connaissance de la feuille de route (tutoriel distribué, consignes...) avant de commencer pour visualiser les étapes de la réalisation de la tâche et planifier son travail – rendre en temps et en heure le travail demandé – chercher seul(e) une solution aux problèmes rencontrés (se servir par exemple des documents mis à disposition) avant de faire appel au professeur – prendre des initiatives en matière de mise en page, d'approfondissement d'un point donné				
Pilier 4 – Maîtrise des techniques usuelles de l'information et de la communication	Respect des consignes en salle informatique	–allumer l'ordinateur une fois les consignes de travail données – ne pas oublier d'éteindre l'ordinateur après usage – utiliser les adresses des sites indiqués – ne pas changer de langue le site sur lequel on doit travailler – ...				

Créer un blog de classe

Nous vous recommandons de créer votre blog sur *Le web pédagogique* http://lewebpedagogique.com/

Avantages :
– Pas de publicités
– Possibilité d'insérer dans ses articles tout type de supports (documents *Word*, images, audio, vidéo)
– Pas d'adresse e-mail requise pour inscrire ses élèves comme contributeurs

Étapes :

1. Créer votre blog

Remplir le formulaire d'inscription à l'adresse suivante :
http://lewebpedagogique.com/wp-signup.php
Vous recevrez par mail vos codes d'accès.

2. Rédiger une contribution

a) S'identifier

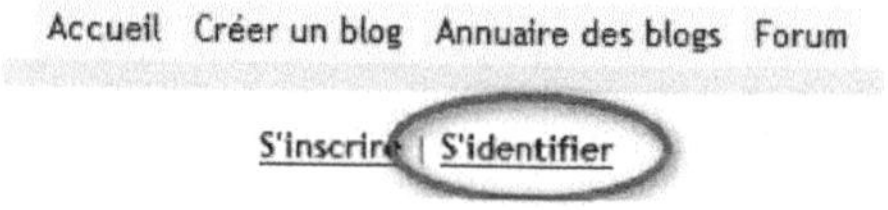

Tapez l'URL de votre blog dans la barre d'adresse internet. Puis cliquez sur « **S'identifier** » en haut à droite de la page qui s'affiche.

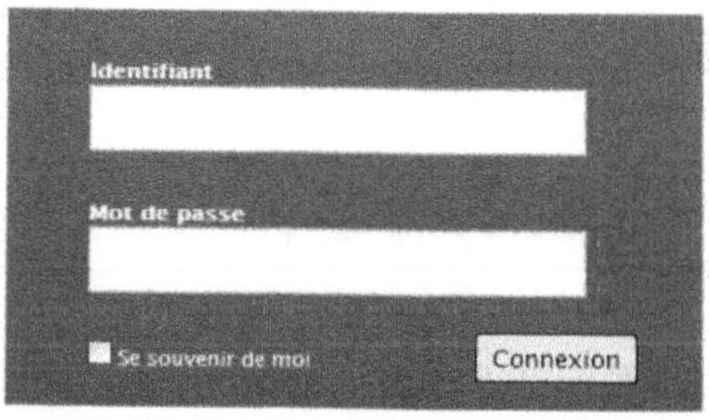

Entrez l'identifiant et le mot de passe qui vous ont été envoyés par mail au moment de la création du blog.

b) Rédiger un article illustré (image, son, vidéo, ...)

• Une fois identifié(e), cliquez sur « **Gérer** » en haut à droite de votre blog pour accéder à votre espace d'administration.

• Cliquez à présent sur « **Écrire** » ou sur l'icône correspondante.

- Vous pouvez taper votre texte comme dans un logiciel de traitement de texte, changer la police, la taille, la couleur, etc.

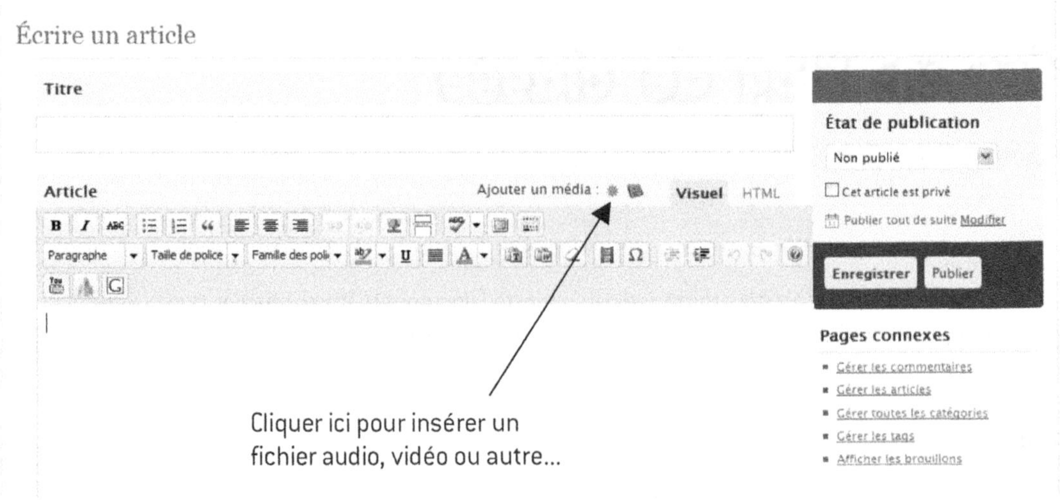

- Pour insérer un média présent sur votre ordinateur (productions audio ou vidéo d'élèves, images, documents *Word*, ...), cliquez sur l'icône à droite de « **Ajouter un média** » et choisissez les fichiers à envoyer.
- N'oubliez pas de cliquer sur « **Enregistrer** » et « **Publier** » pour que votre contribution apparaisse sur le blog.

En cliquant sur « **Gérer** » dans la barre de tâches en haut, vous accédez à tous vos articles.

3. Inscrire vos élèves

Si vos élèves n'ont pas d'adresse e-mail, vous pouvez quand même les inscrire comme contributeurs à partir de votre espace d'administration en cliquant sur l'icône correspondante.

Entrez un identifiant pour chaque élève, par exemple son prénom suivi de son nom sans espaces ni caractères spéciaux.

Le mot de passe par défaut sera cet identifiant et devra donc être changé par l'élève dans son profil à sa première connexion.

En tant que contributeurs, les élèves accèdent à leur espace personnel et peuvent rédiger des articles qui seront publiés après validation de votre part.

Pour des fonctions plus avancées, vous pouvez consulter les fiches du support technique : http://lewebpedagogique.com/support/

Regrouper plusieurs éléments dans un document OpenOffice

Nous avons suggéré à maintes occasions de faire présenter aux élèves leur production dans un document texte. Nous vous présentons ici quelques fonctionnalités du logiciel libre et gratuit *OpenOffice* qui a pour principal avantage d'être installé dans la plupart des établissements scolaires : http://fr.openoffice.org/

1. **Créer et enregistrer un document**

Ouvrez le programme *OpenOffice Writer* et enregistrez le document sur votre disque dur à l'emplacement souhaité en cliquant sur « Fichier » / « Enregistrer sous ».
Notons qu'il est préférable de changer l'extension du fichier pour qu'il soit lisible par des utilisateurs n'ayant pas téléchargé ce logiciel. Pour cela, nommez votre fichier et dans le menu déroulant du champ « Type », sélectionnez « Microsoft Word/97/2000/XP(.doc) ». Puis cliquez sur « Enregistrer ».

Vous pouvez à présent taper votre texte en utilisant les différentes options de mise en forme accessibles à partir de la barre d'outils (changer la taille de la police, mettre en gras, changer la couleur du texte, centrer, aligner à gauche / à droite...).

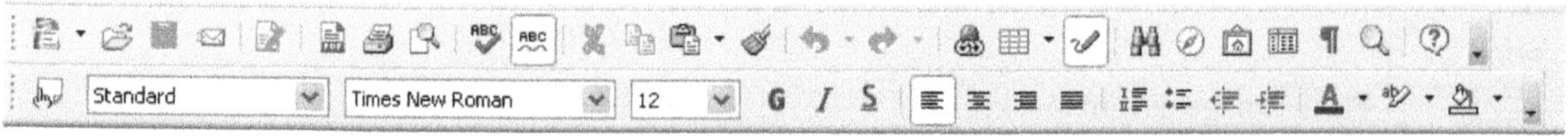

NB : un raccourci clavier permet d'obtenir le ß. Maintenir la touche ALT enfoncée et taper 225 sur le pavé numérique à droite du clavier. Sinon, vous pouvez également cliquer sur « Insertion » / « Caractères spéciaux ».

2. **Insérer et manipuler des images**

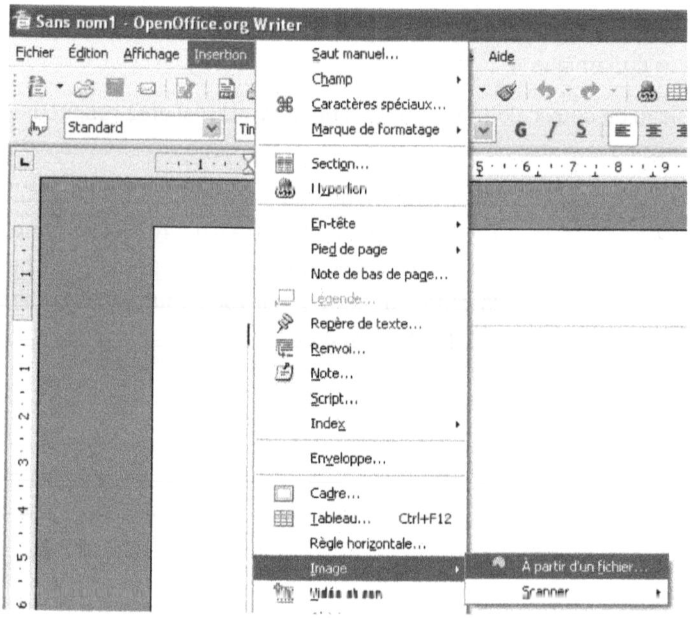

Pour illustrer leur présentation, les élèves seront amenés à y insérer des images/ photos. On ne manquera pas de leur rappeler à cette occasion que, en vue d'une publication, ils ne pourront utiliser que leurs propres photos ou des images libres de droits.

Si la photo a été enregistrée sur votre disque dur, cliquez sur « Insertion » / « Image » / « À partir d'un fichier », puis parcourez le disque à la recherche de l'image à insérer.

Lorsque vous cliquez sur la photo, des poignées vertes apparaissent. Vous pouvez alors la **déplacer** sur la page en vous plaçant dessus et en maintenant le clic enfoncé.
Il est également possible de la **réduire ou de l'agrandir**. Pour garder les proportions, cliquez sur une des poignées et déplacez-la tout en appuyant sur la touche « SHIFT » de votre clavier.

Il pourra être utile de rédiger un texte à côté de l'image.

Exemple :

Hallo, ich bin Marco.
Ich bin 12 Jahre alt.
Ich wohne in Berlin.
Ich spiele gern Tennis.

Or, par défaut, le texte se place au dessus de l'image ou dessous.

Pour y remédier, vous avez deux possibilités :

a) Double-cliquez sur l'image, une fenêtre de dialogue s'ouvre qui permet notamment de **gérer l'adaptation au texte**. Voici les principales fonctions :

 Aucun(e)	Place l'image sur une ligne distincte dans le document. Le texte est affiché au dessus et en dessous de l'image mais pas à côté. Idéal pour placer l'image dans un tableau.
 Continu	Place l'image devant le texte
 Dynamique	Adapte automatiquement le texte à gauche, à droite ou autour de l'image.

Nous vous conseillons alors de cliquer sur l'icône « dynamique ».

b) Une autre possibilité consiste à insérer un tableau de deux colonnes dans lesquelles vous placerez respectivement votre texte et votre photo.

Dans la barre de tâches, cliquez sur « Tableau » / « Insérer ». Une fenêtre s'ouvre. Sélectionnez le nombre de colonnes et de lignes puis décocher la case « bordures » si vous souhaitez qu'elles n'apparaissent pas.

3. **Réaliser un associogramme**

À partir de la barre d'outils « dessin » reproduite ci-dessous, il vous est possible d'insérer des formes diverses (bulles, flèches, cercles, zones de texte...) dont les élèves pourront avoir besoin notamment pour faire des bilans lexicaux ou ajouter des bulles de dialogue sur une photo.

Si elle n'apparaît pas par défaut au bas de votre page, cliquez dans la barre de tâches sur « Affichage », « Barre d'outils » et « Dessin ».

Cliquez sur la forme souhaitée, placez votre souris à l'emplacement de votre choix et effectuez un clic gauche tout en tirant avec la souris pour lui donner la forme voulue.

Exemple :

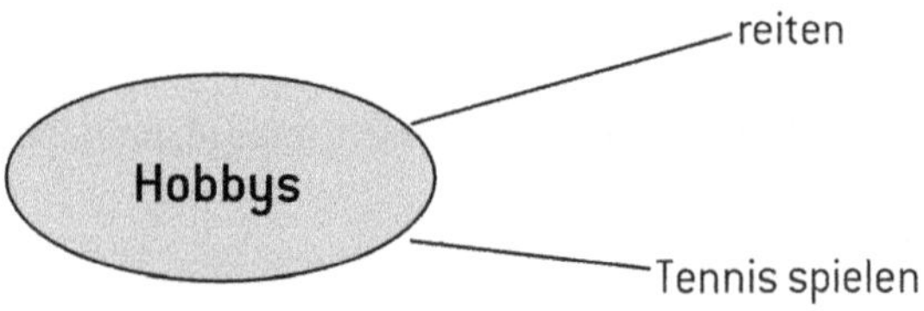

Pour des fonctions plus avancées, vous pouvez consulter le tutoriel suivant : http://fr.openoffice.org/Documentation/Guides/Guide_Writer.pdf

Enregistrer sa voix avec *Audacity*

Audacity est un logiciel de traitement de son (libre et gratuit) permettant notamment d'enregistrer un fichier audio au format .wav ou .mp3 (pour information, un fichier .mp3 occupe cinq fois moins de place qu'un fichier .wav, en revanche si vous souhaitez graver vos fichiers sur un CD, assurez-vous que votre lecteur lit ce format).
S'il offre de multiples fonctions (découper un fichier son, générer des silences, modifier le tempo...), nous nous contenterons ici de vous présenter celle permettant d'enregistrer sa voix.

1.Télécharger le logiciel

http://audacity.sourceforge.net/download/windows (pour *Windows*)
http://audacity.sourceforge.net/download/mac (pour *Mac*)
Nous vous recommandons d'enregistrer également sur votre disque dur l'encodeur MP3 LAME nécessaire si vous voulez exporter le son au format .mp3. Lors de la première exportation en .mp3, le logiciel vous demandera de localiser ce fichier. Veillez par conséquent à bien noter son emplacement (par exemple :\Program Files\Audacity)

2. Créer un fichier son

Ouvrez *Audacity*. Si votre ordinateur n'est pas équipé d'un micro intégré, branchez-en un externe.

Présentation des principales fonctions :

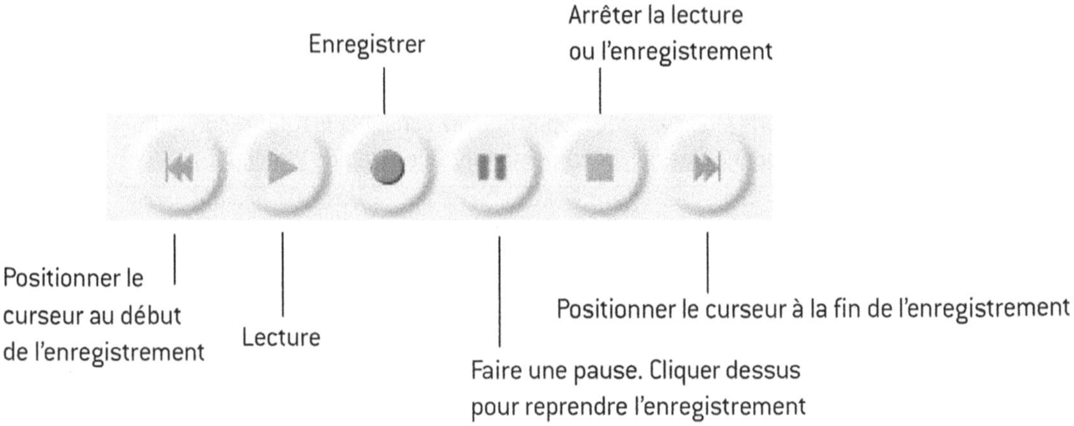

Attention ! Si vous souhaitez reprendre un enregistrement après l'avoir interrompu (par exemple, pour l'écouter) n'oubliez pas de cliquer à l'emplacement où vous désirez reprendre.
Une autre piste s'ouvre. Elle fusionnera avec la précédente lors de l'exportation.

Comme dans un logiciel de traitement de texte, vous pouvez sélectionner un passage. Pour cela, vous devez effectuer un clic gauche à l'endroit où vous souhaitez commencer puis le maintenir enfoncé en déplaçant la souris jusqu'à l'endroit voulu.

Il est alors possible de couper le passage, de le copier et de le coller à l'aide des boutons suivants :

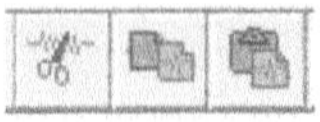

NB : *Audacity* vous permet également d'enregistrer ce qui passe par la carte son de votre ordinateur (par exemple une émission de radio). Pour cela, il suffit de modifier la source d'enregistrement et de sélectionner « **Mix** » ou « **Mélangeur sortie sons** » dans le menu déroulant de la barre de tâches.

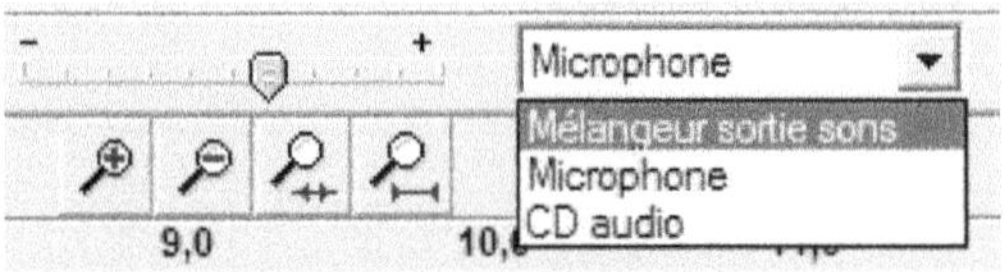

3. Enregistrer et exporter la bande son

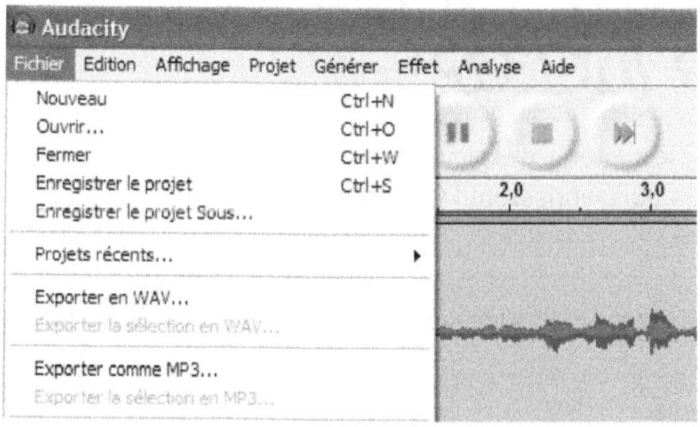

Dans « **Fichier** », cliquez sur « **Enregistrer le projet** » et nommez-le. Le logiciel va alors générer un fichier portant l'extension .aup ainsi qu'un dossier comportant les informations relatives à votre projet. Attention ! Seul *Audacity* permet d'ouvrir ce fichier de travail qui s'avèrera utile si vos élèves n'ont pas eu le temps de terminer leur enregistrement dans la séance.

En revanche, pour que votre production soit accessible à tous, vous devez « exporter en WAV » ou « exporter comme MP3 ». Rappelons que pour créer un fichier .mp3, il est nécessaire d'enregistrer sur son disque dur l'encodeur MP3 LAME et d'indiquer son emplacement lors de la première exportation.

Pour des fonctions plus avancées, vous pouvez consulter des tutoriels animés à l'adresse suivante :
tutoriels-animes.com/tutoriels-audacity.html

Réaliser un diaporama / un film avec Windows Movie Maker

Movie Maker est un logiciel de montage vidéo fourni avec le système d'exploitation *Windows*. Il permet notamment de réaliser très facilement des diaporamas commentés qui favoriseront l'entraînement à l'expression orale en continu.

1) Créer un répertoire sur votre disque dur contenant les photos et le(s) fichier(s) audio que vous désirez intégrer dans votre diaporama.

2) Lancer *Windows Movie Maker* et enregistrer le projet dans le même répertoire que le fichier audio.

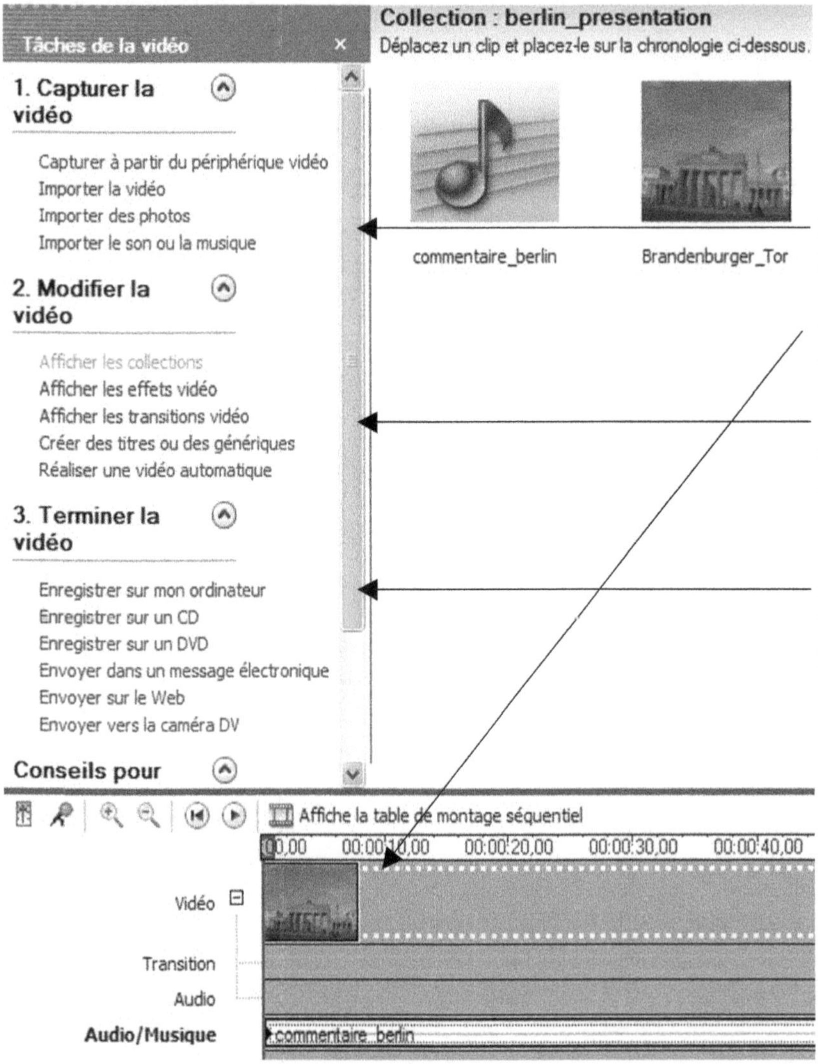

3) Importer les médias souhaités (photos, son, vidéo).

4) Faire glisser les médias sur la table de montage.

5) Insérer éventuellement des transitions, des effets ou des titres.

6) Enregistrer votre projet sur votre ordinateur dans un format lisible par tous.*

NB : vous pouvez modifier la durée d'une vignette en tirant sur une des « poignées de découpage » symbolisées par un triangle à chaque extrémité de la photo.

* Attention ! Nous vous recommandons de ne pas choisir une qualité optimale qui pourrait compromettre la mise en ligne de votre vidéo sur un blog ou son envoi par e-mail. Lors de l'étape sur la configuration de la vidéo, sélectionnez « Autres paramètres » et sélectionnez une qualité moins élevée, par exemple « Vidéo pour large bande (150 kbits/s) ».

Créer un avatar sur Voki

Voki est un site en anglais qui permet de créer des avatars animés, de les faire parler et de les insérer éventuellement sur un blog.
http://www.voki.com/

1. Inscription

Rendez-vous sur le site et créez-vous un compte gratuit.

En haut à droite de la page, cliquez sur « **Register** ».

Puis remplissez le formulaire ci-dessous. N'oubliez pas de cocher la case pour accepter les conditions d'utilisation et cliquez sur « **Finish** ».

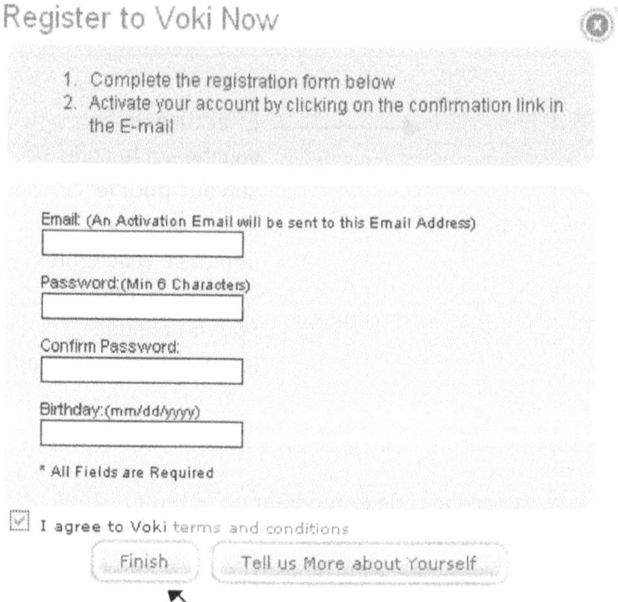

Entrez votre adresse e-mail

Entrez un mot de passe comprenant au minimum 6 caractères

Confirmez votre mot de passe

Tapez votre date de naissance (mois/jour/année)

Cochez la case pour accepter les conditions d'utilisation

Cliquez ici pour terminer

Vous allez recevoir un mail de confirmation. Cliquez sur le lien pour activer votre mot de passe.

2. Créer son avatar et l'enregistrer

Rendez-vous sur le site *Voki* et identifiez-vous en tapant votre adresse e-mail et votre mot de passe. Puis cliquez sur « **create** ».

a) La rubrique « **Customize Your Character** » vous permet de choisir un visage, des vêtements et des accessoires. Vous pouvez également changer la forme et la couleur des yeux et des cheveux à partir du menu situé sous le personnage.

b) Dans le menu « **Give It A Voice** », vous pouvez au choix taper un texte qui sera lu par une voix numérique (n'oubliez pas de sélectionner la langue), enregistrer votre texte (à l'aide d'un microphone) ou importer un fichier audio stocké sur votre ordinateur. Attention ! La durée du fichier ne doit pas excéder une minute.

c) En cliquant sur l'icône « **Backgrounds** », vous pouvez choisir une image d'arrière-plan. « **Players** » donne la possibilité de changer la couleur du lecteur.

Lorsque vous avez terminé, cliquez sur « **Publish** », donnez un titre à votre document. Une fenêtre s'ouvre contenant le code html dont vous avez besoin si vous voulez l'insérer dans votre blog.

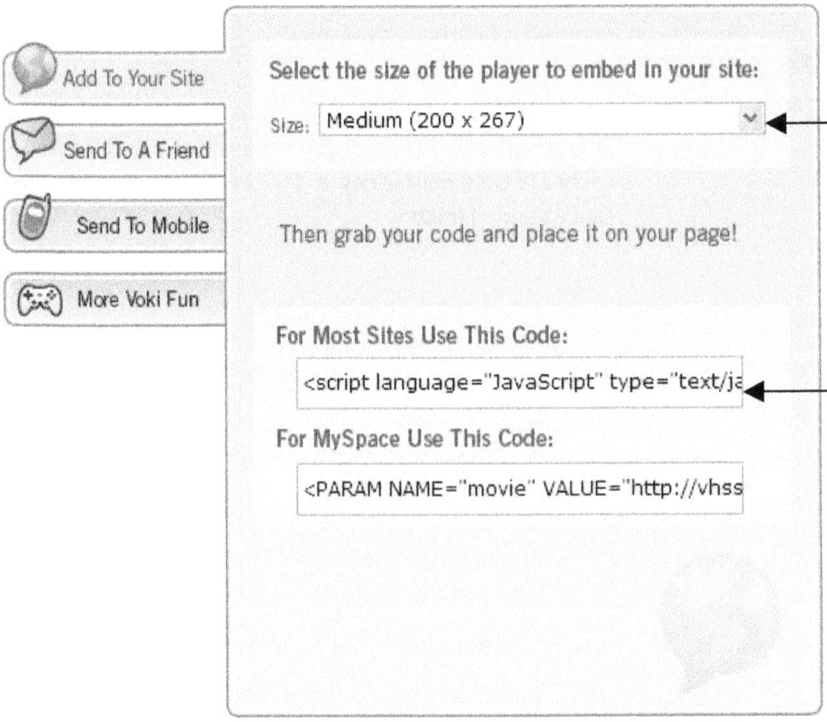

Choisissez la taille du lecteur

Effectuez un clic gauche sur le code suivant pour le sélectionner et copiez-le (clic droit / « copier ») pour pouvoir ensuite le coller dans votre blog.

Vous pouvez à tout moment accéder à l'avatar que vous avez créé afin de le modifier ou obtenir le code html nécessaire pour l'insérer sur votre blog en vous identifiant sur le site www.voki.com.
Dans le menu, cliquez sur « **My Voki** » puis sur « **Voki for my site** ». Vous obtenez un aperçu de vos différents projets. Sous chaque projet, l'icône représentant un œil permet de le visualiser.

Pour l'insérer à présent dans votre blog sur *Le Web Pédagogique* (voir tutoriel p. 173), cliquez sur « **écrire** » un nouvel article. Dans la barre d'outils, cliquez sur « **HTML** » et collez sur la page le code que vous avez copié (clic droit / « coller »). Si vous souhaitez ajouter un texte, cliquez de nouveau sur « visuel ».

N° d'éditeur : 10217501 – Dépôt légal : juillet 2015

Achevé d'imprimer en France en juillet 2015
sur les presses numériques de l'Imprimerie Maury S.A.S. à Millau (12)
N° d'impression : F15/52527N